माँ आदिशक्ति

सुनील चन्द्र पुनेठा

notionpress.com

INDIA · SINGAPORE · MALAYSIA

ISBN

Hardcase 979-8-90479-251-0
Paperback 979-8-90451-307-8

पुस्तक का नाम	-	माँ आदिशक्ति
लेखक	-	सुनील चन्द्र पुनेठा

Email ID	-	sunilpunetha89@gmail.com
Contact No	-	8958297273
Address	-	Simalgair Bazar
District	-	Pithoragarh
State	-	Uttarakhand

आदिशक्ति

माँ दुर्गा

श्री पूर्णागिरी के चरणों में सादर समर्पित

अंतर्वस्तु

अध्याय - 1

वे कुल मिलाकर नौ लोग थे। घनघोर बियावान जंगल में तेजी से चले जा रहे थे। इनमें आठ पुरुष थे और एक युवती थी। युवती बीस इक्कीस वर्ष की प्रतीत होती थी। साथ चल रहे लोगों में पाँच लोग बीस चौबीस पच्चीस वर्ष के युवा प्रतीत होते थे, शेष तीन अधिक उम्र के प्रतीत होते थे। उन युवाओं और युवती की कमर में बंधी तलवारें लटक रही थीं, जिसे उन्होंने अपनी कमर में कमरबंद से बाँधा हुआ था।

ऊँचे.ऊँचे घने वृक्षों से आच्छादित यह जंगल कोसो तक फैला हुआ था, घनघोर जंगल, जहाँ न कोई मार्ग था और न कोई पगडंडी, ऊँचे.ऊँचे घने वृक्ष, कंटीली झाड़ियाँ, ऊँची ऊँची घास, चट्टानों के बीच रास्ता बनाते हुए छोटी छोटी नदियों, नालों को पार करते हुये ये लोग तेजी से अपना मार्ग तय कर रहे थे। ऐसे में इन युवाओं की कमर में बंधी तलवारें बहुत काम आ रही थीं, कंटीली झाड़ियों को काटते हुये ये लोग अपना मार्ग सुगम बना रहे थे। साथ ही किसी हिंसक पशु से निपटने के लिए ये तलवारें इन सब को सुरक्षा प्रदान कर रही थीं। सबसे आगे चलने वाला व्यक्ति इनका मार्ग दर्शक था, ऐसा लगता था गंतव्य तक का मार्ग उसका चिर परिचित है, वो कभी किसी जगह पर रुकता, दिशा का अनुमान लगाता, फिर तेजी से एक दिशा की ओर चल देता, बाकी सब तेजी के साथ उसका अनुसरण करते।

एक छोटे से घास के मैदान में पहुँच कर उनका मार्गदर्शक रुक गया। बीच घने जंगल में एक छोटा सा घास का मैदान था जिसमें छोटी छोटी हरी घास की चादर बिछी हुयी थी।

उसने साथ आ रहे लोगो से कहा, हम लोग सही दिशा में चल रहे है, आप लोग चिन्ता न करे, कुछ देर यहाँ विश्राम करते है, सुबह से चल रहे है, अब शरीर भी विश्राम मांग रहा है। ऐसा कह कर वो हरी घास पर बैठ गया उसे देखते हुये, सभी जमीन पर बैठ गये तो कुछ उस हरी घास के उपर लेट गये और सुस्ताने लगे।

कुछ क्षण सुस्ताने के बाद उन लोगो में से एक व्यक्ति ने अपने मार्गदर्शक की ओर देखकर पूछा "भाई वीर सिंह, अब स्वामी जी का आश्रम यहाँ से कितनी दूर है"

इस पर वीर सिंह बोला, अब ज्यादा नही कोई तीन कोस और चलना है। सूर्यास्त होने से पूर्व ही उजाले में हम वहाँ पहुँच जायेंगे।

फिर उसी व्यक्ति ने वीर सिंह से कहा ऐसा लगता है कि आप समय समय पर स्वामी जी के दर्शन हेतु आते रहते है, तभी तो इस बीहड़ जंगल मे, जहा ना कोई मार्ग है न कोई पगडन्डी है, जगह जगह कंटीली झाड़िया, बड़ी छोटी चट्टानें, ऊँची ऊँची घास है। फिर भी इतने सधे कदमो से आप ऐसे चल रहे है, जैसे कोई अदृश्य मार्ग आपको दिखाई पड़ रहा है।

इस पर वीर सिंह मुस्कुराया फिर बोला, जब मै और मेरा भाई मंगल सिंह, बगल में बैठे व्यक्ति की ओर इशारा कर कहा स्वामी जी के संग पहली बार इस जंगल में आये थे, तो मैने कई चिन्हों को अपनी स्मृती में अकिंत कर लिया था। जैसे ये छोटा सा घास का मेदान, यहाँ से थोड़ी दूरी पर दिख रहा वो बरगद का विशाल वृक्ष।

अब जब हम लोग यहाँ से चलेंगे तो ठीक उस विशाल बरगद के वृक्ष की सीध में आगे बढ़ंगे, कुछ देर चलने के बाद एक छोटी सी जलधारा हमें पार करनी होगी। उससे आगे एक छोटी सी पहाड़ी है, जिसके ऊपर बाँस के वृक्षों का एक समूह है, जो जलधारा से ही दिखने लगता है। हमें वहाँ पहुँचना है। उससे आगे का मार्ग मैं वहाँ पहुँच कर बताऊँगा, इस तरह के कई चिह्नों को मैं अपनी स्मृती में संजोये रखता हूँ। जिस कारण मैं कभी भी भ्रमित नही होता हूँ।

जब आप पहली बार स्वामी जी के साथ यहाँ आये थे तो क्या स्वामी जी इस मार्ग को जानते थे, उन युवाओ में से एक ने पूछा।

इस पर वीर सिंह बोला, हाँ स्वामी जी ने हमें बताया था कि उन्हें स्वप्न में पूरा मार्ग दर्शन मिला था।

ऐसा सुन कर वहाँ बैठे सभी आश्चर्य करने लगे। क्या ऐसा भी हो सकता है। आश्चर्य है।

कुछ देर और विश्राम के बाद वीर सिंह उठ खड़ा हुआ और सभी से बोला काफी देर विश्राम कर लिया है, शरीर को काफी आराम मिल गया है, अब चलना चाहिए। सभी लोग उठ खड़े हुये और तेजी से वीर सिंह के पीछे चलने लगे।

अब तो किसी के मन में संशय नहीं रहा था। ऐसा लगता था मानो उन सब को मार्ग का अच्छी तरह से पता है। बरगद के पेड़ से सीधी दिशा की ओर उन सबके पैर स्वतः ही बढ़ने लगे। कुछ देर में एक छोटी सी जलधारा की समीप सब पहुँच गये। उनके सामने ही वो पहाड़ी थी, जिसके ऊपर बाँस के वृक्षों के समूह दिखने लगे थे। सभी कहने लगे अरे हमने सीधे ये पहाड़ी चढ़ कर उन बाँसों के वृक्षों के समूह तक पहुँचना है।

सभी लोगों ने जलधारा पार करी, घुटने घुटने तक पानी था किसी को असुविधा नहीं हुई, फिर सभी बाँसों की दिशा की ओर पहाड़ी चढ़ने लगे। पहाड़ी के ऊपर बाँसों के समूह तक पहुँचते पहुँचते सभी बुरी तरह थक गये थे, उनकी साँसें फूल गयी थीं, और बदन पसीने से तरबतर होकर भीग गया था। एक वैसे भी ग्रीष्म ऋतु चल रही थी। तो ऐसा होना स्वाभाविक ही था।

एक स्वच्छ स्थान पर वीर सिंह बैठ गया और उसने सभी को बैठने का संकेत किया। वीर सिंह के चारों ओर सभी बैठ गये। वीर सिंह ने मुस्कुराकर सभी को देखा और कहा प्यास लग रही होगी गले सूख गये होंगे, बस यहीं से हम नीचे ढलान में उतरना शुरू करेंगे और जल्द ही पहाड़ी की तलहटी पर पहुँच जायेंगे, वहाँ पर जमीन से फूटे पानी का एक सोता है। उसके मीठे, स्वच्छ जल से हम अपनी प्यास बुझायेंगे। और इसके बाद बरसाती पानी से बना एक आधा कोस चौड़ा रोखड़ है जो कई कोस पीछे से आता है, बरसात में जब पहाड़ियों से पानी बहकर सारा पानी इस रोखड़ में आता है।

तो इस रोखड़ को पार कर पाना मुश्किल हो जाता है। आजकल ये लगभग सूखा ही रहता है। और देखो रोखड़ का हिस्सा पार कर सामने जो पहाड़ी दिख रही है। जहाँ बहुत सारी चट्टानें दिख रही हैं और वहाँ पर पेड़ बहुत कम हैं, वही हमारा गन्तव्य है। वहीं पर स्वामीजी, एक गुफा में रहकर साधना करते हैं। बस अब कुछ देर की बात है, फिर हम सब स्वामीजी के समक्ष होंगे।

वीर सिंह के मुँह से यह सब सुन समूह के सभी लोग अति उत्साहित हो गये न जाने उनकी थकान कहाँ गायब हो गयी और सभी उत्साह के साथ, वीर सिंह के मार्गदर्शन में तेजी से पहाड़ी

ढलान में उतरने लगे। कुछ ही देर में वे सब पानी के स्रोत के पास थे। सभी ने हाथ, पैर और मुँह को धोया और शीतल जल से अपनी प्यास बुझाई।

अब वे तेजी से वीर सिंह के साथ रोखड़ में चलने लगे। सामने कुछ दूरी पर वो पहाड़ी थी, जिसके चट्टानी क्षेत्र में स्वामीजी साधना रत थे। अब गन्तव्य सभी की आँखों के सामने था, इसलिए समूह के सभी लोगों का उत्साह बढ़ता जा रहा था। पहाड़ी की तलहटी पर पहुँच कर वीर सिंह रुका और कुछ सोच कर उसने सभी से कहा इस पहाड़ी को सीधे सीधे चढ़ना तो आप लोगों के लिए बहुत कठिन है, इसमें जगह जगह पर बड़ी बड़ी चट्टानें हैं जो मार्ग चढ़ने में बाधा उत्पन्न करती हैं। इसलिए हम थोड़ा उस ओर से चढ़ना शुरू करेंगे जहाँ पर बहुत सारे पेड़ दिख रहे हैं, फिर ऊपर चढ़कर हम चट्टानी दिशा की ओर आ जायेंगे।

समूह के सभी लोग सहमत हो गये और वीर सिंह के साथ उसके बताये हुए मार्ग की ओर से पहाड़ी पर चढ़ने लगे।

कठिन चढ़ाई चढ़ कर सभी लोग कुछ समय बाद, उस स्थान के सामने पहुँच गये थे, जहाँ स्वामी जी साधना करते थे।

चलने के श्रम से थके उनके चेहरे प्रसन्नता से भर उठे थे। अब उनकी आँखें स्वामी जी को खोज रही थीं। वीर सिंह और मंगल सिंह के अलावा किसी ने भी स्वामी जी को कभी देखा न था। केवल उन्हें इतना ही पता था कि इस स्थान पर एक सिद्ध योगी साधनालीन है। उनकी महिमा के बारे में सिर्फ सुना ही था। और आज उनसे साक्षात्कार करने का समय आ गया था सभी लोग ईश्वर का धन्यवाद कर रहे थे, इतनी कठिन यात्रा के बाद वे सकुशल यहाँ तक पहुँच गये थे।

वीर सिंह ने इधर उधर देख कर कहा शायद स्वामी जी गुफा के भीतर हैं शायद साधना में लीन हैं। सामने ही गुफा का द्‌वार था, बड़ी बड़ी दो चट्टानों के बीच, एक चौड़ी दरार थी, जिसमें से एक व्यक्ति आसानी से भीतर जा सकता था फिर ऊपर से एक बड़ी चट्टान ने उन दोनों चट्टानों को दबाया हुआ था, इस प्रकार चारों ओर चट्टानें काफी ऊँचाई तक थीं, जिनमें घास झाड़ियाँ व छोटे पेड़ जगह जगह पर उगे हुए थे। काफी बड़ा क्षेत्र पहाड़ में उभरी हुयी।

उन चट्टानों का था। पहाड़ की चोटी की ओर को फिर से पेड़ दिखने लगे थे। गुफा का दरवाजा भीतर से पेड़ों की टहनियों को काटकर, फिर उन्हें पतली बेलों से एक चौखट में बाँध कर बनाया गया था, ऐसा प्रतीत होता था कि गुफा के भीतर जाते समय उसे हाथों से उठा कर किनारे रख दिया जाता होगा। और फिर भीतर जाकर उस टहनियों से बने दरवाजे को उठा कर गुफा के मुहाने पर रख दिया जाता होगा। जिससे कोई जीव जन्तु भीतर प्रवेश न कर सके।

गुफा के आगे काफी हिस्से में समतल जमीन थी, जहाँ पर कई लोग चल फिर सकते थे, आराम से बैठ सकते थे। गुफा के दाहिने ओर समतल जमीन पर एक छोटी सी घास फूँस की झोपड़ी बनी हुयी थी, जिसे जंगल से काटी गयी लकड़ियों, और टहनियों के सहारे बनाया गया था ऊपर से बडी लंबी लंबी सूखी घास से ढक कर बनाया गया था। साथ ही कुछ हट कर एक थोड़ी बड़ी झोपड़ी भी थी। जिसमें दस बारह लोग आराम से बैठ और लेट सकते थे। इसे भी जंगल से काटी गयी लकड़ियों, टहनियों, और लम्बी लम्बी घास से और जंगल में मिलने वाली मजबूत बेलों के सहारे से बाँध कर बनाया गया था। इन दोनों झोपड़ियों के दरवाजे भी पतली टहनियों को बेलों से बाँध कर बनाये गये थे। जो हाथों से

उठाकर हटाये जा सकते थे और फिर वापस उसी स्थान पर रखे जा सकते थे।

इन झोपड़ियों के बगल से आगे एक रास्ता आगे की ओर जा रहा था। गुफा और झोपड़ियों के आगे का पूरा स्थान बहुत साफ था। लगता था स्वामी जी नित्य ही इस स्थान की साफ सफाई स्वयं करते हैं।

तभी वीर सिंह उन सबसे बोला आओ मैं तुम्हें इस पूरे स्थान को दिखाता हूँ। ये गुफा तो तुमने बाहर से देख ही ली है, बगल में जो छोटी झोपड़ी है वो स्वामी जी की रसोई है, सभी वीर सिंह के साथ झोपड़ी के पास आ गये। वीर सिंह झोपड़ी के भीतर जाकर उन्हें अंदर दिखाने लगा, जहाँ एक किनारे पर पत्थरों को मिट्टी से लिपकर चूल्हा बना हुआ था। किनारे कुछ सूखी लकड़ियों का ढेर था। एक किनारे दो लकड़ी के बने संदूक रखे हुए थे। बक्से भी सूखी लकडी, और पेड़ो की टहनियों को काटकर उन्हें पतली बेलों से बाधकर बनाये गये थे, और उनके ऊपर के ढक्कन भी इसी तरह से बनाये गये थे, जो उन संदूको के ऊपर रख देते थे। एक किनारे पर पीतल का एक बड़ा घड़ा रखा था, जिसका मुँह एक ढक्कन से ढका हुआ था। उसके बगल में ही पीतल की सात आठ थालियाँ और इतने ही कटोरे और गिलास रखे थे। दो तीन छोटे बड़ लोटे भी वहापर थे। चूल्हे के पास तीन चार ढक्कन वाले डिब्बे रखे थे शायद मसाले नमक आदि के लिए, उनके पास एक शुद्ध सरसों के तेल का पीपा रखा था, बगल में एक बड़े डिब्बे में गाय का दूध से बना घी का डिब्बा रखा था।

वीर सिंह ने दोनों संदूको के ढक्कन उठा कर दिखाये संदूको बॉक्स काफी बड़े बनाये गये थे, जिनमें बड़े बड़े कपड़े के थैलों में आटा, दाल, चावल रखा हुआ था। अनाज भरपूर था और एक व्यक्ति के

लिए कई माह के लिए पूरा था। इस प्रकार भंडार में जो आवश्यक सामान होना चाहिए वो पूरा वहाँ पर था।

फिर वीर सिंह सभी को अगली बड़ी झोपड़ी की ओर ले गया। उसने उसका टहनियों से बना दरवाजा हटाया। सभी ने भीतर जाकर देखा, अन्दर पूरी झोपड़ी खाली थी, और जमीन पर सूखी घास बिछी हुई थी, एक किनारे पर पाँच छः सूती चादरें तह कर उसी प्रकार के छोटे से संदूक में रखी हुयी थी, एक मिट्टी का घड़ा रखा हुआ था। झोपड़ी भीतर से काफी बड़ी थी और दस बारह लोग आराम से लेट सकते थे। कुछ देर भीतर देखने के बाद सब वीर सिंह के पीछे वापस बाहर आ गये।

वीर सिंह बोला आओ तुम्हें पानी का सोता दिखाता हूँ। इसके साथ ही झोपड़ी से लगा जा रास्ता आग की ओर जा रहा था बीर सिंह उस ओर बढ चला। सभी उसके पीछे चलने लगे, कुछ कदम चलने पर सबने देखा कि पत्थर को तराश कर एक बडी चट्टान के नीचे दस हाथ लम्बा ओर इतना ही चौड़ा कुण्ड बनाया गया है। जिसमें चट्टान के नीचे से रिसकर पानी आ रहा है। कमर तक की ऊचाई वाला ये कुण्ड पानी से लबालब भरा था। और कुण्ड के एक किनारे से ऊपर से पानी कुण्ड से बाहर की ओर बह रहा था।

फिर सभी वीर सिंह के साथ वापस गुफा की ओर लौट चले। आश्चर्य था कि कुण्ड के चारों ओर, ओर मार्ग गुफा, झोपड़ियों के आगे का समतल स्थान बहुत साफ सुथरा था, ऐसा लगता था कि रोज इस स्थान पर झाड़ू आदि से सफाई की जाती है। वीर सिंह के साथ सभी गुफा की बायीं ओर कुछ दूर तक चले जहाँ एक बड़े से घास फूँस के छप्पर के नीचे काटी हुई सूखी लकड़ियों का बहुत बड़ा ढेर लगा हुआ था। ये सब देख कर सभी वापस गुफा के द्वार

के सामने समतल मैदान में आ गये। वहाँ बैठ गये और प्रकृति की सुन्दरता को निहारने लगे। सामने छोटे पहाड़ों की श्रृंखला दिखाई पड़ रही थी, जहाँ तक नजर जाती हरे भरे पेड़ों से भरपूर जंगल दिखाई पड़ते थे। मन्द मन्द ठंडी हवा के झोंकों ने वातावरण को और भी रमणीक बना दिया था, सामने ही सूर्य पश्चिम दिशा की ओर बढ़ चला था और उन्होंने धीरे धीरे सिन्दूरी रंग धारण करना शुरू कर दिया था पक्षियों के झुण्ड के झुण्ड अब अपने बसेरे की ओर लौट रहे थे। अद्भुत अलौकिक दृश्य था। इन सब ने सभी को अभिभूत कर दिया था।

इतने में वीर सिंह ने युवती को संबोधित कर कहा, सूर्यास्त में अभी समय है, पहले आप स्नान से निवृत्त हो जाइए, फिर हम सब भी स्नान करेंगे।

वीर सिंह ने कहा वहाँ रसोई में एक पीतल की बाल्टी और लोटा रखा है, उसे भी ले जाना युवती ने रसोई से लोटा और बाल्टी उठाई और स्नान के लिए पानी के कुण्ड की ओर चल दी। उसके कन्धे में पहले से ही एक छोटा सा झोला लटका हुआ था। जिसमें स्नान के बाद बदलने के लिए वस्त्र रखे थे। पीछे से वीर सिंह ने कहा घबराना नहीं हम सब यहीं पर हैं। आपकी एक आवाज पर हम सब आ जायेंगे।

यह सुन युवती ने पीछे मुड़ कर देखा और फिर मुस्कुरा कर आगे की ओर बढ़ गयी। बाकी सभी सूर्य भगवान को देख रहे थे। जिन्होंने अब पूर्ण रूप से सिन्दूरी रंग ले लिया था और धीरे धीरे डूबने के लिए सामने की पहाड़ी के पीछे बढ़ रहे थे। ऐसा अद्भुत दृश्य देख सभी स्तब्ध थे। ऐसा मनोरम दृश्य शायद ही उनमें से किसी ने देखा हो, पश्चिम दिशा पूरी तरह से सिन्दूरी रंग में रंग चुकी थी, पश्चिम दिशा की ओर के सफेद बादल अब अपना रंग

बदल चुके थे, सभी बादलों का समूह सिन्दूरी रंग में रंग चुका था। धीरे धीरे आगे बढ़ते हुए सूर्य भगवान पहाड़ी के पीछे डूबने लगे और कुछ समय बाद पूरी तरह से डूब गये। सन्ध्याकाल का समय हो चुका था। अभी हल्का उजाला ही था। इतने में युवती स्नान कर वापस आ गयी थी। फिर सभी पुरुष स्नान के लिए उठ खड़े हुए। यात्रा में चलने से पहले ही वीर सिंह ने सभी को हिदायद दी थी कि कम से कम सामान अपने साथ लायें, हो सके तो सिर्फ एक जोड़ा कपड़ा और एक अंगोछा, अपने साथ रखे, बाकी कुछ नहीं यात्रा लम्बी और दुर्गम है इसलिए इसके अतिरिक्त सामान व्यर्थ का बोझ ही साबित होगा।

इसलिए एक झोले में युवकों ने अपने वस्त्र रखे थे। एक झोले में बाकी अन्य लोगों ने अपने वस्त्र रखे थे। वीर सिंह का भाई मंगल सिंह एक झोले में अपने व अपने भाई के वस्त्र एक एक जोड़ा कपड़ा लाया था। साथ ही एक झोला वीर सिंह के पास भी था। झोले हल्के थे इसलिए मार्ग में उन्हें उठाने में किसी को कोई परेशानी नहीं हुई।

कुछ ही देर में सभी स्नान करके वापस आ गये, शीतल जल से स्नान करके सभी अपने अन्दर एक स्फूर्ति और ताजगी महसूस करने लगे थे।

वीर सिंह के कहने पर सभी ने अपने वही वस्त्र धारण कर लिए थे जो वो पहन कर आये थे। इन्हें धोने की व्यवस्था अभी नहीं थी। वीर सिंह ने कहा इस जंगल में बहुत पेड़ रीठे के भी है कल उन्हें जंगल से लायेंगे और वस्त्रों को धोने की व्यवस्था करेंगे। तब तक के लिए साफ धुले वस्त्र न पहन कर पहले से पहने हुए वस्त्रों से काम चलाया जाय यही उचित रहेगा।

सभी लोग अपने कपड़े के जूते और कपड़े से बनी जुराबों को बड़ी झोपड़ी में उतारकर रख दिया था, फिर सभी गुफा के द्वार पर आकर बैठ गये और स्वामी जी के बाहर आने का इन्तजार करने लगे।

कुछ ही देर बाद गुफा के मुहाने से टहनियों से बने दरवाजे को खिसकाने की आहट आयी और स्वामी जी गुफा से बाहर आयें। उन्हें देखते ही सभी दण्डवत प्रणाम करन लगे। सबसे आगे वीर सिंह और मंगल सिंह को स्वामी जी पहचान गये, उनके चेहरे पर एक मधुर मुस्कान उभर आयी। जिनसे मिलने ये लोग इतनी दुर्गम यात्रा करके यहाँ पहुँचे थे, वो महापुरुष उनके सामने थे।

सिर्फ एक कौपीन धारण किये हुए स्वामी जी बाकी पूरे शरीर से नग्न थे। कौपीन के अलावा उनके शरीर पर कोई वस्त्र न था। औसत से लम्बे कद के स्वामी जी काफी बलिष्ट प्रतीत होते थे। आयु लगभग 60 साल वर्ष के आस पास प्रतीत होती थी, परन्तु भारत के साधु सन्यासियों की आयु का पता लगाना आसान काम तो नहीं है। ये तो वे स्वयं बतायें तो पता चलता है।

लम्बी लम्बी जटाएं, लम्बी दाढ़ी कमर से नीचे कोपीन धारण किए हुए स्वामी जी को देखकर ही लगता था कि ये महापुरुष महान तपस्वी हैं, पतला पर उभरी हुई मासपेशियों से युक्त उनका शरीर, ब्रहचर्य का तेज जो आँखों से फूट रहा था, विद्वता से चमकता उनका माथा, जो किसी को भी प्रथम दृष्टि में ही नतमस्तक कर सकता था।

ये महापुरुष गले में रूद्राक्ष के बड़े मनकों की माला धारण किए हुए थे। उन्होंने स्नेहपूर्वक सभी को देखा, फिर अपने पीछे गुफा

के भीतर आने का इशारा किया। सभी लोग धीरे धीरे उनके पीछे गुफा में प्रवेश कर गये।

सभी को अन्दर के दृश्य को देखकर आश्चर्य में डाल दिया। वीर सिंह और उसका भाई मंगल सिंह तो कई बार यहाँ आ चुके थे, पर अन्य आगंतुकों को आश्चर्यचकित कर दिया। अन्दर से ये गुफा अत्यन्त विशाल थी। प्राकृतिक रूप से बनी गुफा के बीच बीच में जगह जगह पर छोटी छोटी चट्टानें उभरी हुई थीं। पर बीच का स्थान बिल्कुल साफ व समतल था। जहाँ पर कम से कम पन्द्रह-बीस लोग आराम से बैठ सकते थे। मुख्य द्वार के अलावा गुफा में अन्य कोई द्वार या द्वार नहीं था ये अन्दर से गोल कमरे नुमा गुफा थी। गुफा की छत भी काफी ऊँची थी। गुफा काफी बड़ी और विशाल थी। प्रकृति ने इसका बहुत सुन्दर तरीके से निर्माण किया था।

गुफा के मध्य समतल स्थान पर पूर्व दिशा की ओर एक किनारे पर एक मिट्टी और पत्थरों से बना चबूतरा था, जो जमीन से एक हाथ ऊँचा था। इसे मिट्टी से अच्छी तरह से लीप कर बनाया गया था। जिसके ऊपर कपड़े का एक आसन बिछा था। और उसके उपर एक हाथ ऊची माँ जगदम्बा की सिंह पर सवार अष्टधातु की मूर्ति विराजमान थी। उनके सामने एक ताम्बे से बना दीपक रखा था जिसकी बाती जल रही थी, और गुफा को थोडा बहुत प्रकाश प्रदान कर रही थी।

वीर सिंह अपना झोला खोला जिसमें से उसने कुछ फल निकाले, जिनमें 10-12 केले व कुछ अमरूद थे, फिर एक छोटी पोटली निकाली जिसमें माँ भगवती के लिए श्रृंगार सामग्री थी, और सुन्दर सी छोटी ओढ़नी निकाली जो उसके घर की महिलाओं ने स्वयं अपने हाथों से तैयार करी थी। साथ ही एक पोटली से

सुगन्धित गुग्गल धूप निकाली जिसे उसने स्वयं कपूर, अगर, जायफल शुद्ध घी आदि को मिलाकर तैयार किया था। ये सब सामग्री लेकर वीर सिंह माता की मूर्ति के समक्ष पहुँचा और उसने अत्यन्त आदर के साथ उन सभी चीजों को माता को अर्पित किया। और फिर वापस आकर अपने साथियों के साथ खड़ा हो गया।

माँ भगवती की आरती का समय हो चला था। स्वामी जी ने माता के विग्रह के सामने जाकर आरती का पात्र उठाया और उसमें छोटी छोटी घी की बाती को लगा कर उसमें अग्नि प्रज्ज्वलित करी।

फिर एक हाथ से घण्टी बजाकर, और एक हाथ से आरती के पात्र को विग्रह के चारों ओर घुमाकर आरती करने लगे।

स्वामी जी की दुर्गा सप्तशती के पांचवे अध्याय के देवी सूक्त नामक सूक्त का उच्चारण बहुत मधुर और स्पष्ट स्वर में कर रहे थे। या देवी सर्वभूतेषु शक्ति रूपेण संस्थिता नमस्तस्यै, नमस्तस्यै, नमस्तस्यै, नमो नमः!

वातावरण बहुत आध्यात्मिक हो चला था। माता की स्तुति उपस्थित सभी लोगों के हृदय को आन्दोलित कर रही थी, सभी के मन व मस्तिष्क आस्था के सरोवर में डूब चुके थे। उपस्थित सभी लोग श्रद्धा से सिर झुकाये अपने दोनों हाथों को जोड़े खड़े थे। माँ भगवती जगत जननी आदिशक्ति जगदम्बा के चरणों में सभी के शीश झुके हुए थे। उन्हें महसूस हो रहा था कि माता उनके आसपास ही है और उनके हृदय में भी शक्ति रूप में विराजमान हैं। बन्द आँखों से उन्हें अपने भीतर ऐसा महसूस होने लगा कि अखिल जगत जननी माता भगवती के स्वरूप में उनकी आत्मा

का लय होता जा रहा है। स्त्रोत समाप्त होने पर स्वामी जी ने आरती पात्र को विग्रह के सामने रखा और मधुर स्वर में माता का जयकारा लगाया बोलो जय जय श्री जय श्री भगवती माँ बोलो जय जय श्री दुर्गा माँ, उपस्थित सभी लागों ने आदर और प्रेम से जयकारा लगाया, बोलो जय जय श्री भगवती माँ, बोलो जय जय श्री दुर्गा माँ।

कुछ क्षण तक जयकारा लगाने के बाद स्वामी जी ने सभी को संकेत से बुलाया और आरती का पात्र उनके हाथ में देकर, वहीं पर रखे एक शंख को उठाकर शंख ध्वनि करने लगे। सभी लोगों ने माता भगवती की आरती करी, और माता को दण्डवत प्रणाम कर कुछ पीछे हटकर खड़े हो गये।

तत्पश्चात स्वामी जी पास में ही रखे जल से भरे एक पात्र से जल लेकर शंख को धोया और उसे यथास्थान रख दिया। फिर माता के विग्रह को दण्डवत प्रणाम कर पीछे मुड़े और उन सभी को बैठने को कहा और स्वयं भी एक स्थान पर आकर बैठ गये।

फिर वीर सिंह और मंगल सिंह की ओर देखकर बहुत स्नेह से मधुर वाणी में कहा, बेटा वीर सिंह तुम अपने भाई को साथ ले जाकर सभी के रात्रि भोजन की व्यवस्था करो।

यह सुन तुरन्त ही दोनों भाई उठ खड़े हुए, और जो आज्ञा स्वामी जी कहकर गुफा से बाहर चले गये।

वातावरण में गंभीर शान्ति छायी हुई थी। सभी बहुत शान्त मुद्रा में बैठे हुए थे। तभी इस शान्ति को युवती की आवाज ने तोड़ा। युवती ने कहा स्वामी जी इस बियावान जंगल में अकेले रहते हुए, भय नहीं लगता है क्या, मुझे तो बहुत भय लग रहा है।

इस पर स्वामी जी मुस्कुरा पड़े, और मधुर हास्य के साथ कहने लगे। किचिंत मात्र भी नहीं, यहाँ कैसा भय, माँ जगत जननी के चरणों में बैठा हूँ तो भय कैसा।

भय जिससे स्वयं भयभीत रहता है, उस माँ भगवती के पुत्र को भय कैसा। इस पर युवती बोली परन्तु फिर भी यहाँ कई हिंसक जीव जन्तु होंगे जैसे सर्प, बिच्छू विषैले जीव होंगे, भालू, सिंह आदि भी होंगे। उन्हें उनकी भावना आप जैसी थोड़े ही न होगी। वे तो अपने स्वभाव के अनुसार ही काम करेंगे। मुझे तो सोचकर ही सिहरन हो रही है।

इस पर स्वामी जी कुछ जोरों से हास्य करने लगे, फिर बोले, तुम लोग जब यहाँ आ रहे थे तो मार्ग में तुमने हिरनों के झुण्ड के झुण्ड देखे होंगे। पर उन्होंने तुम्हें किंचित भी नुकसान पहुँचाने का प्रयास नहीं किया होगा।

इस पर एक युवक बोला, आप उचित कह रहे हैं, हमें कई बार हिरनों के झुण्डों के दर्शन हुए, पर वे कुचाले मारते हुए क्षण भर में हमारे सामने से ओझल हो गये। स्वामी जी बोले बिल्कुल सही, परन्तु तुम्हारे चारों ओर हिंसक पशु भी छुपकर निगरानी कर रहे होंगे। तुम पर आक्रमण करने के लिए पर तुम्हारी संख्या देख कर साहस नहीं कर पायें होंगे। जमीन पर रेगने वाले जीव भी बहुताय से होंगे पर तुम सब के पैरों की धमक से तुम्हारें रास्ते से हट गये होंगे। ये सत्य है कि मनुष्य हो या जीव सभी अपने स्वभाव के अनुसार ही व्यवहार करते हैं। इसे ही माया कहा गया है। इस अखिल ब्रह्माण्ड की स्वामिनी माँ भगवती आदि शक्ति अपनी माया से इस पूरे ब्रह्माण्ड का संचालन करती है। वे ही इस जगत की आधार भूता हैं।

उनका एक नाम माया भी कहा गया है। पर जो व्यक्ति उस आदि शक्ति, जगत् जननी, माँ भगवती के शरणागत हो गया, जिसने जान लिया कि सम्पूर्ण ब्रह्माण्ड में जो भी क्रिया संचालित हो रही है, वह जगतजननी के प्रभाव से ही हो रही है, और जिसने अपना अभिमान त्याग कर जो माता के चरणों में समर्पित हो गया, उसको ये लौकिक माया क्या कष्ट देगी। इसलिये मुझे यहाँ किंचित भी भय नहीं लगता है।

स्वामी जी से बात करके सभी को रस आने लगा था। उन सभी ने इतनी मीठी और मधुर वाणी इससे पहले कभी सुनी नहीं थी। उन्हें लोगों के बीच में बैठे एक सुदर्शन युवक ने स्वामी जी से पूछा, महाराज जी कृपा कर हमें ये बतायें कि आपने कब संन्यास ग्रहण किया, और कब से आप संन्यासी जीवन व्यतीत कर रहे हैं। क्या आपके कोई गुरू भी है यह सुनकर स्वामी जी मधुर हास्य से भर उठे फिर अचानक शान्त हो गये, ऐसा लगता था मानो अतीत में खो गये हैं। कुछ देर इसी मुद्रा में रहने के बाद उन्होंने बोलना शुरू किया, मेरा जन्म एक कृषक परिवार में हुआ था। मेरे माता.पिता एक सम्पन्न कृषक थे, पर विवाह के आठ दस वर्षों तक उनके कोई संतान नहीं हुई थी। ये चिन्ता मेरे जन्म देने वाले माता पिता को खा रही थी। ऐसे में एक दिन एक नागा संन्यासी ने भिक्षा के लिए उनके द्वार पर आवाज लगायी। मेरे पिता ने द्वार खोला और बहुत आग्रह कर उस नागा संन्यासी को घर के भीतर ले आये, मेरी माता ने अच्छी रसोई बनाकर उनका आदर सत्कार किया। भोजन से तृप्त होकर जब वे जाने लगे तो मेरे पिता ने अपनी चिन्ता उनके सम्मुख रखी।

नागा संन्यासी कुछ देर ध्यान में बैठ गये, और उन्होंने मेरे पिता को कहा, तुम्हें संतान अवश्य होगी, आज से एक वर्ष के भीतर

तुम्हारे घर में एक पुत्र का जन्म होगा। उसके बाद तुम्हारे घर में दो पुत्र व एक कन्या का जन्म होगा। परन्तु पहला पुत्र जब आठ वर्ष का हो जायेगा तो उस तुम्हें मुझे देना होगा। आगे का उसका लालन पालन मैं करूंगा। ये ही विधाता का विधान है। यदि तुम सहमत हो तो मैं आठ वर्ष पश्चात तुम्हारे इसी घर में आऊँगा।

मेरे माता पिता ने खुशी खुशी अपनी सहमत दे दी। और कहा ये तो हमारा सौभाग्य है। इसके बाद वो नागा संन्यासी मेरे माता. पिता को आशीर्वाद देकर चले गये। कालान्तर में मेरा जन्म हुआ उसके बाद दो पुत्र और एक कन्या का जन्म हुआ। ये सभी बात मेरे गुरूदेव ने मुझे बतायी थी। जब मैं आठ वर्ष का हुआ तो एक दिन वही नागा संन्यासी हमारे घर पधारे, मेरे माता.पिता ने उन्हें पहचान लिया, और आदर सहित उन्हें घर के भीतर लाना उनका सत्कार किया। नागा संन्यासी ने उन्हें आठ वर्ष पूर्व की घटना का स्मरण कराया। मेरे जन्म देने वाले माता पिता को सारा वृतान्त याद था। उन्होंने सहर्ष मेरे हाथ उन नागा संन्यासी के हाथों में दे दिया और मुझसे कहा आज से ये ही तुम्हारे माता.पिता और गुरु हैं। आज से तुम इन्हीं के साथ रहोगे। आगे इन्हीं गुरु शिष्य परम्परा को आगे बढ़ाओगे।

बस इस तरह से मैं जीवन के इस पक्ष में चल पड़ा।

फिर आपके साथ क्या हुआ, उस युवती ने फिर से पूछा।

स्वामी जी फिर से मुस्कुराये, युवती का कौतूहल उन्हें अच्छा लग रहा था। फिर कुछ याद कर बोलने लगे। शायद हम लोग पैदल ही चल कर नर्मदा के तट पर पहुँचे थे। शायद एक माह की यात्रा के पश्चात, वहाँ नागा संन्यासी का आश्रम था। जहाँ दो तीन संन्यासी और रहा करते थे। एक वर्ष वहाँ व्यतीत करने के पश्चात, मेरे

गुरूदेव मुझे लेकर काशी आ गये, जहाँ नगर के नजदीक गंगा नदी के किनारे हम लोग एक कच्ची झोपड़ी बना कर रहने लगे। वे नागा संन्यासी दिन के अधिकांश भाग में साधना में लीन रहते थे। और मैं उनकी सेवा करता था। शीघ्र ही उन्होंने नगर में स्थित एक गुरुकुल में मुझे प्रवेश दिला दिया जहाँ से मेरी शिक्षा प्रारम्भ हुयी, जहाँ मैंने योग्य गुरुओं से संस्कृत भाषा, गणित, रसायन विज्ञान, आयुर्वेद और अर्थशास्त्र का अध्ययन किया। साथ ही वेद, उपनिषदों का भी अध्ययन किया। जहाँ हमारा आश्रम था वहाँ कई बार बहुत अच्छे साधु संत मेरे गुरुदेव से मिलने आते रहते थे। जिनकी कृपा से मैंने भगवतगीता, महाभारत, रामायण आदि को जाना समझा और उन्हें कई बार पढ़ा। जहाँ पर भी मेरी कोई शंका होती थी, वे योग्य तपस्वी मेरी शंका का समाधान अवश्य करते थे। इक्कीस बाइस वर्ष की अवस्था तक गुरूकुल में शिक्षा प्राप्त करी। तब मैंने जाना मेरे गुरुदेव कितने महान थे। उन्हें मेरे प्रति माता पिता व गुरु के कर्तव्यों का कितने सुन्दर ढंग से आज तक निर्वहन किया है। मुझे योग्य शिक्षा मिले इसलिए वे नर्मदा के तट के अपने आश्रम को छोडकर, मुझे कांशी नगर के गंगा के तटपर आ बसे थे और गुरूकुल में मुझे प्रवेश दिलाया था।

अपने गुरुदेव का स्मरण आने पर स्वामीजी कुछ भावुक हो गए, और श्रद्धा से हाथ जोड़ कर उन्होंने अपने गुरुदेव को नमन किया।

फिर से एक युवक ने पूछा, स्वामी जी आपने सन्यास कब ग्रहण किया था।

इस पर स्वामी जी ने कुछ सोचते हुए कहा, मेरे गुरुदेव नागा साधुओं के गिरी सम्प्रदाय से थे। वे महादेव शिव के साथ.साथ शक्ति की भी उपासना करते थे।

मैंने आपको पहले ही बताया था कि आठ वर्ष की अवस्था से मैं उन्ही के साथ रहा हूँ। अपने गुरुदेव के साथ रहते हुऐ, मैंने ब्रह्मचर्य का महत्व जाना, योग के आसनों का अभ्यास किया, प्राणायाम का अभ्यास किया, उपासना पद्धति को सीखा, ध्यान की गहराइयों में जाना सीखा, सोअहं एवम् त्वत्त्वमसि जैसी आध्यात्मिक धारणाओं का अभ्यास निरन्तर किया, व्रतों के महत्व को जाना, उनका अभ्यास किया, बहुत बार पैदल ही गुरुदेव के साथ तीर्थों का भ्रमण किया। इस प्रकार शिक्षा के साथ साथ, गुरुदेव द्वारा प्रदत्त आध्यात्मिक शिक्षाओं को भी ग्रहण करता रहा।

बाईस वर्ष की अवस्था में एक दिन गुरुदेव ने मुझे सभी विधि विधानों को पूरा कर मुझे सन्यास की दीक्षा प्रदान करी, और मैं तब से सन्यासी जीवन जी रहा हूँ। उन्होंने ही मुझे नया नाम दिया प्रताप गिरी। और तब से मैं उन्हीं की प्रदान की गयी आध्यात्मिक परम्पराओं पर चल रहा हूँ।

क्या आप कभी अपने माता पिता एवं भाई बहनों से मिले हैं। युवती ने पूछा।

हाँ एक बार, स्वामी प्रताप गिरी जी ने कहा।

सन्यास की परम्पराओं के अनुसार सन्यास की दीक्षा के बाद गुरुदेव मुझे मेरे जन्म स्थान मेरे पैतृक गाँव ले गये थे। जहाँ मैंने अपने घर से भिक्षा माँगनी थी। मैं भिक्षा पात्र लेकर गुरुदेव के संग अपने घर गया और अपने जन्म देने वाले माता.पिता से भिक्षा माँगी। इसके बाद मैं फिर कभी उनके पास नहीं गया।

स्वामी प्रताप गिरी जी से संवाद करने में सभी बहुत आनन्दित हो रहे थे। उनकी मधुर वाणी सभी के कानों में रस घोल रही थी।

स्वामीजी उन सब से यहाँ की यात्रा के बारे में पूछने लगे, सभी बताने लगे कि नदी नाले उन्होंने कैसे पार किए, कहाँ पर विश्राम किया, मार्ग में किस प्रकार जंगली फलों के वृक्ष उन्हें मिले, कैसे उन्हें खाकर उन्होंने अपनी क्षुधा शान्त करी। छोटी छोटी पहाड़ी चढ़ाई उन्होंने कैसे पार करी। आदि.आदि।

इतने में वीर सिंह ने गुफा में प्रवेश किया, और कहा भोजन तैयार हो गया है, आप लोग भोजन के लिए आ जाइये।

स्वामी जी ने सभी की ओर उन्मुख होकर कहा चलिए, भोजन प्रसादी ग्रहण कर लीजिए। सभी एक साथ उठे और स्वामी जी के पीछे पीछे रसोई की ओर चल दिये।

रसोई के बाहर ही समतल मैदान में दो साफ चादर बिछा कर बैठने की व्यवस्था की गयी थी। एक आसन स्वामी जी के लिए अलग से एक मोटे सूती कपड़े का आसन बिछा दिया गया था, सभी लोग यथा स्थान बैठ गये।

थालियॉ कम थी इस पर वीर सिंह ने कहा आप लोग पहले भोजन कर लीजिए फिर बचे हम तीन लोग है जो आपके बाद भोजन करेंगे। वीर सिंह ने जल्दी बनने वाली खिचड़ी बनाई थी जो सुपाच्य भी थी, स्वामी जी को छोड़कर सभी लोग दिन भर चलने के क्रम से थके और भूख से व्याकुल थे, इसलिए उन लोगों ने भरपेट खिचड़ी का सेवन कर अपनी भूख शान्त करी। भोजन के उपरान्त सभी लोगों ने अपने जूठे बर्तन उठाये और मैदान के किनारे उन्हें धोने के लिए चले गये।

स्वामी जी की थाली को युवती ने उठाना चाहा पर उन्होंने यह कह कर उसे मना कर दिया कि वे अपना काम स्वयं करेंगे। इन सब के बाद स्वामी जी ने कहा कि वीर सिंह आप सब लोग रात्रि

विश्राम की व्यवस्था इस बड़ी झोपड़ी में कर देंगे। आप लोग थक चुके भी हैं, और अब विश्राम करें। यह कह कर स्वामी जी गुफा की ओर चल पड़े।

अन्य सभी लोग थकावट के कारण उस बड़ी झोपड़ी में चले गये, जहाँ वीर सिंह ने भाई मंगल सिंह ने एक किनारे पर पहले से ही एक तेल का दीपक जला दिया था, और झोपड़ी के भीतर एक किनारे पर युवती के लिए एक चादर बिछा दी थी। शेष दो चादर उसके बगल में बिछा रखी थी।

सभी लोग उन्हीं चादरों के ऊपर लेट गये, वीर सिंह, उसका भाई मंगल सिंह और एक अन्य पुरुष के लिए चादर कम पड़ी तो वे तीनों घास पर ही लेट गये। युवती के बगल में जो चादर बिछी थी, उस पर पहले वह सुदर्शन युवक लेट गया, बाकि लोग उसकी बगल में क्रम से लेट गये।

कुछ देर की शांति के बाद उसी सुदर्शन युवक ने जो युवती के बगल में कुछ हटकर लेटा था, वीर सिंह से पूछा, भाई वीर सिंह तुम स्वामी जी को कब से जानते हो, स्वामी जी व तुम्हारी मुलाकात कब हुयी थी। इस पर वीर सिंह उठकर बैठ गया, और कहने लगा भाई विशाल सिंह, आज से लगभग तीन वर्ष पूर्व स्वामी जी से मेरी मुलाकात हमारी ही गाँव के पास पड़ने वाले शिव मन्दिर में हुयी थी। एक दिन मैं व मेरा भाई मंगल पडोस के गाँव कल्याणपुर से मजदूरी करके अपने गाँव हरिपुर की और आ रहे थे, तो राह में पड़ने वाली एक छोटी नदी अलगनंदा के किनारे बने शिव मन्दिर में मैंने पहली बार स्वामी जी को देखा। और पहली बार ही देखने पर हम दोनों हदप्रद रह गये। इतना तेजस्वी साधु हमने पहले कभी न देखा था। घुटनों तक की जटाओं वाला वह नागा साधु, जिसकी आँखों से ब्रहमचर्य का तेज फूट रही थी।

जिसकी लम्बी घनी दाड़ी ने साधु को और भी आर्कषक बना बना दिया था। औसर से लम्बे कद का ये नागा साधु उन्नत मॉसपेशियों वाला था, और वस्त्र के नाम पर सिर्फ एक कोपीन धारण किये साधु ने बड़े बड़े दानों वाली रुद्राक्ष की माला धारण कर रखी थी, माथे पर भस्म लगाये वह साधु हाथ में बड़ा सा त्रिशूल लिए मंदिर की सीढ़ी पर खड़ा था।

इतना भव्य और आकर्षक उनका व्यक्तित्व था कि हम दोनों भाई अपने को रोक नहीं पाये और बरबस उनकी ओर खिंचे चले गये और उन साधु के सामने जाकर हमने दण्डवत् उन्हें प्रणाम किया। तब उस साधु ने हमें आशीर्वाद की मुद्रा अपना दाहिना हाथ उठाया और प्रसन्न रहो कहकर आशीर्वाद दिया। प्रसन्न रहो का शब्द सुनते हम दोनों भाइयों की आँखों से बरबस अश्रुधारा बहने लगी। उन साधु ने हमें ढाढ़स बंधाया और बार बार पूछा बेटा तुम्हें क्या दुख है।

तुम रो क्यों रहे हो। उन साधु की मीठी और मधुर वाणी ने हमें और भावुक बना दिया। अब हम दोनों भाई अपने आंसुओं को रोक नहीं पा रहे थे।

साधु द्वारा बार बार ढाढ़स बंधाये जाने के कारण हमारा रोना बन्द हुआ। कुछ देर चुप रहने के बाद वीर सिंह बोला मैं और मेरा छोटा भाई व हमारा परिवार उस समय किस अवसाद, दुख, हताशा और निराशा की स्थिति से गुजर रहे थे, मैं शब्दों में तुम्हें बता नहीं सकता। कभी जो हमारे यहॉ काम करते थे आज हमें उनके पास काम माँगने जाना पड़ता था अपने और अपने परिवार की उदर पूर्ति के लिए, उफ वो अपमान भरे दिन हम भूल नहीं पाते थे। इसके बाद वीर सिंह चुप हो गया, शायद उसके हृदय का घाव उभर आया था।

वीर सिंह चुप हो गया था, कुछ बोल नहीं रहा था। झोपड़ी में सन्नाटा पसर गया था। फिर क्या हुआ, एक आवाज ने सन्नाटे को तोड़ा, यह पूछने वाला एक युवक था। इस पर वीर सिंह बोला बाकी कल सुनाऊंगा। इस पर सभी बोले अरे नहीं हमें अभी सुनना है, मित्र तुम अपनी कहानी अभी सुनाओ। उन सब की उत्सुकता बढ़ती जा रही थी, थकान के बावजूद नींद उनके आँखों से दूर कोसों दूर चली गयी थी।

अच्छा सुनो कह कर वीर सिंह बोलने लगा। साधु महाराज ने हम दोनों भईयों से पूछा मुझसे मिलने का तुम्हारा क्या कारण है। इस पर हमने उन्हें बताया कि पास के गाँव कल्याणपुर से मजदूरी कर हम अपने गाँव हरिपुर जो कि पास में ही एक कोस पर है, अपने घर जा रहे थे, यहाॅ आपको देखा तो बरबस आपके पास आपके दर्शनों के लिए चले आये हैं। इस पर साधु बाबा हँसे फिर उन्होंने कहा कि कल तुम सुबह यहाँ आना, मैं दो दिन यहाँ और रुकूंगा, फिर आगे अपनी यात्रा पर निकल जाऊँगा।

दूसरे दिन प्रातः काल हम दोनों भाई बहुत आशा के साथ शायद हमारी समस्या को कोई हल मिल जायेगा। यह सोच कर बाबा के दर्शनों के लिए शिव मंदिर पहुँच गये। मंदिर परिसर के भीतर, मन्दिर के बगल वाली कोठरी में बाबा रह रहे थे। और एक सूती वस्त्र के आसन पर बैठे थे। उन्हें देखकर हम दोनों ने दण्डवत प्रणाम किया। बाबा ने हमें आशीर्वाद दिया और समीप बैठने को कहा।

मधुर हास्य के साथ उन्होंने हमसे कहा कि तुम दोनों अपनी समस्या बताओ, शायद समस्या का निराकरण का कोई मार्ग बन सके। इस पर मैंने उन्हें बताया कि हम दोनों हरि नगर गाँव के निवासी है और हमारा जन्म एक सम्पन्न कृषक परिवार में हुआ

था। मेरे दादा जी की दो ही संतान थी मेरे पिता और उनके बड़े भाई मेरे ताऊजी। दादाजी के मृत्यु के पश्चात, सम्पत्ति के बँटवारे में दोनों भाइयों के हिस्से में पच्चीस-पच्चीस बीघा जमीन आयी थी। मेरे पिता बहुत सरल स्वभाव के बहुत धार्मिक पुरुष थे। किसी का दुख उनसे देखा न जाता था। इसके विपरीत मेरे ताऊजी बहुत कुटिल व लालची स्वभाव के मनुष्य थे। मेरी बड़ी माँ मेरी ताइजी भी काफी तेज तर्रार स्वभाव की थी इसलिए दोनों भाइयों में कभी बनी नहीं। इसलिए पिताजी ने पैतृक घर जो एक छोटी ही हवेली थी, को एक दिन छोड दिया और गाँव में ही अपने हिस्से की जमीन में एक पक्का घर बनाकर रहने लगे। इस तरह हम दोनों भाई अपने माता पिता के संग इस घर में रहकर बड़े हुए। हम दोनों भाइयों के विवाह भी इसी घर से हुए और इसी घर में हमारी संतान भी हुयी। सब कुछ ठीक चल रहा था।

आज से लगभग पाँच वर्ष पूर्व अचानक हृदयघात से पिताजी का देहांत हो गया। पिताजी वृद्ध भी हो चले थे। हम दोनों भाईयों ने घर की पूरी जिम्मेदारी सभाल ली थी। पिताजी के स्वर्गवास के कुछ दिन बाद मेरे ताऊजी जिनका नाम रमाकान्त है वे हमारे घर पर आये। उन्होंने बहुत मीठी मीठी बातों से मेरे पिता का काफी गुणगान किया, घर की बैठक में, उन्होंने मेरी माताजी को बुलाने के लिए कहा। माताजी के आने पर उन्होंने कहा कि मैं कुछ विशेष चर्चा करने हेतु यहाँ आया हूँ। हम दोनों और माता जी को उन्होंने बैठने को कहा और स्वयं भी एक स्थान पर बैठ गये। उनके कन्धे में एक झोला टंगा हुआ था, जिसमें से उन्होंने एक बही निकाली, और कुछ पन्ने पलटने के बाद वे एक स्थान पर रुक गये और बोले आज से कुछ वर्ष पूर्व तुम्हारे पिता मणिकान्त ने मुझसे अपनी जरूरी आवश्यकता बताकर कर्ज लिया था, पचास चाँदी के सिक्के कर्ज में लिये थे जो व्याज लगाकर सौ चाँदी के सिक्के

लगभग हो गये है। कर्ज लेते वक्त उन्होंने कहा था कि वो शीघ्र ये रूपया व्याज सहित मुझे वापस कर देंगे, रुपया लौटाना तो दूर उन्होंने कभी एक कोड़ी भी जमा नही करी, ऐसा लगता है वो कर्ज की रकम को लगभग भूल ही गया होगा। घर की बात थी तो हमने कभी किसी से इसका जिक्र नहीं किया, यही सोचकर चुप रहे कि भाई है जिक्र करने से बुरा न मान जाय, घर का रूपया घर में ही गया है आज नही तो कल आ जायेगा। बहुत मीठे शब्दों में हमारे ताऊजी ने हमें यह सब बताया।

यह सब सुनकर हम सब आवाक रह गये, हमें तो पल भर के लिए ये ख्याल नहीं आया कि हमारे ताऊजी, हमारे घर इसलिए आये हैं। ताऊजी ने हमारे सामने बही रख दी और कहा तुम स्वयं पढ़ लो। इसमें स्पष्ट लिखा है कि यदि मैं कर्ज की रकम न चुका पाऊ तो मेरे हिस्से की जमीन को बेचकर या कब्जा कर ब्याज सहित रकम को वसूलने का आपका पूरा अधिकार है।

इसके नीचे तुम्हारे पिता के हस्ताक्षर हैं और अंगूठे के निशान भी लगे हैं। साथ ही के दो गवाहों के नाम भी लिखे हैं, उनके भी हस्ताक्षर हैं और उनके भी अंगूठे के निशान हैं। यह सब पढ़कर तो सिर हमारा सिर घूमने लगा। पैरों के नीचे से जमीन खिसक गयी हो। साधु बाबा हमारी बात बहुत ध्यान से सुन रहे थे। फिर हमारे ताऊजी बोले अब मैं जा रहा हू मैं तो सिर्फ तुम लोगों को सूचित करने आया था। तुम दोनों भाई योग्य हो, कुछ न कुछ जुगत लगाकर मेरा रुपया वापस कर दोगे। नहीं तो गाँव वालों के सामने मुझे तुम्हारी जमीन पर कब्जा करना ही पड़ेगा। यह कहकर ताऊजी हमारे घर से चले गये। हमारी आँखों के सामने अंधेरा छा गया। हमने बही को अच्छे तरह से पढ़ा था, एक सौ चाँदी के सिक्के तो सच में इस जन्म में तो चुका ही नहीं सकते थे।

हमारा मन बार.बार हमसे कह रहा था कि ताऊजी हमसे कोई छल कर रहे हैं। माताजी तो यह मानने को तैयार ही नही थी कि हमारे पिता ने कोई कर्जा लिया होगा। वे बार.बार कह रही थी, उस कर्ज का जिक्र तुम्हारे पिता ने मुझसे कभी नहीं किया था। जब से इस घर में हम आये है सारे लेन देन का व्यवहार वे ही रखती थी।

तुम्हारे पिता तो इतने सरल थे कि पास के शहर में जब भी फल, साग.सब्जी या फसल बेचने जाते थे तो सारा विक्रय धन मेरे हाथों में रखते थे, और उन्होंने शहर जाकर जो भी खर्च किया होता, उसका आना.पाई तक मुझको बताते थे। हमारे घर में सौ चाँदी के सिक्कों की रकम कभी आयी ही नहीं थी, आती तो मुझे तुम्हारे पिता अवश्य बताते और फिर हमें आवश्यकता भी क्या थी। सब ओर से तो हम सम्पन्न थे।

माताजी ने गाँव के सरपंच जी के पास जाने की सलाह दी, हम दोनों भाई सरपंच जी के पास गये और अपनी समस्या उन्हें बताई। उन्हें भी विश्वास नहीं हुआ कि मेरे पिता ने कभी कोई भी कर्ज लिया होगा। सरपंच जी गाँव के ही व्यक्ति थे। वह भी भली. भांति जानते थे कि मेरे पिता सरल स्वभाव के अत्यन्त धार्मिक व्यक्ति थे, उनके अन्दर ऐसा कोई कोई दुर्गुण, व्यसन भी नहीं थ कि उन्होंने वो रकम लेकर अपने दुर्व्यसनों में उड़ा दी हो, पूरे गाँव में यह बात फैल चुकी थी और किसी को भी विश्वास नहीं हो रहा था कि मेरे पिता ने यह रकम भी ली होगी।

सभी लोग जानते थे की हमारे ताऊ और उनके पुत्र कितने कुटिल व लालची मनुष्य हैं। सरपंच जी ने एक दिन नियत किया और हम दोनों भाईयों को और ताऊजी को अपने पास बुलाया, गाँव के सभी सयाने लोग वहाँ उपस्थित थे।

सभी के सामने हम दोनों पक्षों को सरपंच जी से सुना, हमारे पास तो कोई दलील ही नहीं थी इसके सिवा कि हमारे पिताजी कभी कर्ज ले ही नहीं सकते थे, कर्ज लेने की उन्हें आवश्यकता ही नहीं थी, और कर्ज लेने की बात उन्होंने न हमें न कभी माताजी को बतायी थी। ना ही माताजी को चाँदी के सिक्के दिये थे। पर ताऊजी ने सभी के सम्मुख बही खोलकर दिखायी जिसमें यह रूकवा लिखा हुआ था, उसमें हस्ताक्षर करने वाले दो गवाह भी सभा में उपस्थित थे। जिन्होंने ईश्वर की शपथ लेकर बताया कि हमारे पिता ने उनके सामने कर्ज लिया था। और बही में उन्होंने व मेरे पिताजी ने हस्ताक्षर किये थे तथा अंगुठे के निशान लगाये थे।

पिताजी का स्वर्गवास हो चुका था। इसी का लाभ हमारे ताऊजी ने उठाया था। हम लोग तो किसी भी सूरत में साबित नहीं कर सकते थे, कि यह सब झूठ और मक्कारी है।

भरे मन से सरपंच जी ने अपना फैसला दिया कि हमें अपनी जमीन अपने ताऊजी को देनी होगी। साथ ही उन्होंने कहा कि मैं भी मनुष्य हूँ और मुझसे भी भूल हो सकती है, सच्चा न्याय तो ईश्वर करेगा।

हम दोनों भाई और हमारी माँ हम तीनों हताश, निराश होकर वहाँ से घर लौट आये। हमारे ऊपर भाग्य ने वज्रपात किया था हम दोनों समझ ही नहीं पा रहे थे कि अब क्या करें और कहाँ जायें। हमारे साथ बहुत बड़ा छल हो गया था।

दो दिन तक हमारे घर पर चूल्हा नहीं जला। माताजी ने घर पहुँचते ही चारपाई पकड़ ली। कुछ दिन बाद ही इस आघात ने उनके प्राण छीन लिए।

ऐसे में एक दिन घर की आवश्यकता के लिए सब्जी तोड़ने मैं खेत पर गया। वहा ताऊजी के तीनों पुत्र वहा खड़े होकर अपने नौकरों से सब्जियाँ तुडवा रहे थे। मैंने उन्हें टोका तो ताऊजी के बड़े पुत्र युधिष्ठिर ने अपने बगल में खोसा हुआ दाब दिखाकर कहा अब भूलकर भी इन खेतों में पैर न रखना। नहीं तो अंजाम समझ लेना। हमने सिर्फ जमीन ली है, तुम्हारा घर नहीं लिया है। ज्यादा होशियारी दिखाओगे तो घर से भी बेघर कर देंगे।

मैं बहुत डर गया और तुरन्त ही वहाँ से वापस अपने घर आ गया। तब से अपना और परिवार का पालन पोषण करने के लिए हम दोनों भाई दर दर भटकते हैं। मजदूरी करते हैं कभी इस गाँव तो कभी उस गाँव कभी अवसर मिलता तो पास के नगर में, हताशा, निराशा और हालात ने हमें तोड़कर रख दिया था। हमारे पास पिताजी का बनवाया एक पक्का घर है, और कुछ नहीं। कुछ हमारी पत्नियों के पास कुछ माँ के मृत्यु के बाद हमें मिले चाँदी के थोडे से जेवर है। बस अब हमारे पास सम्पत्ति कहने को यही बची है।

साधु बाबा ने बहुत ध्यान से हमारी बात सुनी, फिर मुस्कुरा कर बोले चिन्ता न करो, तुम्हारी बात सुन कर मुझे पूरा विश्वास हो चला है कि तुम्हारे साथ तुम्हारे ही अपनों ने बहुत बड़ा छल किया है।

तुम्हारी बातों से मुझे लगने लगा कि तुम दोनों भी अपने पिता की ही भाँति सरल हृदय, धर्मनिष्ठ व चरित्रवान हो।

मैं अवश्य ही तुम्हें मार्ग बताऊगा जिस पर चलकर न केवल अपनी जमीन फिर से प्राप्त करोगे। वरन सनातन धर्म के आधार लक्ष्यों को धर्म अर्थ काम और मोक्ष को प्राप्त करोगे।

हमें क्या करना होगा, उत्सुकता वश हम दोनों भाई झट से बोल उठे। साधु बाबा मुस्कुराये फिर बोले ज्यादा कुछ नहीं, आज अर्धरात्रि के समय तुम दोनों को यहाँ आना होगा। ध्यान रहे अर्द्धरात्रि होने पर ही तुम यहाँ आना। उससे पहले नहीं।

ठीक है, हम दोनों भाईयों ने कहा।

साधु बाबा ने हल्की मुस्कान के साथ कहा, मैं पूरी रात्रि साधना में लीन रहता हूँ अतः अब मेरे विश्राम का समय है। इसलिए अभी तुम लोग वापस घर को जाओ, और अब मैं विश्राम करूंगा।

हम दोनों ने साधु बाबा को दण्डवत प्रणाम किया और वापस हम दोनों अपने घर की ओर लौट गये।

अध्याय - 2

इस कथा का समय सन् 1780 ईस्वी के आसपास चुना है। उस समय दिल्ली की मुग़ल सल्तनत कमजोर हो चुकी थी। मराठे भी कमजोर होकर अंग्रेजों के जूझ रहे थे। ईस्ट इण्डिया कम्पनी ने बंगाल फतह के बाद, पूरे भारत में अपना राजनीतिक महत्वाकांक्षा को पूरा करने के लिए, मुगलों और मराठों से संघर्ष कर रही थी। कथा पूरी तरह से काल्पनिक है, पर शक्ति का महत्व बताना ही कथा का मूल उद्देश्य है।

भारत वर्ष का इतिहास उठा कर देखे तो पता चलता है कि प्राचीन भारत की सीमाएँ अफगानिस्तान, नेपाल, भूटान, बांग्लादेश, म्यांमार, श्रीलंका, कम्बोजिया, थाईलैंड, मलेशिया, जावा, सुमात्रा, तिब्बत तक फैली थी। और ये सभी देश भारतीय सनातन संस्कृति के प्रभाव में थे। फिर धीरे धीरे इसकी सीमाएँ सिकुड़ती चली गयीं और इस दुर्दशा में भारत वर्ष पर मुट्ठीभर आक्रमण कारियों ने आक्रमण किया जिनमें कुषाण, हूण, तुर्क, मंगोल, अफगान, मुगल और अंग्रेज मुख्य रहे, और हर बार मुट्ठी भर आक्रमणकारियों ने इस देश को लूटा और गुलाम बनाया।

मेरी जानकारी सीमित है, इन्ही सीमित जानकारियों का आधार मान कर मैंने कल्पना का सहारा लेकर इस कथा का लेखन किया है।

झोपड़ी में ठहरे सभी व्यक्तियों की उत्सुकता अब चरम पर पहुँच गयी थी। जल्दी बताओं फिर क्या हुआ, सभी बोल उठे। उत्सुकता

वश सभी अपने स्थान से उठकर वीर सिंह को चारों और से घेरकर बैठ गये।

झोपड़ी में एक कोने में एक दीपक जल रहा था, जिसके धीमें प्रकाश में भी सब एक दूसरे को देख सकते थे। वीर सिंह कुछ देर चुप रहा, मानो अतीत में कहीं खो गया है।

फिर शान्त और सचेत स्वर में बोला, घर आकर हमने अपनी पत्नियों को पूरा घटनाक्रम बताया और बताया कि आज अर्द्धरात्रि को हमने बाबा जी से मिलने मंदिर जाना है। इस पर परिवार की महिलाओं ने काफी ना नुकर की। वैसे भी हम अपने ताऊ जी के बड़े लड़के युधिष्ठिर सिंह से काफी डरते थे, सो हम लोग रात को घर से बाहर जाये। यह परिवार की महिलाओं मंजूर न था। पर हमने उन्हें समझाया कि बाबा जी ने हमें रात्रि में हमें बुलाया है, शायद कोई तन्त्र मन्त्र का अनुष्ठान करेंगे, जिससे हम अपने शत्रुओं पर विजय हासिल करेंगे और फिर से अपनी मान प्रतिष्ठा और संपत्ति को वापस पा लेंगे। काफी समझाने के बाद वे तैयार हो गये। हमें भी लगता था कि बाबा जी कुछ तन्त्र मन्त्र की क्रिया करेंगे, तभी उन्होंने हमें अर्द्धरात्रि को बुलाया है। अच्छे भविष्य की कल्पना से हम दोनों भाई अर्द्धरात्रि को साधु बाबा के पास जाने को तैयार हो गये।

वीर सिंह का भाई मंगल सिंह बीच.बीच में जहाँ वीर सिंह कुछ भूलता तो उसकी भूल सुधार करता, फिर चुप होकर वीर सिंह को ही बोलने देता।

पलले वीर सिह कुछ गम्भीर हो गया, फिर हस कर बोला वह रात तो हम दोनों भाई कभी भूल ही नहीं सकते हैं। वीर सिंह ने कहना शुरू किया। अर्द्धरात्रि को हम दोनों भाई घर से बाहर

निकले। धीरे धीरे हमने अपना गाँव पार किया, गाँव में कोई जगा हो, और हमसे कुछ पूछ न बैठे इसलिए मशालें भी घर पर छोड़ दी थी। और उस नीरव अन्धकार में हम धीरे.धीरे मंदिर की ओर बढ़ने लगे। गाँव से बाहर सुनसान मार्ग में चलते हुए हमें भय ने बुरी तरह से जकड़ लिया, घबराहट में उलटे सीधे ख्यालों ने हमारे मस्तिष्क में अपनी जगह बना ली। झाड़ी भी हमें बाघ नजर आ रही थी। तो कभी लगता कोई हमारा पीछा कर रहा है। सायः सायः हवा चल रही थी, ऐसे में किसी पेड़ की टहनी टूट कर जमीन पर गिरती तो हम दोनों भाई एक दूसरे का हाथ कस कर पकड़ लेते। बड़ी मुश्किलों से धीरे.धीरे चारों और नजरें गढ़ाकर देखते हुए हम आगे बढ़ रहे थे। सबसे कठिन समय तो तब आया, जब शिव मंदिर से कुछ पहले श्मशान घाट पड़ा, जिसके बगल से ही रास्ता आगे को जाता था। अब हमें भूतों का डर सताने लगा। जरा सी आहट में हम कभी इधर देखते कभी उधर देखते, कभी किसी स्थान पर अपनी नजर गड़ाते। एक जगह कुछ हमें हिलता सा नजर आया। हम दोनों भाईयों ने कसकर एक दूसरे को पकड़ लिया और अपनी नजर उस हिलती हुई चीज़ पर गड़ा दी, भय से बुरे हाल हो गये थे। हमारा ह्रदय बूरी तरह से धड़कने लगा था, हमें लगा ये कोई भूत है और हम भूतों के कब्जें में फँस गये हैं, और जितनी भी बातें लोग इस श्मशान घाट के लिए करते थे वे सब हमें याद आने लगी। एक समय तो लगा कि दौड़कर घर वापस भाग चलते है, भय से जैसे पैर बध गये हो, एक कदम भी चलना मुश्किल लगने लगा। हम लोग हनुमान जी के नाम को जपने लगे, यह सुन वहाॅ उपस्थित सभी सभी लोग जोर जोर से हँसने लगे। फिर क्या हुआ उनमें से एक ने पूछा। वीर सिंहं फिर बोला। काफी देर खड़े रहने पर हमने पाया कि वो चीज न हमारी और आगे बड़ रही है और न पीछे जा रही है, बस अपने ही स्थान पर हिल रही

है, कभी उसका हिलना रूक जाता है, कभी फिर से हिलने लगती है। हमें अहसास हुआ कि ये कोई बड़ी सी झाड़ी है या कोई छोटा सा पेड़ है जो हवा के झोंके पर हिल रहा है। तब हमें कुछ साहस महसूस हुआ, वैसे भी शिव मंदिर अब पास ही था। हमने तेजी. तेजी से मंदिर की ओर कदम बढ़ाने लगे।

मंदिर दिखते ही हमारी साँस में साँस आयी। हृदय की धड़कनें अब सामान्य होने लगी। मंदिर परिसर में पहुँचकर हम मंदिर की बगल वाली कोठरी के पास गये और कोठरी का दरवाजा खटखटाया। आ जाओ, कुण्डी खुली है, भीतर से साधु बाबा की आवाज आयी। हमने दरवाजे को हल्के से धकेला और फिर कोठरी के अन्दर चले गये। कोठरी के भीतर एक दिया जल रहा था और साधु बाबा एक आसन पर बैठे हुए थे। हमें देखकर पहले मुस्कुराये फिर बोले सामने बैठ जाओ, हम दोनों पालथी मार कर उनके सामने बैठ गये, और बैठे. बैठे ही हमने उन्हें प्रणाम किया।

कुछ देर रुककर उन्होंने पूछा भय तो नहीं लगा। इस पर हम दोनों ने कहा महाराज भय तो बहुत लगा है, किसी तरह यहाँ तक पहुँचे हैं, आज तक की उम्र में हम दोनों रात्रि को कभी इस तरह इतनी दूर बाहर नहीं निकले हैं। आज पहली बार ऐसा हुआ है।

साधु बाबा मुस्कुराये, फिर बोले, ये मेरी साधना का समय है, इसलिए तुम दोनों मंदिर की सीढ़ियों पर जाकर बैठ जाओ, मैं प्रातः ब्रह्ममुहूर्त में साधना से उठूँगा तब तुमसे बात करूँगा। अब तुम दोनों बाहर जाओ।

ये सुनकर हम दोनों भाई निराश हो गये, कहाँ तो हम सोचकर आये थे, बाबा कोई तन्त्र मन्त्र की क्रिया करेंगे, जिससे हम अपने शत्रुओं पर विजयी होंगे, हमारा मान सम्मान संपत्ति हमें फिर

से वापस प्राप्त हो जायेगी। और उल्टा उन्होंने कुछ बात भी नहीं करी और हमें बाहर मंदिर की सीढ़ियों पर सारी रात बैठने को कह दिया है। हमारी समझ में कुछ नहीं आया। फिर हमने सोचा यहाँ तक आ ही गये हैं, और कोई रास्ता भी नहीं है, चलो बाकी रात्रि मंदिर की सीढ़ियों पर ही बिताते हैं।

इस तरह हम दोनों भाई मंदिर की सीढ़ियों पर जाकर बैठ गये, बाहर घुप अन्धेरा छाया हुआ था पर मंदिर का हमें सहारा मिल गया था। इस कारण हम अब कुछ निश्चिन्त हो गये थे। इसलिए कुछ ही देर में हम मंदिर की सीढ़ियों में ही पसर गये। नींद ने हमें घेर लिया था।

अचानक हमें किसी ने कन्धा पकड़ कर हिलाया, हम नींद से जगे तो देखा सामने खड़े साधु बाबा मुस्कुरा रहे हैं। रात्रि अब समाप्ति की ओर थी, वातावरण में हल्का उजाला दिखने लगा था।

हम दोनों भाई उठ बैठे। साधु बाबा ने कहा, मैं स्नान आदि से निवृत्त होकर आता हूँ, तुम लोग भी दैनिक नित्यकर्म से निवृत्त हो लो, सामने ही नदी बह रही है, चाहो तो स्नान कर लो, ऐसा कह कर बाबा नदी की ओर बढ़ गये। हम लोग आलस्य से कुछ देर यूँही बैठे रहे, फिर साधु बाबा को वापस आते देख हम भी नदी की ओर स्नान आदि से निवृत्त होने के लिए चल पड़े।

स्नान आदि से निवृत्त होकर जब हम बाबा की कोठरी के पास पहुँचे तो उनको हमारा इंतज़ार करते हुए पाया, उन्हें दण्डवत प्रणाम कर हम उनके पास बैठ गये, बाबा जी बहुत शान्त थे उनके चेहरे पर वही चिरपरिचित मुस्कान थी। जो हम दो दिन से देख रहे थे।

उन्होंने अपनी सम्मोहक आँखों से हमें देखा और फिर बहुत ही मधुर स्वर में हमसे हमारा नाम पूछा, मैंने अपना और अपने भाई का नाम बताया, मैं वीर सिंह और ये मेरा भाई मंगल सिंह है। फिर उन्होंने अपना नाम बताया जानते हो मेरा नाम क्या है।

मेरा नाम स्वामी प्रतापगिरी है। ये नाम मेरे पूज्य गुरुदेव ने मुझे सन्यास की दीक्षा के समय दिया था।

प्रताप ही क्यों दिया, फिर गुरुदेव ने स्वयं बताया था कि आध्यात्मिक साधना और ईश्वर की खोज करना छुरे की तेज धार पर चलने के समान है, नाना प्रकार की कठिनाइयों, विपत्तियों, नाना प्रकार के प्रलोभनों से जो डटकर सामना कर सकता है, वही सच्चा प्रतापी है, वही सच्चा सन्यासी है। जो अपनी आंतरिक वृत्तियों, जैसे काम, क्रोध, लोभ, मोह, भय आदि को अपने वश में रखे, जो इनका स्वामी बन कर रहे, इनका दास नहीं। इसलिए मेरे नाम के आगे स्वामी संबोधन मेरे गुरु ने जोड़ दिया था स्वामी प्रताप गिरी।

समस्याएं दोनों ओर है, तुम गृहस्थ हो मैं सन्यासी, पर जीवन की कठिनाइयां परेशानियों से न तुम मुक्त हो और न मैं। मैं वन वन भटकता, हिंसक जीव जन्तुओं के मध्य विचरण करता हूँ। इस भारत वर्ष की पैदल मैंने कई बार यात्रा करी है। सर्दी गर्मी के ताप सहन करता हूँ। कभी भोजन मिलता है, कभी नहीं भी मिलता है, कभी विश्राम के लिए कोई ठौर ठिकाना मिलता है, कभी नहीं भी मिलता है, इतनी कठिनाइयों के बाद भी मैं अपने उद्देश्य से भटकता नहीं हूँ। अपनी चित्तवृत्तियों पर नियंत्रण करना और अपने चित्त या मन को जगदम्बा के चरणों में लीन करना यही मेरे जीवन का उद्देश्य है।

सनातन धर्म के चार आधार लक्ष्य, धर्म अर्थ काम मोक्ष में से, मैंने सन्यासी होने के कारण इनमें से दो ही उद्देश्य पूरे करने हैं, धर्ममय जीवन जीकर मोक्ष को प्राप्त करना। परन्तु गृहस्थ होने के नाते तुम्हें चारों आधार लक्ष्यों को प्राप्त करना है। इसमें तुम्हारे कर्तव्य और ज्यादा बड़े हो जाते हैं। अपने परिवार की सुरक्षा करना, उनका पालन पोषण करना भी तुम्हारे धर्म का एक हिस्सा है। इनसे भाग कर तुम कभी भी धर्ममय जीवन व्यतीत नहीं कर सकते हो।

चाहे कितने भी संघर्ष हो, कितनी भी कठिनाइयाँ सामने क्यों न आ जाये, तुम्हें अपने कर्तव्य पालन हेतु उनसे जूझना ही होगा, संघर्ष करना होगा। और अंत में उन कठिनाइयों को हरा कर उन पर विजय पानी होगी।

मैं कभी नहीं कहूँगा कि धर्ममय जीवन से हटकर किसी भी प्राणी के साथ अन्याय करो, पर इतना अवश्य कहूँगा कि अपने साथ हुए अन्याय को सहन भी तो न करो, अन्याय का प्रतिकार करना भी तुम्हारा धर्म ही है।

फिर बीर सिंह कुछ देर बोलते ठहर गया। फिर एक गहरी सांस लेकर बोलने लगा। बाबाजी ने अपना परिचय स्वयं दिया था। इसलिए अब हम उन्हें स्वामी संबोधन से पुकारते थे। स्वामीजी ने कहा, तुम्हारा तो नाम ही वीर सिंह है और अन्याय का प्रतिकार करना छोड़, तुम मजदूरी करके अपना व अपने परिवार का पालन पोषण करने लगे। अन्यायी ने तुम्हारी पच्चीस बीघा जमीन छल से हड़प ली, और तुम अन्याय का प्रतिकार करना तो दूर, उनसे भागते फिर रहे।

इस पर मंगल सिंह ने कहा, स्वामी जी ताऊजी का बड़ा पुत्र बहुत दुष्ट है उसने वीर सिंह को अपनी कमर में खोसा दाब दिखाकर कहा था कि अब इस जमीन पर पैर रखा तो समझ लेना।

इस पर मधुर हास्य कर स्वामी जी ने कहा, तुम्हारा नाम मंगल सिंह है और तुम्हारे भाई का नाम वीर सिंह। पर इसकी वीरता कहाँ चली गयी। और तुम्हारा नाम मंगल है, तुम भागकर अपना ही अमंगल करने लगे।

कुछ क्षण रुक कर स्वामीजी ने हमारी ओर गहरी दृष्टि से देखा फिर हास्य सहित बोले, तुम सोचते हो कि मैं कोई तंत्र मंत्र की क्रिया करूँगा, जिससे तुम्हारे दुश्मन तुम्हारे सामने परास्त हो जायेंगे, और तुम्हें अपने खोये मान सम्मान सहित अपनी जमीन वापस मिल जायेगी।

इस बात पर हम कुछ चौंके कि हमारे मन की बात स्वामी जी को कैसे पता चल गयी। इस पर हमने स्वामी जी से पूछा फिर आपने अर्धरात्री को हमें यहाँ क्यों बुलाया था, वीर सिंह ने कहा।

तब मधुर स्वर स्वामी जी ने कहना शुरू किया, इसलिए तुम्हें अर्धरात्री के समय यहाँ बुलाया था, कि तुम जानो कि तुम शक्ति पुत्र हो, जिस शक्ति के भय से भय भी भयभीत रहता है, तुम उसी जगत जननी, जगतमाता माँ भगवती के पुत्र हो, उस जगदम्बा के पुत्र को भय कैसा, जिसके भय से भय भी भयभीत रहता हो, मेरे पूज्य गुरुदेव कहा करते थे, ये ब्रह्मांड ही शिव है, अनगिनत ग्रहों, नक्षत्रों से सजा ये ब्रह्मांड महायोगी शिव का ही विस्तार है। इसमें जो कुछ भी हलचल होती है वो शिव की शक्ति माँ जगदम्बा का ही विलास है। इसी शिव की शक्ति के प्रभाव से सारे ग्रह नक्षत्र गति करते हैं, सारा जगत इस शक्ति के आकर्षण बल से बंधा अपने नियत कर्मों को करता है। ब्रह्मांड के कण कण में यही शक्ति समायी हुयी है। इसी शक्ति से बंधा हुआ ये जगत अपने नियत नियमों से कार्य करता हुआ गति करता है। इन्ही भगवान

शिव की शक्ति को मनीषियों ने आदि शक्ति, आधार भूता, जगत जननी भी कहा है।

भगवान शिव की शक्ति, हर जगह, हर कण में विद्यमान है, ये किसी भौतिक नियमों से बंधी हुयी नहीं है, ये ब्रह्मांड ही शिव है। और शिव की ऊर्जा ही वही शक्ति है, जो सभी भौतिक व आध्यात्मिक नियमों को नियंत्रित करती है, और सभी प्राणियों के जीवन का आधार है, और यही शक्ति देवी देवताओं के रूप में व्यक्त होती है। यही शक्ति सूर्य की ऊष्मा के रूप में, हवा की गति के रूप में, पानी की शीतलता के रूप में, भोजन की शक्ति के रूप में, जीवों की देखने की, चलने की, साँस लेने की, हर क्रिया को करने के रूप में प्रकट होती है। जो दिखता है, वह सब इसी शक्ति के कारण होता है। मूलतः वह ऊर्जा या शक्ति ही है, जिससे पूरा विश्व गति करता है, और इस विश्व के भीतर प्रतिष्ठित, ग्रह नक्षत्र, प्राणी जल, वायु, जो भी दृश्य है, और अदृश्य है, सबके सब इसी शिव की शक्ति के प्रभाव से ही नियंत्रित रहते हैं। यह सर्वव्यापी है और सभी के भीतर कण कण में व्याप्त है।

व्यक्तिगत स्तर पर, यह साहस संयम और ज्ञान के रूप में देखी जाती है। यही आत्मिक शक्ति जीवन की चुनौतियों का सामना करने में देखी जाती है और हर मनुष्य के भीतर यह निहित होती है।

यही महाशक्ति पूरे विश्व का सृजन पालन और निस्तारण करती है। भगवान शिव की ये ऊर्जा या शक्ति हर जगह है, और हर रूप में प्रकट होती है, और हर चीज को चलाने वाली यही मूल शक्ति असीम है, सीमाओं और काल से परे है।

ये ही विश्व का सृजन करती है, और उसका पालन करती है, और अपने नियमों का आधार पर उन सबको अपने भीतर समेट लेती

है, इन्हीं के प्रभाव से हम चल सकते हैं, बोल सकते हैं, सोच सकते हैं, देख सकते, आदि। इन्हीं के प्रभाव से हमें जीवनी शक्ति प्राप्त होती है।

साहस प्राप्त होता है, आत्मविश्वास प्राप्त होता है, चुनौतियों का सामना करने का आत्मिक बल, शारीरिक बल, आदि जो जहाँ शक्ति को हम महसूस करते हैं। ये सब इसी शिव की मूल शक्ति से ही प्राप्त होता है।

हमारे मनीषी इसलिए इन्हें आदि शक्ति, मूल शक्ति, जगत जननी, जगत माता, परमेश्वरी आदि कई नामों से पुकारते हैं।

स्वामीजी बोलते बोलते चुप हो गये। हम दोनों भाइयों को उनकी बातों में रस आने लगा था। आदि शक्ति माँ दुर्गा भगवती की ऐसी व्याख्या हमने कभी सुनी भी न थी। हमारे घर में भी हमारे गाँव के पंडित जी पूजा पाठ करने आते थे, पर उन्होंने इस तरह से रहस्य को हमें कभी बताया और समझाया तक न था। स्वामीजी के मुख से ही यह सब हम जान रहे थे।

अब तो झोपड़ी के भीतर सभी लोगों की उत्सुकता चरम पर पहुँच गयी थी। वीर सिंह के साथ आये एक सयाने पुरुष ने पूछा, भाई वीर सिंह फिर स्वामी जी ने तुम्हें क्या बताया, अदभुत रहस्य है ये सब तो हम जानते ही न थे।

इस पर वीर सिंह बोलने लगा। स्वामी जी फिर से बोलने लगे, वीर सिंह और मंगल सिंह तुम्हें आज से इन्हीं आदि शक्ति माँ भगवती की आराधना करनी है।

हम दोनों भाइयों ने स्वामी जी से पूछा था हम किस तरह से करें।

इस पर स्वामी जी ने कहा, शक्ति के अनेक रूप व अनेक प्रकार हैं। जहाँ जहाँ पर जिस भाव की प्रधानता हमारे मनीषियों ने देखी, वहॉ वहॉ उन्होंने कुछ भेद के साथ इसी आदि शक्ति की शक्ति का वर्णन किया है और उस भाव की प्रधानता के आधार पर उनका नामकरण किया है। जैसे जगदम्बा, माँ भवानी, माँ चंडिका। बुराई का नाश करने वाली, शक्ति, साहस, आत्मविश्वास की प्रतीक। माँ लक्ष्मी धन, साम्राज्य की प्रतीक। माँ सरस्वती, ज्ञान, कला, संगीत की प्रतीक। और माँ काली समय, काल, परिवर्तन, संहार की प्रतीक। जिनके प्रहार से पूरा ब्रह्मांड उथल पुथल होता है पर यह सब नवनिर्माण के लिए होता है। इस प्रकार मनीषियों ने भगवान शिव की ऊर्जा, भगवान शिव की शक्ति के अनेक रूपों, उनके प्रभावों के अनुसार उनके अनेक नामों को नामकरण किया है। पर सत्य तो यह है, जितने भी नाम हैं, उन सबका मूल वही भगवान शिव की शक्ति या ऊर्जा ही है।

हमने स्वामीजी से पूछा कि हम दोनों भाई आदि शक्ति की उपासना किस तरह से कर सकते हैं। इस पर स्वामी जी बोले माता की शरणागत हो जाने से ही सच्ची उपासन है। पर हम शरणागति को कैसे प्राप्त करें, हमने पूछा। स्वामीजी बोले, सिर्फ एक छोटे से अभ्यास से।

अपनी इच्छा व जीवन को आदि शक्ति के चरणों में अर्पण कर दें, स्वयं के अहम और अहंकार को दूर करने के लिए माँ से प्रार्थना करें, उन्हें ही अपना गुरु, मार्गदर्शक मान कर, मार्गदर्शन की प्रार्थना करें।

प्रातःकाल एक साफ़ सुथरी जगह पर बैठकर ध्यान करें। ध्यान में हृदय के मध्य में आदिशक्ति के तेज का ध्यान करें और ध्यान में जाकर उनसे अपने मार्गदर्शन की प्रार्थना करिये। माता पूज्य है,

श्रद्धा के योग्य है, आदर के योग्य है। वे जगत जननी है, इसलिए श्रद्धा बहुत आवश्यक है।

वीर सिंह ने फिर कहा, मैंने स्वामी जी से कहा कृपा कर बताइये कि हम किस तरह से प्रार्थना करें किस तरह से माता का पूजन करें। उन्हें हम किस तरह पुकारें।

इस पर स्वामी जी ने कहा, एक बालक जिस तरह से अपनी माँ को पुकारता है, वे जगत जननी हैं, उन्होंने इस जगत का सृजन किया है, और वे ही हमारी निर्मात्री हैं। वे माता हैं और हम उनके बालक हैं। ध्यान की गहराइयों में जाकर अपने माता पुत्र के सम्बन्धों को मज़बूत करिये।

मुनिष्यों ने आदिशक्ति का एक रूप माँ दुर्गा को बताया है, जो बुराई का नाश करने वाली, शक्ति, साहस, आत्मविश्वास का प्रतीक है। तुम्हें आदिशक्ति के इसी भाव की आराधना करनी चाहिए। और उसी भाव को माँ दुर्गा कहकर ही पुकारना चाहिए।

तुम्हारा समर्पण, तुम्हारी श्रद्धा ही तुम्हारा अहंकार का त्याग ही, उनकी पूजन सामग्री है, ध्यान की गहराई में जो भी मार्गदर्शन तुम्हें प्राप्त होता है, उस पर तुम्हें अमल करना चाहिए। यह सूत्र हमेशा याद रखिये कि कृति के बिना श्रद्धा व्यर्थ हो जाती है।

इतना कहकर स्वामी जी ने अपनी बात समाप्त करी, और हमें वापस घर जाने को कहा, साथ ही कहा कि जो मैंने तुम्हें बताया है, उस पर तुम अभ्यास करो, मेरा आशीर्वाद तुम्हारे साथ है। निश्चय ही कुछ समय बाद मैं अवश्य ही तुम्हारे गाँव हरीनगर आऊंगा और तुमसे मिलूँगा। आज मुझे इस मंदिर में रुके दो दिन हो गये हैं। आज मैं यहाँ से अपनी आगे की यात्रा पर निकल जाऊंगा।

फिर हम दोनों भाई भी स्वामीजी को प्रणाम कर वापस घर को लौट गये। इतना कहकर वीर चुप हो गया और अपने स्थान पर लेट गया।

वीर सिंह आगे क्या हुआ, हमें बताओ सभी वीर सिंह से कहने लगे।

पर वीर सिंह बोला रात्री काफी हो चुकी है, सब थके हैं इसलिए सो जाओ। उन सबको लगा कि अब वीर सिंह आगे कुछ नहीं बतायेगा, मन मार कर सब अपने अपने स्थान पर लेट गये और कुछ ही देर में गहरी निन्द्रा में खो गये।

अध्याय - 3

प्रातः सभी कुछ देर से उठे सूर्योदय हो चुका था। झोपडी से बाहर आकर देखा तो अच्छा खासा उजाला हो चुका था।

स्वामी जी गुफा के आगे समतल स्थान पर योगासन कर रहे थे, उन्हें देखकर वीर सिंह बोला, एक एक-दो दो कर सभी स्नान आदी से निवृत हो लेते है, तब तक शायद स्वामी जी की कसरत भी पूरी हो जायेगी। इस पर दो एक लोग स्नान करने चल दिये शेष झोपडी के आगे बैठ गये। बाहर का वातावरण् बहुत सुन्दर था। मन्द-मंद हवा चल रही थी। पेडों पर चिडियाँ चहक रही थी। गर्मियों के मौसम में, अभी सुबह का वक्त बहुत तरावट वाला था। हरी भरी छोटी छोटी पहाडियों की एक श्रृखला सामने थी, दूर दूर तक जहाँ तक भी नजर जाए, हरे भरे जगंल ही दिखाये पडते थे। सुबह के वातावरण ने सभी का मन मोह लिया।

कुछ ही देर सभी स्नान आदी से निवृत हो गये थे। वीर सिंह ने कहां लगता है स्वामी जी की कसरत भी पूरी हो गयी है। चलो उनके पास जाकर बैठते है। धीरे धीरे सभी स्वामी जी के पास पहुंचे और सभी ने स्वामी जी को दण्दवत् प्रणाम किया। स्वामी जी ने सभी को अर्शीवाद देकर बैठने का इशारा किया। फिर बोले तुम सबकी रात कैसी बीती है। नींद तो अच्छी तरह से आयी।

हॉ, स्वामी जी सभी ने एक स्वंर में उत्तर दिया। स्वामी जी एक दम तरोताजा लग रहे थे। स्वामी जी को देखते ही कोई भी व्यक्ति प्रभावित हुये बिना नहि रह सकता था।

काली पर बड़ी बड़ि सम्मोहक आँखे, घुटनो तक पहुँचती उनकी जटाय, उन्नत चमकता हुआ उनका माथा और औसत से लम्बा कद, और उभरी हुयी माँसपेशियों वाला उनका शरीर किसी को अपने आर्कषण मे बाँध सकता था। देखने पर स्वामी जी साठ बासठ वर्ष के प्रतित होते थे। पर उम्र का कोई असर स्वामी जी की चाल ढाल पर नही पड़ा था।

बहुत स्नेह की दृष्टी से स्वामी जी ने सभी को देखा फिर वीर सिंह से कहॉ, वीर सिंह कल इन सबसे परिचय नही हो पाया था। आज इन सबसे परिचय कराओ।

इस पर वीर सिंह ने उस सुर्दशन युवक की ओर इशारा कर कहा, जो सभी के बीच अलग ही नजर रहा है, वह युवक विशाल सिंह है। पडोसी राज्य राजगढ़ के राजकुमार, स्वर्गीय राजा सुर्यासेन के बड़े पुत्र। और युवती की ओर ईशारा कर कहां ये उनकी बहन राजकुमारी चन्द्रप्रभा हैं। राजकुमार विशाल सिंह के बगल में बैठे एक औसत कद के सॉवले युवक की ओर देखकर वीर सिंह ने बताया कि ये युवक राजगढ़ राज्य के प्रधान मंत्री स्व0 ब्रह्मदत्त के पुत्र बिष्णु दत्त है। इनके बगल में बैंठा युवक राजगढ़ के आन्तरिक सुरक्षा दल के प्रमुख स्व0 भगवान दास के पुत्र चन्दन दास है। तथा इनके बगल में बैठे युवक स्व0 रूद्र सिंह के पुत्र दया शंकर है, इनके पिता स्व0 रूद्र सिंह जी किले के सुरक्षा दल के प्रधान अधिकारी थे, राजा सूर्यसेन सहित तीनों के पिताओं की हत्या जोरावर सिंह व उसके लोगों ने, एक वर्ष पूर्व हत्या कर दी थी, उनके साथ साथ उनकें अंगरक्षक भी मारे गये थे, और इस

हत्याकाण्ड के बाद जोरावर सिंह ने स्वयं को राजगढ़ का राजा घोषित कर दिया था।

वीर सिंह ने उनमें से सामने पुरूष की ओर ईशारा कर बताया की इनका नाम रतन लाल है, और साथ बैठे इनके पुत्र का नाम श्याम लाल है। हमारे गाँव हरीपुर से कुछ दूरी पर एक कस्बा है, जहॉ कभी कभी दोनों भाई मजदूरी की तलाश में जाते थे। वहॉ श्री रतनलाल जी से हमारा परिचय हुआ, इनकी वहॉ अनाज की आढ़त है। कस्बे के बड़े व्यापरियों में श्री रतन लाल जी का नाम आता है। सभी का परिचय पा कर स्वामी जी प्रसन्नता प्रकट कर रहे थे। अचानक उन्होने पूछा वीर सिंह तुमने ये तो बता दिया कि रतनलाल जी से तुम्हारा परिचय काम कि खोज में हुआ था पर तुम राजकुमार विशाल, उनकि बहन राजकुमारी चन्द्रप्रभा ओर उनके बाकी तीनों साथियों से कैसे और कब मिले।

इस पर वीर सिंह ने बताया, अपने बुरे दिनो में शर्म और अपमान से भरे हम दोनों भाई, अपने गाँव या अगल-बगल के गाँवो में काम माँगने में हम झिझक महसूस करते थे। इसलिए कभी काम करने कस्बे में रतनलाल जी के पास चले जाते थे। नहि तो हम पडोस के राज्य राजगढ चले जाते थे। वहाँ राजगढ के कस्बे लखीमपुर में जाकर मजदूरी करते थे। कभी वहाँ तीन चार माह तक मजदूरी करके अपने परिवार के भरण-पोषण के लायक हम धन एकत्र कर हम वापस अपने गाव आते थे। यह सिलसिला चलता ही रहा। ऐसे में आज से चार वर्ष पूर्व हम दोनो भाई लखीमपुर कस्बें में मजदूरी का कार्य कर रहे थे तो एक दिन लखीमपूर कस्बे में कुश्ती के दगंल के आयोजन का ऐलान हुआ।

उत्सुकतांवश हम दोनो भाई काम छोड़ कर दंगल देखने चले गयें। राजगढ़ राज्य के नामी पहलवानो ने उस दिन अपने दाँव पेच

दिखाये, पूरा दिन कुस्ती हुयी थी। शाम को विजेता पहलवान को कुंवर विशाल और राजकुमारी चन्द्रप्रभा को अपने हाथों से पुरस्कार देते हुऐ मैने देखा था। और आज से तीन दिन पूर्व मै अपने गाँव की एक सराय के पास से गुजर रहा तो राजकुमार विशाल और राजकुमारी चन्द्रप्रभा सहित इन तीन युवको को सराय मे रूकने के लिए स्थान माँगते मैने देखा और सुना। मैं इन लोगों को देख कर वही पर रूक गया और राजकुमार विशाल को एक किनारे लेजाकर मैने कहा कि मैं आप और आप की बहन दोनो को पहचानता हूँ। घबराओं नही। मुझसे आप का कोई नुकसान नही होगा। इस सराय में ठहरने से अच्छा है आप लोग मेरे घर चलिए, शायद मैं आपकी मदद कर सकू।

राजकुमार विशाल ने अपने साथियो को बुलाया और पूरी बात उन्है बताइ। मै उन्है जानता हूँ इस बात से उन सभी के चेहरे पर घबराहट साफ दिखाई पडने लगी थी। राजकुमारी चन्द्रप्रभा ने मुझसे पूछा कि मैं उन दोनो को कैसे जानता हूँ। मैने उन्हे लखीमपुर के दगंल मे पुरूस्कार वितरण वाली बात बताई, जिसे सुन इन सबको काफी सन्तोष हुआ, और कुछ हिचकते हुये ये पाँचो मेरे साथ चले आये। वहाँ हमारे परिवार ने इन का स्वागत किया और भोजन और विश्राम की व्यवस्था करी। रात्री भोजन के बाद हम लोगे काफी देर बात करते रहे। मैने संक्षेप मे अपने दुर्भाग्य और दुर्दिनो की कहानी संक्षेप मे इन्हे सुनाई और कैसे हमे आप मिले, फिर आप से मिलकर हमारे जीवन मे क्या बदलाव आय। मेरी बात सुनकर ये पाँचो आप से मिलने को उतावले हो गये और इन्होने प्रस्ताव रखा कि कल सुबह हम लोगो को आप के आश्रम की और प्रस्थान करना चाहिए। मुझे इन सब पर बहुत तरस आ रहा था, इसलिए हम दोनो भाइयो ने तुरन्त यहाँ तक लाने के लिए हा कर दी।

इधर मैने अपने भाई मंगल सिंह को रतनलाल जी को संदेश देने तुरन्त ही कस्बे की ओर रवाना कर दिया। हमारे बुरे दिनों में उन्होने हमसे काफी सहानुभूति पूर्व व्यवहार किया था, हमने आपके बारे में उन्हें बताया था, इसलिए वे भी आपसे मिलना चाहते थे। मैने भाई को समझा कर भेजा था हम लोग सूर्योदय होने के बाद स्वामी जी के आश्रम की ओर निकल जायेगे इसलिए वे सूर्योदय तक मेरे भाई के साथ अवश्य यहाँ पहुँच जाये। प्रातः हम सभी लोग तैयार हो गये इतने मे रतन लाल जी अपने पुत्र व मेरे भाई के साथ हमारे घर पर पहूँच गये, वे लोग बैलगाडी मे आये थे। इसलिए उन्है कोई विशेष परेशानी भी नही हुयी थी। और वे लोग शीघ्र पहुँच भी गये थे।

चलने से पूर्व हमने अपने परिवार को बता दिया था कि स्वामी जी के आश्रम में हम कुछ दिन रूक कर वापस आयेगे। और शीध्र ही हम लोगो ने इधर का मार्ग पकड़ लिया। सुबह जल्दी चलने के कारण कल यहाँ हम सूर्यास्त से काफी पहले पहुँच गये थे।

स्वामी जी बहुत ध्यान से वीर सिंह की बात सुन रहें थे। फिर उन्होंने रतन लाल जी की ओर इशारा कर पूछा इनके साथ ऐसा क्या हुआ जो मुझसे मिलने इन्है इस बीहड़ जगंल मे आना पडा।

इस पर विशाल सिंह बोला, स्वामी जी मै आप को अपनी बात बताता हूँ। में राजगढ़ के राजा सूर्यसेन का ज्येष्ठ पुत्र हू। हमारे सेनापति जोरावर सिंह ने षडयंत्र कर राज्य सता हथिया ली, एक दिन भरी सभा में अचानक से जोरावर सिंह व उसके सथियो ने मेरे पिता, की हत्या कर दी, विरोध करने पर उसके साथियों ने, किले के सुरक्षा अधिकारी, प्रधानमंत्री व आन्तरिक सुऱक्षा दल के अधिकारी की भी हत्या कर दी। भीषण रक्तपात हुआ महाराज के अंगरक्षों ने जोरावर सिंह व उसके साथियों का डटकर सामना

किया, पर वे सब भी इसमें मारे गये। इस तरह इस रक्तपात के बाद जोरावर सिंह राजगद्दी पर बैठ गया। और उसने स्वयं को राजगढ़ का राजा घोषित कर दिया हमारे परिजनो व हमारे वफादारों को चुन-चुन कर उस ने कैद में डाल दिया है। मेरी माता राजमाता गायत्री देवी व मेरे भाई राजकुमार कृपाल सिंह को भी उसने अपनी कैद में रखा है। और मेरे तीनों साथियों के परिजनों को भी केदखाने मे डाल रखा है। ताकि वे कैद खाने में ही धीरे-धीरे मृत्यु को प्राप्त हो जाये।

आप पाँचो इस हत्याकांड के बाद बच कैसे गये - स्वामी जी ने पूछा। इस पर विशाल बोला उस दिन हम पाँचो जंगल में शिकार खेलने गये थे, हम लोग हमउम्र भी है, साथ ही आपस में अच्छे मित्र भी हैं। इसलिए कभी-कभी हम पाँचो शिकार खेलने निकल जाते है। उस दिन भी यही हुआ, हम लोग शिकार पर निकले थे, हमारे साथ हमारे पाँच छः अनुचर भी साथ थे, जिन्होने हमारा सामान उठाया हुआ था। हमारा इरादा रात्री में जगंल में ही रहने का था। साय काल हमारे राजमहल कें दो अनुचर हमे खोजते हुये, हमारे पास पहुचे। उन्है पता था कि हम जंगल में कहा पर मिलेगे। उन्ही लोगो ने रक्तपात कि पूरी कहानी हमें सुनायी और हम लोगो को सलाह दी कि हम लोग इस वक्त वहाँ से भागकर किसी अन्य राज्य चले जायें या अन्य राजा के पास शरण लें।

हमने कुछ देर आपस में मंत्रणा करी और हमारे राज्य कें पूर्वी दिशा में पड़ने वाले कौशल पुर राज्य की सीमाऐ हमारे राज्य के साथ जुड़ती थी। और उस राज्य में प्रवेश करना आसान था। हम पाँचो ने रात्री को अपने-अपने घोड़ो से यात्रा करी और प्रात कुछ अन्धेरे में हमने कोशलपुर राज्य में प्रवेश कर लिया। दो अनुचर हम अपने साथ लाये थे, जो अपने साथ घोड़ो को वापस लें गये।

किसी भी राजा के यहॉ शरण लेना हमने उचित नही समझा, भय था कि कोई हमसे छल करके हमें जोरावर सिंह को न सौप दे, या हमारी वजह से उस राज्य के स्वामी का संबध जोरावर सिंह से न बिगड़ जाये।

अतः हम अपनी जान बचाने हेतु पिछले एक वर्ष से अलग-अलग राज्यों में भटक रहे है। हमारे पास जो भी पहने हुये आभूषण थे उन्हें विक्रय कर आज तक हम अपने रहने और खाने पीने की व्यवस्था करते रहे है। अब वो भी समाप्त होने को आये है। इसलिए हमने विचार किया कि अब तक जोरावर सिंह के गुप्तचर हमे ढूढने में असफल रहें है, और शायद अब तक वे थक भी गये होगे इसलिए एक खास उदेश्य को पाने के लिए हम लोग इस राज्य के गाँव हरीनगर पँहुचे थे। इस पर स्वामी जी बोले, किस विशेष उदेश्य की प्राप्ति के लिए तुम इस राज्य के गाँव हरीनगर आये थे।

इस पर कुछ हिचकिचाकर युवराज विशाल सिंह बोला, स्वामी जी, हरिनगर गाँव के पास ही बागमती नदी बहती है, जो हमारे राज्य राजगढ़ और इस राज्य की सीमा को निर्धारित करती है, नदी के उस पार राजगढ़ की सीमा लगती है, उससे कुछ आगे हमारे राज्य राजगढ़ का एक कस्बा लखीमपुर आता है, जहाँ भाई वीर सिंह ने मुझसे और मेरी बहन को कुश्ती के दंगल में पुरूस्कार वितरण के समय देखा था। और यहाँ हरीनगर में हमें पहचान लिया था। उस लखीमपुर कस्बे से हम प्रातः चलना शुरू करे तो सूर्यास्त से काफी पहले हम घने जंगलो के बीच मेरे पिता राजा सूर्यसेन की बनवायी, शिकारगाह में पहुच जायेगे। वहाँ पर मेरे पिता ने एक पक्की इमारत शिकारगाह के रूप में बनवायी थी। कभी-कभी राज्य के कार्यो से अवकाश लेकर मेरे पिता जी अपने साथियों के

साथ कुछ दिनों के लिए वहाँ जाया करते थे। शिकारगाह के पास एक स्वच्छ जल का तालाब भी हैं। उस क्षेत्र में बाघ, तेदुआ और हिरणो की संख्या बहुत ज्यादा है। पिता जी खास तौर पर बाघों के शिकार के लिए वहॉ जाते थे। अपने पिता के साथ दो बार मैं भी शिकार गाह गया हूँ, विशाल सिंह ने बताया पहली बार यह देखने की बाघ का शिकार किस तरह से किया जाता है, कई दिन हम वाहाँ रहे थे, और इसी बीच हिरण के शिकार के लिए मैने अपने अनुचरों के साथ काफी बड़ा क्षेत्र छान ड़ाला था। और कई हिरणो का शिकार किया था। दूसरी बार मैं अपने पिता और उनके विशिष्ट अंगरक्षको के साथ, उस शिकार गाह में गया था। वहॉ पिता जी ने निरीक्षण कर उस इमारत की एक मोटी दीवार को एक स्थान से खोखला कर उसके अन्दर एक पीतल के बड़े घड़े में बहुत सारी स्वर्ण मुद्रायें, चाँदी के सिक्के, कुछ ताबे के सिक्के और स्वर्ण आभूषर्ण रखवाये थे, फिर बाहर से उस दीवार को फिर से उसी पर चिन दिया गया था। ये सब मेरे सामने ही हुआ था। फिर दुसरे दिन हम सब लखीमपुर कस्बे से होते हुये अपनी राजधानी को वापस आ गये थे।

कुछ माह पश्चात राज्य के दो सिपाहियो की नियुक्ति शिकारगाह देखभाल के लिए कर दी गई थी, वे वही रहते थे पिता जी के बातो से लगता था वे खजाने की ओर से वे निश्चित है। वे मुझसे कहते थे कि, भगवान ना करे, कभी हम लोगो पर विपत्ति पड़ जाये, कोई सहारा ना हो तब इस खजाने का उपयोग कर हम कोई न कोई सहारा विपत्ति से जूझने का कर सकते है। राजकुमार विशाल कुछ क्षणो के लिए रूका फिर कहने लगा, स्वामी जी हम इसी खजाने को निकालने को हरीनगर आये थे। यहॉ से बागमती नदी पार कर हम अपने ही राज्य में प्रवेश कर के खजाने तक पहुँचते,

वहाँ से खजाना निकालकर फिर वापस हरीनगर आते। यही हमारा विचार था।

स्वामी जी कुछ मुस्कुराये, फिर उन्होने विशाल सिंह से पूछा, फिर हरी नगर से तुम कहाँ जाते।

इस पर विशाल सिंह बोला, हमने बहुत विचार कर यह निर्णय लिया है, कि यहाँ से उत्तर पूर्व की दिशा में नेपाल देश है, जिस पर न मुगल सल्तनत अपना अधिकार जमा पाई है, और न मराठे, शायद अंग्रेज भी नेपाल देश पर आक्रमण करने से कतरायेगे। सुना है नेपाल देश का राजा और वहॉ कि जनता बहुत बहादुर व स्वाभीमानी है। इस लिए हमने वहॉ के राजा की शरण में जाने का निर्णय लिया है। कुछ भेट देकर हम राजा को प्रसन्न करके, वहाँ बसने की अनुमति मागेगे।

यदि हमे राजा की ओर से अनुमति मिल जाती है तो कुछ जमीनें खरीदकर हम वंही बस जायेगे। जोरावर सिंह तो सोच भी नहि पाऐगा कि हम नेपाल देश में बस चुके है। जैसा हमने सुना है, राजा बहुत वीर और प्रतापी है। शरण में आये हुये को वो कभी ठुकरायेगा नही। इसी तरह हम पाँचो अपनी प्राण रक्षा करने में सफल हो सकते हैं। ये सब कह कर विशाल सिंह चुप हो गया।

और जो तुम लोगो के परिजन जोरावर सिंह की कैद में है, उनका क्या होगा स्वामी जी ने विशाल सिंह पूछा। इस पर विशाल सिंह चुप्पी साधै रहा फिर स्वामी जी ने रतनलाल कि ओर देखते हुये पूछा, आप किस समस्या के कारण मुझसे मिलने इतनी दूर चल कर आये है। आप की तो उम्र भी ज्यादा है, यहाँ तक आने मे काफी परेशानी हुयी होगी।

इस पर कुछ सकुचाते हुये, रतनलाल बोलने लगे, स्वामी जी मेरी उम्र साठ वर्ष की हो चुकी है, ये मेरा पुत्र श्यामलाल भी पैतीस वर्ष का हो चला है। विवाहित है और दो पुत्र व एक पुत्री का पिता है। परन्तु इसको शराब, गाँजा, सुलफे के व्यसन ने बुरी तरह से जकड़ लिया है। ये एक पल भी बिना नशे के नही रह पाता है। सब उपाय कर लिए है, पर कुछ नही हुआ। मेरी नींद और चैन सब उड़ गया है। इसके तीन छोटे-छोटे बच्चे है, बहु है, उनका क्या होगा। ये चिन्ता मुझे घुन की तरह खाये जा रही है। कोई रास्ता समझ में नही आता है। मेरी उम्र साठ वर्ष हो चली है, पता नही कब तक घर गृहस्थी का बोझ संभाल पाऊँगा। फिर मेरे बाद बच्चो का, बहूँ का क्या होगा। इसी चिन्ता में घुल रहा हूँ। इसी कारण आपकी शरण में आया हूँ। शायद आप का आर्शीवाद इसे सही राह पर ले आये।

रतनलाल की बात सुनकर स्वामी जी कुछ देर तक सोचते रहे फिर बोले। मैं पूरी रात्री प्रातः ब्रहममूर्हुत तक साधना में लीन रहा हूँ। और देनिक नियम के अनुसार स्नान आदि से निवृत होकर योग और प्राणायाम के साधनो को मैने पूरा कर लिया है। अब मै दो पहर तक विश्राम करूगा। तुम लोगो ने क्या विचार किया है। स्वामी जी ने पूछा।

इस पर वीर सिंह बोला, स्वामी जी हमने सोचा है कि उपर रीठे के वृक्षों का जंगल है, क्यो न हम लोग कुछ रीठे कपड़ो को धोने के लिए व स्नान आदी के ले आए।

इस पर स्वामी जी प्रसन्न मुख से कहने लगे अरे जरूर जाओ उपर पहाड़ो के उस ओर को रीठे के पेड़ है, उनके नीचे पके हुये रीठे हवा से गिरे बहुत मिल जायेगे, उसी ओर आँवले के पेड़ भी है, और कुछ नीचे उतर कर आओगे तो बेर की झाडियाँ भी है, उनमे

मीठे बेर लगे है, और कुछ नीचे घाटी की और तुम्है बेल के वृक्ष भी मिल जायेगे। पके हुऐ बेल के फल के गूदे का मीठा रस, इन उमस भरे दिनो में बहुत तरावट प्रदान करता है। वीर सिंह तुमने वे सब वृक्ष देखे ही है। स्वामी जी ने वीर सिंह से कहा।

हाँ स्वामी जी, पहले भी वहाँ से ये सब फल लाता रहा हूँ। आज इन सब को वहाँ ले चलता हूँ। और भी अच्छी बात यह है की वहाँ से कुछ दूरी पर बागमती नदी दिखाई पड़ती है। और राजगढ़ राज्य का लखीमपुर कस्बा भी जो इनका गनतव्य है।

स्वामी जी इस पर मुस्कुरा उठे और बोले, बिल्कुल ठीक, बहुत अच्छा। फिर स्वामी जी अपने स्थान से उठ खड़े हुये, ओर सभी की ओर देखकर बोले में अब विश्राम के लिऐ गुफा के भीतर जा रहा हूँ।

आप सभी वीर सिंह के साथ इस पहाड़ की चोटी में उस दिशा की ओर जाइये जहाँ रीठे आदी के वृक्ष है। यह कह कर स्वामी जी गुफा की ओर चल दिऐ।

स्वामी जी को जाता देख सभी अपने स्थान से उठ खड़े हुये, फिर वीर सिंह ने कहा, जितने भी झोले हम लाये है, सभी खाली कर अपने साथ ले लो, और विशाल सिंह आप लोग भी अपनी तलवारे अपने साथ रख लो, क्योकी उपर जंगल में उस ओर भालू और तेदुवें, अक्सर राह में मिल जाते है। कुछ ही देर में सब लोग तैयार होकर वीर सिंह के पीछे-पीछे चलने लगे। रतनलाल को देखकर वीर सिंह ने कहा, यदि आप रूकना चाहे तो, आप यहाँ रूक सकते हैं।

परन्तु रतनलाल ने रूकने से मना कर दिया और कहा मैं भी साथ चलुगाँ। उस ओर जाने का कोई रास्ता तो था नही, और ना ही

कोई पगदण्डी। पर वीर सिंह पहले भी दो तीन बार वहाँ जा चुका था, इसलिए इसे पहाड़ की चोटी तक जाने का सुगम तरीका पता था। सभी उसके पीछे, गिरते, फिसलते, पहाडी की चढ़ाई चढ़ने लगे। पहाड़ी कोई बहुत ऊँची न थी। सभी पहाड़ियाँ छोटी-छोटी थी। इसलिए कुछ ही देर में वे पहाड़ी की चोटी पर पहुँच गऐ।

रीठे के पेड़ो से भरा जंगल सामने ही था। एक स्थान पर सभी रीठे के पेड़ो के पास साफ स्थान पर बैठ गये। पेड़ो के नीचे ढेर सारे पके हुये रीठे गिरे थे।

वीर सिंह बोला कुछ सुस्ता लेते है फिर रीठे उठायेंगे। सामने दो तीन कोस दूरी पर एक नदी बलवाती हुयी दिख रही थी। बहुत मनोरम दृष्य था, दूर-दूर तक नदी के उस पार भी घने वृक्षो का जंगल दिखाई पड़ता था। कही मैदान तो कहीं छोटी-छोटी पहाडियों की क्षृखंला। पहाड़ी की चोटी पर मन्द-मन्द बयार चल रही थी, हवा के हल्के झोको ने सभी को फिर से तरोताजा कर दिया था। कई जगहो पर पीले लाल फूलों की झाड़ियो ने, उस स्थान को और भी मनोरम बना दिया था।

वीर सिंह ने सामने नदी की ओर इशारा कर कहा कि ये ही बागमती नदी है। इसके पार तुम्हारा राज्य राजगढ़ है, और उधर दक्षिण की ओर जो मैदानी क्षेत्र दिख रहा है, वही पर कुछ मकान आदी दृष्टिगोचर हो रहे है। वही तुम्हारा लखीमपुर कस्बा है। उससे थोड़ा हट कर हम कस्बे सीध में नदी की ओर आये तों नदी के संकरे स्थान पर लकड़ी का एक सेतू है, जो वृक्षो के कारण ढ़क गया है। जो राजगढ़ और हमारे राज्य को जोड़ता है।

इस पर विशाल सिंह खुश होकर बोला समझ में आ गया, लखीमपुर कस्बे से एक कोस, उतर की ओर मैदान में जो एक दो घर से

दिख रहे हैं, उसी की बगल से पूर्व दिशा की ओर एक पगदण्डी जाती है। जो जंगलो के बीच से होकर कई छोटे-छोटे नालो को पार कर हमारी शिकारगाह तक पँहुचती है। मैं दो बार अपने पिता के साथ इस पगदण्डी के मार्ग से शिकारगाह गया था, इसलिए वहाँ से शिकारगाह तक का मार्ग मेरी स्मृति से अच्छी तरह से अंकित है। घना जंगल है, पर मुझे मार्ग सब याद है।

इस पर वीर सिंह मुस्कुराया और बोला, तुम्है याद होगा, सामने जो पहाड़ी दिख रही है, जहाँ बाँसो के वृक्ष है, वही से उतर कर हम पहाड़ी की तलहटी पर पहुँचे थे, जहाँ हमें शीतल जल का सोता मिला था, फिर हमने एक उबड़ खाबड़ पथरीला रोखड़ पार किया था, फिर हमने आश्रम की ओर की चढ़ाई प्रारम्भ की थी।

सभी बोले हाँ हाँ याद है। वो रोखड़, जो बहुत दूर पीछे पहाड़ियो से आता है, और यहाँ इस पहाड़ी से आगे तीन कोस की दूरी पर बागमती नदी से मिलता है। वर्षाऋतु में चारो ओर की पहाड़ियो से बहता पानी इस रोखड़ मे बहता है। जो एक विशाल नदी का रूप ले लेता है, तीन कोस आगे बहकर ये पानी बागमती नदी में मिल जाता है। वर्षाऋतु को छोड़कर, पूरे वर्ष यह रोखड़ सूखा ही रहता है, परन्तु, वर्षा काल में इसे पार करना लगभग असंभव हो जाता है। इस लिए हम दोनो भाई वर्षाकाल के चार माह स्वामी जी की सेवा में नही आ पाते है।

यदि हम इस पहाड़ी से नीचे उतर कर उस रोखड़ के किनारे किनारे तीन कोस पूर्व की ओर बढ़े तो हम बागमती नदी के तट पर पहुँच जायेगे नदी पार कर हमस सीधे पूर्व दिशा की ओर बढ़े तो तीन कोस चलकर हम उस गाँव तक पहुँचेगे जिस की बगल से होकर शिकार गाह का मार्ग जाता है। इससे हम लखीमपुर कस्बे में जाने से भी बच जायेगे और गाँव को भी पार कर लेगे। थोड़ा घूमकर

जायेगे तो गाँव में किसी को नजर में भी नही आयेगे। ये सुन सभी प्रसन्न हो गए।

तभी विशाल के साथी चन्दनंलाल और विष्णुदत्त बोले, यहा तक तो सब बाते सही है। पर हमारी रूचि कल रात्री से ही आपकी अधूरी रह गयी कहानी पर भी बहुत है, भाई वीर सिंह उस कहानी को पूरा कर दो, कैसे आप अपनी छल से छीनी हुयी जमीने वापस पायी।

इस पर वीर सिंह हंसने लगा फिर कुछ गंभीर होकर उसने बोलना शुरू किया, स्वमी जी के पास से जब हम अपने घर वापस आये, तो हम दोनो भाईयों का साहस काफी बढ़ चुका था, और अपने अन्दर हम आत्मविश्वास से भरे है, ऐसा हमै महसूस होने लगा था। स्वामी जी के बताए अनुसार हम दोनो भाई प्रातः ही स्नान आदी से निवृत होकर अपने ही घर की एक साफ हवादार कमरे में छोटे-छोटे दो आसन बिछाकर बैठ जाते और अपने हदय में उस आदिशक्ति माँ के प्रकाश को देखने का प्रयास करते। जो चेतना जो शक्ति हम सब के भीतर प्रकाश रूप में विधमान है, धीरे-धीरे हमारा मन शान्त होने लगा, व्यर्थ के विचारो का शमन होने लगा। और हमारे अन्दर उस दिव्य प्रकाश ने जगह ले ली, जो हमारे भितर पहले से ही विद्यमान था। ध्यान की गहराईयो में जाकर हम माँ आदिशक्ति माँ दुर्गा से प्रार्थना करते कि आपसे दूर रह कर हमने बहुत बड़ी भूल कर दी है। कृपा कर हमारे अहंकार को हमारे स्वभाव से निकाल दो माँ, इसने हमें आप से बहुत दूर कर दिया है। आप ही हमारी मार्गदर्शक है, आप ही हमारी गुरू है। कृपा कर हमारी समस्याओ को दूर करने में हमारा मार्गदर्शन करो माँ आदी शक्ति माँ दुर्गा से हम प्रार्थना करते, हमारे जीवन में वही हो जो आप चाहती है, आपकी इच्छा पूरी हो। हम अपना जीवन

और इच्छाऐं आपके चरणो में समर्पित करते है। आगे जैसी आप की इच्छा।

स्वामी जी ने हम से कहा था कि कृति के बिना श्रद्धा व्यर्थ है। इसलिए हम पूरे दिन इस बात का ध्यान रखते कि हमने अपनी प्रार्थना के अनुरूप व्यवहार किया है नही कही अंहकार व अभिमान वश कोई व्यवहार तो नही। किया। क्या आज हमने माता की इच्छा के अनुरूप ही जीवन जिया है। कही हमने अपनी मनमर्जी का और घंमड़ का व्यवहार तो नही किया। जहाँ पर हम भटकते, उसी समय हृदय में माँ का ध्यान कर उनसे मार्गदर्शन माँगतें। इस प्रकार धीरे-धीरे माँ आदिशक्ति से अपने रिश्ते सुधारने की कोसिस हम लगातार करते रहें। और ये सब हम पूरी ईमानदारी से करते थे। धीरे धीरे हमारे अन्दर का अवसाद, भय, चिन्ता न जाने कहाॅ चला गया और उसकी जगह साहस, आत्मविश्वास, और शान्ति ने ले ली।

ऐसे मे एक दिन हम दोनों भाई बाहर से मजदूरी करके घर वापस पहुँचे तो, उमाशंकर सिंह को घर पर बैठे पाया। यह उमाशंकर हमारे ही गाँव का रहने वाला था। एक समय उसके पिताजी ने भी हमारे ताऊ जी से कर्ज लिया था। कुछ ही बर्षो में मूल रकम से कई गुना तो ब्याज हो गया। उसे उमाशंकर के पिता कभी चुका नही पाये, और जितनी भी जमीन इनके पास थी, उससे ये लोग हाथ धो बैठे। अब उमाशंकर परिवार के पालन के लिये ताऊ जी के घर पर ही मजदूरी और नोकरी करने लगा था।

उमांशकर को देखकर हम दोनों भाईयों को बडी प्रसन्नता हुयी। जब से उमांशकर ताऊ जी के वहाॅ नोकरी करने लगा था इससे बहुत कम भेट हो पाती थी, ना के बराबर। आज उसे अपने घर में बैठा देख हम दोनों भाई बहुत प्रसन्न हुये।

हाल चाल पूछने के बाद हमने उससे यहाँ आने का प्रायोजन पुछा, तो उसने कहाँ कुछ खास नही ताऊ जी की कोठी से काम खत्म कर घर जा रहा था तो सोचा कि तुम लोगो से मिलता चलू, इसलिये यहाँ चला आया।

कुछ देर की बातचीत के बाद हम लोग फिर से वहाँ पहुच गये जहाँ, हमारे घाव थे, जो भरते ही नही थे। अपना अपना दुखडा लेकर हम बतियांने लगे अचानक उसने कहाँ चलो मान लो मेरे पिताजी ने तो कर्जा लिया था, पर उसका ब्याज ही इतना बन गया कि वे चुका ही नही पाये और पूरे जनम भी परिश्रम करते तो भी नही चुका पाते, इसलिए हमारी थोडी बहुत जो जमीन थी, वह भी हमारे हाथ से चली गयी। पर तुम्हारे पिता ने तो कर्ज लिया ही न था, सारा गाँव जानता है, कि कर्ज की नौबत तो तुम्हारे परिवार में आ ही नही सकती थी। तुम्हारे पिता तो बहुत ही सरल, मितव्ययी, सद्चरित्र और सज्जन व्यक्ति थे। उन्हे कर्ज लेने की क्या आवश्यकता पडी थी। अवश्य ही तुम्हारे साथ छल हुआ है, और तुम्हारे ताऊ जी की धूर्तता देखो, जब तुम्हारे पिताजी का स्वर्गवास हो गया तब फर्जी रूक्का लाकर तुम्हारी सारी जमीन हड़प ली।

उमाशंकर ने आगे कहा तुम दोनों एक काम क्यों नही करते हों, तुम लोग उसी कोठी में पले बड़े हो उस कोठी के चप्पे चप्पे से वाकिफ हो, किसी दिन मौका देखकर तुम वो बही ही गायब क्यों नही कर लेते हो। उसी बही के आधार पर ही उन्होने तुम्हारी जमीन छल से हथिया ली है। यह सुनकर हम दोनों भाई हक्के बक्के रह गये फिर मंगल सिंह ने पुछा वे बही हम किस तरह गायब कर सकते है।

उमाशंकर ने बहुत आत्मविश्वास के साथ समझाया जब से मैने वहाँ काम करना शुरू किया है, तब से मैं देखते आया हूँ, कि लाल रंग की बही में ही सभी कर्ज के रूक्के लिखे जाते है, और तुम्हारे ताऊ जी के शयन का कक्ष में ही एक बड़ी तिजोरी रखी हुयी है, जो उनकी चारपाई के बगल में ही रखी हुयी है, तिजोरी इतनी भारी है कि दो व्यक्ति लगकर भी उसे हिला नही सकते है। मैने बहुत बार देखा है, कि तिजोरी खोलने व बन्द करने के बाद तुम्हारे ताऊ जी उसकी चाबी अपने अपने सिराहने के नीचे रख कर सोते हैं। वहाँ से चाबी निकाल कर तिजोरी से बही निकाल ली जाय तो तुम्हारे साथ-साथ कई अन्य कर्जदारो का भला हो जायेगा। चक्रवृदि् ब्याज लगाकर इन सूदखोरों ने छोटी सी कर्ज की रकम को ब्याज लगाकर इतना बड़ा बना दिया जाता है, कि कर्जदार कर्ज चुकाते-चुकाते थक जाता है पर कर्ज की रकम कभी कम नही हो पाती, और एक दिन कर्जदार अपनी मूल संपत्ति से भी हाथ धो बैठता है, या इनकी गुलामी करता है। वैसे तो बही गायब करने का काम तो में भी कर सकता हूँ। पर उसमें कुछ कठिनाईयॉ है। मुझे उस रात्री वही सेवको के बने छप्पर में रहना होगा, जो चारदीवारी के भीतर कोठी के पीछे बना है, फिर कोठी के दुमंजिले में बने बरामदे में पहुँचना होगा, क्योकि कोठी का मुख्यद्वार रात्री को वो लोग भीतर से बन्द कर लेते हैं। मान लो मैं किसी तरह दीवार चढ़कर दुमंजिले में बने बरामदे में पहुँच कर तुम्हारे ताऊ जी के शयन कक्ष से बही निकाल भी लेता हूँ और उसे नष्ट कर भी देता हूँ तो भागकर कहाँ जाऊगा। मेरे छोटे-छोटे बच्चे व वृद्ध माता पिता इसी गाँव में रहते है, वो लोग उन पर बेपनाह जुल्म ढायेंगे और मुझे तो मार ही डालेंगे। और इन सब के लिए एक साथी की जरूरत है, जो विश्वस्त हो, वो मैं कहा से

लाऊगा। इसलिए तुम दो भाई हो और दोनों ये काम आसानी से कर सकते हो।

उमाशंकर कुछ देर चुप रहने के बाद बोला मेरा यकीन मानों, बही गायब हो जाने के बाद जब सुबह घर वालो को पता चलेगा कि बही चोरी हो गयी है, तो घर में कोहराम मच जायेगा। पर वे बाहर इसकी किसी को कानो कान खबर नही होने देगें। क्योंकि उस बही में सभी कर्जदारो के हस्ताक्षर सहित अगूँठे के निशान सहित कर्जदार व कर्ज का विवरण लिखा है। यदि बही की चोरी की बात बाहर फैल गयी तो सभी कर्जदार एक सिरे से कर्ज लेने की बात नकार देगे। फिर तो इन सूदखोरों को एक पाई भी कर्ज चुकाने के नाम पर नही देगें।

इसलिए वे बही गायब होने के बाद एक नकली बही तैयार करेगे और अपनी याददास्त के अनुसार उसमें नाम विवरण रकम, गवाहो के हस्ताक्षर अंगूठे के निशान कर्जदारो के हस्ताक्षर सब फर्जी बनायेगे। जिसे ये पंचायत में असली कभी साबित नही कर पायेगे।

इसी आधार पर तुम अपनी जमीनो पर एक दिन हल चला कर अपने ताऊ जी के लडकों को अपने खेतो में घुसने मत देना।

फिर वीर सिंह कहने लगा, इस बार मैने उमाशंकर से पूछा, ये सब होगा कैसे। तो उमाशंकर ने कहा, मैं तुम्हारा साथ दूँगा। तुमने बस इतना करना हैं कि कही से नींद की दवा या कहो बेहोशी की दवा का इन्तजाम करना है। मैं वहाँ खेतो में भी मजदूरी करता हूँ, और जब खेतो में काम नही होता तो घर पर भी काम करता हूँ। घर की साफ सफाई गाय भैसो को नहलाना गौशाला साफ करना मेरा ही काम है, और मेरी पहुँच घर की रसोई तक है, रसोई में, मै घर की महिलाओं का हाथ बंटाता हूँ।

कभी मैं वहाँ से सूर्यास्त के बाद अपने घर आ जाता हूँ, और कभी देर रात तक रसोई में के बर्तन आदी मॉज कर अपने घर आता हूँ, सायः काल का भोजन बनाने के बाद घर की सभी महिलाएं एक साथ में भोजन सामग्री लेकर कोठी में ही बने ठाकुर जी के मंदिर में जाती हैं, और उन्है भोग लगाती है, और कुछ देर भजन करती है। इस समय रसोइ बिल्कुल सूनी होती है। यही मोका देख कर मैं भोजन सामग्री में नींद की दवा मिला दूगा। भजन कीर्तन समाप्त होने के बाद घर के सदस्य सभी रात्री भोजन के लिए बैठते है।

जब घर के बच्चे, पुरूष सदस्य और महिलाऐ भोजन कर लेते है, तो उन्होंने बचा हुआ शेष भोजन मुझे अपने घर ले जाने की छूट दे रखी है, ताकी मैं भी बचे हुये शेष भोजन जो कि बहुत थोड़ा होता है, अपने घर लेजाकर अपने बच्चो को दे सकू। सबसे अंत में तुम्हारी ताई जी ही भोजन करती है, अपने सामने चूल्हे चैके व बर्तन की सफाई करवाती है, उनके सामने ही मैं चूल्हा लीप पोत कर साफ करता हूँ, और वे ही मुझे मेरी पोटली में बचा हुआ भोजन देती है, जिसे लेकर में चला जाता हूँ। चारदीवारी के द्वार और कोठी के मुख्यद्वार को भीतर से सांकल लगा कर वो द्वार बन्द करती है, और घर में बने ठाकुर जी मंदिर की बगल वाली कोठरी में रात्री शयन के लिए चली जाती हैं।

उमाशंकर ने हमें भरोसा दिलाया कि अन्याय के विरुद्ध लड़ने में वो हमारा पूरा साथ देगा। पूरी योजना समझ कर वो अपने घर को चला गया। हमें लगा की सांक्षात आदिशक्ति माँ दुर्गा उमाशंकर के मुंह से बोल रही थी। हमें याद आया स्वामी जी ने समझाया था कृति के बिना श्रद्धा व्यर्थ है। इसलिए हमने दृढ़ता से इस योजना पर कार्य करने का संकल्प लिया।

अब हमें नींद लाने वाली दवा की तलाश थी। हमने निर्णय लिया अपने गाँव व उसके आस पास हमें किसी से इसका जिक्र करना ही नही है। तब हमें याद आया कि बगल के राज्य राजगढ़ के लखीमपुर कस्बे में एक वैध है। जो लोगो को दवा आदी देने का कार्य करता है, जब हम मजदूरी के सिलसिले में लखीमपुर कस्बे में रहते थे, तो कभी बीमार पड़ने पर उस वैध से दवा लाते थे। वो हमे जानता भी है, पर एक मजदूर के रूप में ही जानता है, उससे ज्यादा कुछ रही जानता है।

हम दोनो भाईयों ने उसी के पास जाने का निर्णय लिया, और विचार किया कि उसे कुछ ऐसी कथा बताए कि वो विश्वास कर हमें नींद की दवा दे दे, कई विकल्पों पर विचार कर हमने एक कथा बनाई और उसी के आधार पर नींद की दवा लेने का विचार किया।

वहाँ बैठे सभी की उत्सुकता बहुत बढ़ गयी थी, सभी उत्सुक थे, यह जानने के लिए कि वीर सिंह और मंगल सिंह को वैध ने दवा दी या नही।

फिर आगे क्या हुआ राजकुमारी चन्द्रप्रभा बोल उठी।

फिर क्या हुआ, वीर सिंह मुस्कुरा उठा। फिर कहने लगा, एक दिन हम दोनो भाईयो ने राजगढ़ के लखीमपुर कस्बे मे जाने का विचार किया और हम दोनों लखीमपुर की और चल पड़े। लखीमपुर पहुँच कर हम दोनो वैध के पास पहुँचे। उस वक्त वैध अपने औषधालय में अकेला बैठा कोई जड़ी बूटी कूट छान रहा था। हमने उसे प्रणाम किया और उनके पास आने का प्रयोजन बताया। हमें पता था वैध लोभी स्वभाव का हैं। वो हमें पहचान गया था, पर मजदूर के रूप में, बाकी वह हमारे नाम, घर आदी के बारे में कुछ भी नही

जानता था। बस इतना ही कि हम कभी लोग कभी कभार छोटी मोटी बीमारी में उनसे औषधी लेते रहे है।

हमने उस से विनय करी कि हम लोग मजदूरी करते है, लेकिन हमारे पास खेती योग्य कुछ जमीन है, उसे जोतने के लिए हमारे पास एक जोड़ी बैल नही है। हम उन्हें खरीद भी नही सकते हैं, मजदूर आदमी है, इतना धन कहा से लाये, जमीन बंजर पड़ी रहती है, पड़ोस के राज्य में एक गोशाला है। जिसमे बहुत उन्नत नसल की गाँयें है, एक बैलो की बहुत सुन्दर जोड़ी हैं। उस गोशाला की देखभाल पाँच छः लोग करते हैं, यदि आप हमें नींद लाने वाली दवा दे दे तो हम उन व्यक्तियो के सांयकाल के भोजन में मिला देगें, और उन के सो जाने के बाद वो बैलो की जोड़ी खोल कर ले आयेंगे, जिनके सहारे से हम अपने खेतो की जुताई कर सकेगें। दवा किस प्रकार हम उन्है देगे, ये हमारे उपर छोड़िये, आप सिर्फ दवा दीजीऐ, उसका मूल्य हम अभी आप को दे देगें।

यह सुनकर वैध कुछ देर सोचता रहा फिर बोला तुम्हे दवा का दुगना मूल्य देना होगा। हमारी प्रसन्नता का कोई ठिकाना न रहा, हम तुरन्त राजी हो गये। वैध उठ कर भीतर गया और अपने हाथो में एक पीतल का ड़िब्बा लेकर आया जिसमे उसने वो दवा रखी हुयी थी। उसने ड़िब्बा खोला और उस में से कुछ मात्रा में बारीक पिसा चूरन जैसा पदार्थ निकाला और एक पुड़िया में ड़ालकर बोला एक व्यक्ति को इतनी ही दवा काफी है इसे खाकर वो गहरी नींद सो जायेगा। इससे ज्यादा मात्रा किसी व्यक्ति को मत देना नही तो वो बेहोश होकर दूसरे दिन तक सोता रहेगा। उसने छः व्यक्तियो के लायक दवा की एक पुड़िया बनाई। तभी हमने उससे प्रार्थना की दवा दुगनी कर दीजीए हम उसका भी दुगना मूल्य देगे। आधी दवा तो तब देगे जब हम बैलों की जोड़ी खोल कर लाएगे फिर जब

अवसर मिलेगा उस आधी दवा का प्रयोग कर हम आपके लिए एक सुन्दर उन्नत नसल की गाय ले आयेगे। इस प्रलोभन से वो लोभी वैध सहर्ष मान गया। इस तरह हमने नींद की दवा प्राप्त कर ली।

दुगनी दवा की मात्रा आपने क्यों ली, विशाल सिंह ने पूछा।

इस पर वीर सिंह मुस्कुरांया और बोला, हमारे ताऊजी, ताईजी उनके तीनो पुत्र व उनकी पत्नियाँ उनके बच्चे, व घर में पाले गए दो खूंखार कुत्ते, जो चारदीवारी और कोठी के बीच चारो और बने आँगन में रात भर घूम घूम कर पहरेदारी करते है। और जरा सी आहट में भौक भौंक कर आसमान सिर में उठा लेते है। इस सबके लिए दवा की ज्यादा मात्रा चाहिए थी।

फिर क्या हुआ इस बार रतनलाल ने पूछा।

फिर हम दवा लेकर अपने गाँव हरिपुर आ गये, और उसी रात हम उमाशंकर से मिलने उसके घर गये, और उसे नींद की दवा दिखाई उस पुड़िया को देख कर उमाशंकर के चेहरे पर मुस्कार आ गयी। उसने कहा पुड़िया तुम अपने पास रखो, जिस दिन मुझे लगेगा कि अवसर अच्छा है, उस दिन मै पुड़िया ले लूगा। तब तक तुम दुमंजिले में चढ़ने की तैयारी कर लो। कैसे और किस साधन की सहायता से तुम दुसरी मंजिल के बरामदे में पहुच जाओगे। उसके बाद हम घर आकर इस विषय पर विचार करने लगे। हम दोनो भाई का बचपन उसी कोठी मे बीता था, दुंमजिले के बरामदे के किनारे बनी ईटो की बाड़नुमा दीवार कितनी ऊँची व कितनी मोटी है, यह हमें पता था। बरामदे किनारे ईटो से बनी बाढ़ हमारे कमर तक उँची थी। एक बालिश्त चौड़ी थी। हमने उसकी चौड़ाई के हिसाब से लोहार से एक लोहे का काँटा बनवाया जिसके एक मोटा रस्सा बांधने की व्यवस्था बनवाई। और एक लम्बे बाँस की

व्यवस्था भी कर ली। ऐसे में एक दिन प्रातः ही अपने काम पर जाने से पहले उमाशंकर हमारे घर पर आया और उस ने कहा, आज लगता है अवसर आ गया है। घर पर परिवार के सदस्यो के अलावा कोई नही है। एक दो मजदूर कभी घर के पीछे बने छप्पर में रात्री शयन करते थे वो भी फसल की रखवाली के लिए खेतो में बने छप्पर में रह रहे। यदि में अपने काम में सफल रहा तो रात्री को कोठी से लोटते वक्त तुम्है सूचना दूँगा, इसलिए आज तुम सजग रहना यह कह कर उसने वैध की दी हुयी पुड़िया अपने पास रख ली। उस दिन हम दोनों भाई मजदूरी करने भी नही गये और रात्री होने का इन्तजार करते रहे।

रात्री के प्रथम प्रहर में उमाशंकर ने हमारे घर का दरवाजा खटखटाया, जब वो घर के भीतर आया तो उसका चेहरा खुशी से दमक रखा था उसने बताया की काम हो गया है। भोजन तैयार हो जाने के बाद तुम्हारी ताईजी ने ठाकुर जी के भोग के लिए भोजन निकाल एक थाल में रखा जिसे वे घर में बने मंदिर में ले गयी, वहाँ घर के सभी सदस्य पहले से बैठे थे। ये इस घर का प्रतिदिन का नियम भी था। इसी बीच मौका मिल गया और मैने दवा सब्जी में मिला दी। आरती के बाद घर के सभी सदस्य रसोई में आकर बैठ गऐ। आपकी ताईजी ने उन सब को भोजन परोसा। भोजन करने के उपरान्त सभी लोग अपनी अपनी कोठरी में रात्री के विश्राम के लिए चले गये। कुत्तों को भोजन में ही देता हूँ। उन्है दूध रोटी दी जाती है। घर के आंगन में दोनों कुत्तो के पात्र में दूध रोटी ड़ालकर उनके लिए बचाई दवा भी मैने उसमें मिला दी है। वापस जब मै रसोई में आया तो आपकी ताई जी भोजन कर रही थी। इसी बीच मैने तेजी से घर के सदस्यो की जूठी थालियाँ माँज कर धो डाली। ताईजी के भोजन समाप्त करने के बाद चूल्हा लीप पोत कर साफ कर दिया और रसोई के खाना पकाये बरर्तन भी धो

ड़ाले। ताईजी ने बचा हुआ खाना, मेरी पोटली में रख दिया। उसके बाद हम दोनो घर से बाहर आँगन में आ गये। मेरे चारदिवारी से बाहर जाने के बाद ताईजी ने चार दिवारी के द्वारो को बन्द कर भीतर से सांकल लगा दी थी। मैं कुछ देर चारदीवारी के बाहर खड़ा रहा, मैने जब कोठी के मुख्यद्वार के बन्द होने की आवाज सुनी तो मैं वहाँ से यहाँ चला आया हूँ।

सब कुछ, योजना अनुसार हुआ है। अब तुम दोनो भाई अर्धरात्री में वहाँ जाकर अपना कार्य पूरा करना। और हाँ मेरी पोटली में थोड़ी बची हुयी वही सब्जी भी है, जिसमें मैने दवा मिलाई थी। इसे यही नष्ट कर देते है।

हमने अपने आँगन में छोटा सा गढ़ा खोदा और उसमें बची हुयी सब्जी ड़ाल दी, फिर उपर से गढ़े को मिट्टी से भरकर पाट दिया। शेष भोजन ठीक था, उसे लेकर उमाशंकर अपने घर चला गया।

फिर आगे क्या हुआ, सभी एक स्वर में बोल उठे, फिर तुमने क्या किया, सभी की उत्सुकता चरम पर थी। ऐसा लगता था जैसे सभी की साँसे रूक सी गयी हो। उन सब का मन और मष्तिष्क एक ही बात जानने को उत्सुक था, कि फिर दोनों भाईयों ने क्या कारनामा किया।

एक गहरी साँस लेकर वीर सिंह ने बोलना शुरू कि आधी रात्री बीत जाने के बाद कन्धे पर एक झोला टाँग और हाथ में एक लम्बा बॉस पकड़ कर हम दोनो भाई ताऊजी की कोठी की ओर दबे पाँव चल पड़े। झोले में हमने वो लोहे का काँटा और एक मोटी रस्सी काटें के एक सिरे में बाँध कर रख ली थी।

कुछ ही देर में कोठी की चार दिवारी के पास हम दोनो भाई पहुँच गये। चारदिवारी बहुत ऊँची न थी पर हमारी लम्बाई से दो हाथ

और ऊँची थी। तुम देखते ही हो मंगल सिंह पतला दुबला हल्के वजन का व्यक्ति है। ये मेरे सहारे से मेरे कंधे पर चढ़ गया, और आसानी से चारदिवारी के उपर पहुँच गया, फिर हाथ बढ़ा कर इसने मुझे भी उपर खीच लिया। इस पर थोड़ी आहट होना स्वभाविक था। पर थोड़ी आहट के बाद भी कुत्ते पास नही आये और न ये भौके, हम समझ गये कि दवा ने अपना पूरा असर किया है, इसका मतलब सब गहरी नींद में है। पहले मंगल सिंह नीचे उतरा, फिर मैं हल्की आहट भी हुयी पर कुत्तो की ओर से कोई प्रतिक्रिया नही आयी। तो हम निर्भय हो गये। बाँस हमने पहले ही चारदीवारी की इस ओर रख दिया था।

मंगल सिंह ने कन्धे से झोला उतारा और उसमें से रस्सी बधा काँटा निकाला और काँटे को बाँस के सिरे में फँसाया और धीरे से बाँस को उठा कर काटे को दुमंजिले के बरामदे की बाड़ में फंसा दिया। एक दो बार रस्सी खीचं कर देखा कि काँटा सही फँसा है, या नही, तसल्ली होने पर कंधे में खाली झोला टाँग कर मंगल सिंह तेजी से रस्सी के सहारे दुमंजिले में पहुँच गया।

अब आगे की कथा मेरे भाई मंगल से सुनिये, इस पर सब लोग बोलने लगे, हाँ हाँ भाई मंगल जल्दी बताओ फिर क्या हुआँ।

इस पर मंगल सिंह कहने लगा मै बरामदे की बाड़ पार कर बरामदे मे पहुचाँ तो मैनें देखा बरामदे के दोनो किनारे पर आले पर दीपक जल रहे थे जिसका हल्का प्रकाश पूरे बरामदे में फैला हुआ था। मै धीरे धीरे ताऊजी के कमरे की ओर बढ़ा चारों ओर सन्नाटा छाया हुआ था। कही कोई आहट नही। ताऊजी के कमरे के सामने पहुँच कर मैने देखा कि कमरे की खिड़की पूरी तरह खुली हुयी है। वो गर्मियो की रात थी हवा के लिए ताऊजी खिड़की खोल कर सोये हुये थे। एक बार मैने सोचा की खिड़की के रास्ते भीतर जाऊ पर

बगल मे ही दरवाजा भी था, मैने सोचा एक बार देखू दरवाजा खुला है या बन्द है। मैने हल्के से दरवाजे के पल्ले को धकेला दरवाजे के पल्ले धीरे से खुल गये, शायद खाना खाने के बाद ताऊजी आराम करने के लिए अपने बिस्तर पर लेटे होगें, दवा के असर से लेटे लेटे ही उन्हें नींद ने घेर लिया होगा, इस वजह से वे दरवाजे में साँकल नही लगा पाये होगे, फिर भी यदि भीतर से दरवाजा बन्द भी होता तो मै खिड़की फाँद कर भीतर चले जाता।

मैंने दरवाजे के पल्ले को धकेला वो खुल गया, मै कुछ देर वही पर खड़े होकर जायजा लेता रहा। कमरे के भीतर एक आले में एक दीपक जल रहा था, जिसके हल्के प्रकाश से पूरा कमरा बहुत साफ तो नही पर, कमरे में स्थित हर वस्तु का आकार साफ नजर आ रहा है। कमरे के मध्य में एक बड़ी लम्बी चैड़ी चारपाई पर ताऊजी सो रहे थे, उनकी सांस लेने की आवाज मुझे साफ साफ सुनाई पड़ रही थी मै दबे पाँव धीरे धीरे कदम रखता ताऊजी की चारपाई की ओर बढ़ा कदम रखते वक्त में बहुत ध्यान दे रहा था, कि किसी वस्तु से टकरा न जाँऊ। चारपाई के पास पहुँचकर मैने देखा ताऊजी बहुत गहरी नींद में सो रहे थे। मैने धीरे से उनके सिरहाने के नीचे हाथ ड़ाला और धीरे से तिजोरी की चाबी निकाल ली चाबी बहुत बड़ी थी, जो एक गुच्छे मे, कई छोटी चाँबियो के साथ बंधी थी, चारपाई की दूसरी ओर तिजोरी रखी थी, मै धीरे धीरे तिजोरी के पास पहुँचा, आकार में बहुत बड़ी तिजोरी थी, देखकर ही लगता था कि चार पाँच लोगो ने बहुत परिश्रम के बाद इसे यहाॅ तक पहुँचाया होगा, मैने एक भरपूर नजर ताऊजी पर डाली वो बेखबर होकर गहरी नींद में सो रहे थे। मै जमीन पर बैठ गया, दीपक के हल्के प्रकाश में मुझे तिजोरी के ताले वाला छेद दिख गया, मैने उसमे वो बड़ी चाबी घुसाई और चाबी को घुमा दिया एक खटके के साथ तिजोरी के भीतर

का ताला खुल गया था। मैने तिजोरी के पल्ले में लगे हत्थे को अपनी ओर खीचा तो पल्ला बाहर की ओर खुल गया। पर तिजोरी के अन्दर अन्धेरे में मुझे कुछ नही दिखाई दिया। मै धीरे से उठा और बहुत दबे पाँव से आले के पास पहुँचा, आले में रखा जलता हुआ दीपक मैने उठाया और बहुत धीरे धीरे दबे पाँव मैं तिजोरी के पास पहुँचा फिर तिजोरी के भीतर मैने देखा तिजोरी दो भागो मे बटी थी। उपर वाले भाग में कुछ छोटी छोटी थैली बँधी हुयी रखी थी, शायद उनमें सिक्के बधे हुये थे। और बगल में ही चाँदी व स्वर्ण आभूषण रखे थे। निचले वाले भाग मे दो बहिया रखी थी, मैने दोनो बहियो को निकाल कर अपने कंधे में टगे झोले में ड़ाल दिया तिजोरी मैने खुली ही छोड़ दी थी ड़र था की उसके खटके से ताऊजी उठ ना जाये। फिर दबे पाँव चल कर दीपक को आले मे रख कर मै, ताऊजी के कमरे से बाहर आ गया। और रस्सी के सहारे बरामदे से नीचे उतर गया। फिर जिस तरह हम चारदीवारी फाँद कर भीतर गये थे उसी तरह हम दोनो बाहर आ गये, काँटा रस्सी और बाँस वीर सिंह ने पकड़ लिए मेरे कन्धे में दोनो बहियो से भरा झोला टंगा था, बहुत तेजी से हम अन्धेरे में अपनी घर की ओर चल दिये, घर पर हमारी पत्नियाँ जगी हुयी हमारा इंतजार कर रही थी, जब हमने झोले से बहियाँ निकाल कर दिखाई तो उनके चेहरे पर भी मुस्कान आ गयी। हम अपना काम सफलता पूर्वक कर के आ गये थे।

अब क्या करे कुछ देर विचार कर हमने निर्णय लिया कि घर पर कोई सबूत नही छोड़ेंगे अभी इसी वक्त इन दोनो बहियों को, काँटे को रस्सी को और बाँस को शमशान घाट ले जाकर नष्ट कर देते है। शमशान का ड़र हमारे मन से काफी हद तक दूर हो चुका था। अलकनंदा नदी के किनारे शमशान घाट के पास ही वो शिव मंदिर था, जहाँ हमारी पहली मुलाकात स्वामीजी से हुयी थी, और

अर्धरात्री को स्वामीजी ने हमें वहाँ बुलाया था, और पूरी रात्री मंदिर की सीड़ियो पर बैठने को कहा था।

हमने सभी सामान उठाये और शमशान की ओर रवाना हो गये बाहर गहरा सन्नाटा था, आधी रात का समय था, गाँव के सभी लोग गहरी नीद में थे। शमशान घाट हमारे गाँव से एक कोस की दूरी पर था, हम लोग बहुत तेजी से चलते हुये जल्द ही, शमशान घाट में पहुँच गये, नदी के किनारे एक सूखी जगह पर हमने बुझी हुयी चिताओ की कुछ अधजली, पतली और सूखी लकड़ियो को जमा किया, और उस में आग लगा दी, जैसे ही आग अच्छी तरह से जलने लगी हमने उसमें वो दोनो बहियाँ और रस्सी भी ड़ाल दी, काफी देर तक हम बहियों को बाँस की सहायता से उलट पुलट कर जलाते रहे। काफी देर बाद रस्सी व बहियाँ जल कर राख में बदल गयी। बाँस की सहायता से हमने जली हुयी राख व, जली हुयी लकड़ियों के अंगारो को ठेल ठेल कर नदि में बँहा दिया, फिर पास में लगी घनि झाड़ियो को तोड़कर उसका झाडू बना कर, उस स्थान को साफ कर दिया, जितनी भी राख बची थी, उसे झाडू के सहारे सब नदि में बहा दिया और काँटे और बाँस को नदि में फेक दिया। ब्रहम मुहुर्त प्रारम्भ होने वाला था। हम लोग अन्धेरे में ही तेजी से चलकर अपने घर पर आ गये, और सो गये।

दुसरे दिन हम दोनो भाई पास के कस्बे में मजदूरी की तलाश में निकल गये। शाम जब हम दोनो अपने गाँव पहुँचे तो सब रोज़मर्रा की तरह ही था। किसी ने भी हमें कोई जानकारी नही दी, ना ही हमसे कुछ पूछा हम दोनो घर पहुँचे, और उमाशंकर का इंतजार करने लगे। रात्री के प्रथम प्रहर में उमाशंकर हमारे घर आया। हमें देखते ही उसके चेहरे पर प्रसन्नता फूट पडी। आगे बढ़कर उसने हमें गले लगा लिया। फिर उसने बताया कि सुबह वो जब काम

करने कोठी पर पहुँचा तो घर के सभी सदस्यो को तुम्हारे ताऊजी के कमरे में पाया मैने देखा तुम्हारे ताऊजी अपनी चारपाई पर बेहोश पड़े थे, और घर की महिलाऐ उन्हें होश में लाने के लिए उनके मुहँ पर पानी के छीटें मार रही थी। और उनके हाथ पैरों को मल रही थी। कुछ देर बाद उन्हें होश आ गया था और वे सुन्न होकर अपने बिस्तर पर ही पड़ गये थे। घर का माहौल डरावना था। सभी के चेहरे से हवाईयाँ उड़ती साफ दिख रही थी। और वे लोग आपस में हल्की आवाज में फुसफुसा कर ही बात कर रहे थे, मै समझ गया की तुमने अपना काम कर दिया है। खैर मैं घर की साफ सफाई में जुट गया। कुछ देर बाद तुम्हारे ताऊजी के तीनो पुत्रो ने और ताई जी ने मुझे रसोई मे बुलाया और मुझे उस थाली में से भोजन निकाल कर खाने को कहा जिसमें कल रात्री की ठाकुर जी के भोग के लिए भोजन सामग्री रखी हुयी थी।

मैने कुछ आनाकानी करी कि मैं अपने घर से रोटी सब्जी का नाश्ता करके आया हूँ। पर वो सब नही माने और मुझे डांट कर भोजन खाने को कहा।

इस पर मैने, ठाकुर जी के भोग के लिए जो भोजन सामग्री कल रात्री को मंदिर में रखी थी। उसे उठाकर खालिया फिर उन्होंने उसी मटके से जल लेकर पीने को कहा जिसमें से रात्री में जल निकाल कर सभी ने जल पिया था। मैने वो भी कर दिया, फिर अपने काम पर लग गया। मै जानता था कि पूरा दिन वे मुझ पर निगरानी रख रहे है, परन्तु उस खाने में, और पानी में कुछ मिला होता तो मुझ पर असर होता, आज सारा दिन मैं और दिनों की तरह ही अपना काम निपटाता रहा। उन लोगो को मुझ पर शक करने के बाद भी शक का आधार समझ में नही आ रहा था। क्योंकि कल रात्री को अपने सामने ताईजी ने मुझे बचे

हुये भोजन को मेरी पोटीली में रखकर मुझे विदा किया था, और चाऱदीवारी, और कोठी के द्वार भीतर से बन्द करे थे। दिन के वक्त रसोई में बहुऐ कानाफुसी कर रही थी, बाहर से कान लगा कर मैने सुना कि रात्री को ताऊजी के कमरे से चोरी हुयी है, और चोर ने सिक्को को छोटी-पोटली थैलियो और सोने चाँदी के आभूषणो को हाथ तक न लगाया पर चोर दोनों बहियों को चुरा कर ले गया था। मुझे यह सुनकर भीतर से बहुत प्रसन्नता हुयी, पर मैने जाहिर नही होने दी, अभी कोठी का अपना काम निपटा कर सीधे तुम्हारे पास आया हूँ।

फिर उसने पूछा तुमने बहियों का क्या किया। हमने उन्हैं जला कर नष्ट करने की पूरी घटना उसे बता दी वो खुश होकर बोला मैने तुम्है ही बता दिया था कि बहियों को चोरी हो जाने की खबर वो लोग किसी को कानोकान न होने देगें। क्योकि उन बहियों पर सभी कर्जदारो के रूक्के लिखे है, यदि खबर फैल गयी तो सभी कर्जदार हाथ से निकल जायेगे। आज से मैं तुम लोगो से नही मिलूगा। मैं तभी मिलूगा जब तुम अपने जमीन पर कब्जा कर लोगे। ऐसा कह कर उमाशंकर अपने घर को चला गया।

फिर तुमने अपनी जमीन पर कब्जा कैसे हाँसिल किया, इस बार रतनलाल का लड़का श्यामलाल बोल उठा। फिर सब बोलने लगे, हाँ भाई जल्दी बताओ, तुम्है अपनी जमीन वापस कैसे मिली।

बहुत आसानी से, वीर सिंह ने कहा, वो कैसे, विशाल सिंह ने पूछा।

इस पर वीर सिंह ने बताया कि कुछ माह हम इंतजार करते रहे। जब रबी की फसल का समय आया और खेतो की जुताई होनी थी तो हमने हल बैलो का इन्तजाम कर एक दिन अपने खेतो पर

हल चला दिया हम दोनो भाई हर अनहोनी के लिए तैयार थे। ये खबर आग की तरह गाँव में फैल गयी, कुछ ही देर में ताऊजी के तीनो पुत्र और वही दोनो गवाह जिन्होने हमारे खिलाफ गवाही दी थी, दोड़ते हुये, खेतो में आ धमके। हमें हल चलाता हुआ देख ताऊजी का लड़का जोरो से चीख कर बोला, तुम्हारी हिम्मत कैसे हुयी हमारे खेतो में हल चलाने की लगता हैं, तुम दोनो की मौत यही पर लिखी है, इतना कहते ही उसने अपनी कमर में खोंसा हुआ दाब बाहर निकाल लिया, उसे दाव निकालता हुआ देख हमने भी अपने कमर में खोसे हुये दाव बाहर निकाल लिए, और चीख कर यह कहते हुये कि अभी बताते है मौत हमारी आयी है या तेरी हमने उनकी ओर हाथो में दाब लहराकर दोड़ लगा दी, हमारा ये रूप देखकर वो पाँचो अपना दाव वही फैक कर भाग खड़े हुये। खैर उन्है भगाने के बाद हम अपने काम पर लग गये।

कुछ समय बीत जाने के बाद वो तीनो हमारे ताऊजी, सरपंच जी व गाँव के कुछ लोगो को लेकर फिर से खेतो में आधमके। सरपंच जी ने हमसे जुताई रोकने को कहा, हमने हल से बैलो को खोल दिया और उनके सभी के सामने जाकर खड़े हो गये।

सरपंच जी ने हमसे कहा कि आज से चार वर्ष पूर्व ही मेरे सामने ये जमीन इनको दी जा चुकी थी तो फिर आज तुम्हें क्या हो गया, जो तुम इनकी जमीन को जोतने लगे। यदि ऐसा तुम करोगे तो तुम्हारी शिकायत मुझे शहर के कोतवाल से करनी पड़ेगी।

इस पर हमने कहा कि पिताजी की कर्ज ली हुयी रकम और उस पर लगे ब्याज को हमने इन चार सालो में पाई पाई कर चुका दिया है, इन्होने हमारे सामने ही समय समय पर चुकायी गयी रकम को दर्ज किया है, इसलिए ये जमीन अब हमारी है, और इसे

जोतने का पूरा अधिकार हमें है। यदि आप को विश्वास न हो तो बही मंगवा कर यहीं पर देख लीजीये।

इस पर ताऊ जी चिल्लाकर बोले ये दोनों झूठ बोलते है, इन्होने एक पाई भी कर्ज की रकम हमें नही लौटाई है।

हम झूठ बोलते है या सच बही खुद बतायेगी। आप उसे यहा सभी के सामने लाकर दिखा दीजीए। इस पर सरपंच जी और गाँव के वहाँ पर उपस्थित लोगो ने कहा, हाँ हाँ यही उचित रहेगा।

ताऊजी ने तुरन्त अपने लड़को को कोठी में जाकर बही लाने को कहा, बही आने पर उन्होने खोल कर उसमें लिखा रूक्का दिखाया साथ ही हमारे पिता के हस्ताक्षर अँगूठे के निशान, गवाहों के हस्ताक्षर सरपंच जी और उपस्थित सभी लोगो को दिखाए। और हम से कहाँ कि जब भी तुमने हमें रकम चुकाई थी तो हमने तुम्हारे सामने ही बही में इस रूक्के के नीचे वो रकम दर्ज करी थी। ये तुमने ही अभी कहा था, क्यो झूठ बोलते हो, अगर हमने वो रकम यहाँ तुम्हारे सामने दर्ज की थी, तो वो रकम यहाँ क्यो नही हैं।

इस पर हमने सभी के सामने अपने ताऊ जी से कहा, ये बही नही, आप वो बही दिखाइये जिसमें हमने इन चार सालो में समय-समय रकमें आपको चुकाई थी, और आपने उन्है दर्ज करा था। जिस बही में रूक्का लिखा था और उसी रूक्के के नीचे, चुकाई गयी रकमें लिखी थी। आपकी पूरी रकम ब्याज सूद सहित हमने चुका दी है, अब ये जमीन हमारी है, और इसे जोतने का हमें पूरा हक है।

क्या मतलब है तुम्हारा सरपंच जी बोले।

इस पर हमने कहा सरपंच जी आप खुद बारीकी से देख लीजीए, आज से चार वर्ष पूर्व जिस बही, जिस रूक्के को देखकर आपने निर्णय दिया था क्या ये वही बही है।

सरपंच जी ने बही को उलट पुलट कर अच्छी तरह से देखा, रूक्के को फिर से पढ़ा गाँव के उपस्थित सभी लोगो ने बही देखी, फिर सरपंच जी समेत सभी ने एक स्वर में कहा, ये तो ऐसा प्रतीत होता है कि हाल ही मे कुछ समय पूर्व ही इस बही को लिखा गया है, ये बही तो नई प्रतीत होती है।

सरपंच जी बोले आज से चार वर्ष पूर्व जो बही मैने देखी वो बही तो पुरानी प्रतीत होती थी। आज चार वर्ष बाद वो और भी पुरानी लगती, उसके पन्ने हल्के पीले पड़ गये थे। परन्तु आज ये बही बिल्कुल नई लगती है साथ इसकी स्याही की चमक बताती है, कि इसे कुछ समय पूर्व में ही लिखा गया है।

सरपंच जी कुछ देर सोचते रहे फिर मेरे ताऊ जी की ओर देखकर बोले, भाई रमाकान्त ये बही वो नही है जो तुमने मुझे दिखाई थी, और जिसके आधार पर मैने फैसला कर जमीन पर तुम्हारा हक साबित किया था। मुझे वही बही लाकर दो, जिसमें रूक्के के नीचे समय-समय पर लोटायी गयी रकमें तुमने दर्ज करी है, मुझे ऐसा प्रतीत होता है, जमीन के साथ-साथ इन दोनो भाईयो द्वारा लोटाई गयी रकम भी तुम हड़पना चाहते हों, इसलिए नई बही तुम बना कर लाये हो मामले में छल की गंध आ रही है तुम वही पुरानी बही लाकर मुझे दिखाओं।

फिर सरपंच जी हमारे और देखकर बोले तुम कहते हो कि कर्ज की पूरी रकम तुम चुका चुके हो, इसलिए आज से इस जमीन को जोतने का तुम्हारा ही अधिकार है, ये अधिकार तब तक तुम्हारे

पास रहेगा जब तक रमाकान्त पुरानी बही नही दिखा देते। ये नई बही तो साफ प्रतीत होता है, कि हाल ही के दिनो मे लिखी गयी है।

उसके बाद इन्होने मेरे ताऊ जी और उनके पुत्रो को समझाया यदि उन्होने अब कोई छेड़छाड़ करी तो वे मामले को राजा के पास तक पहुँचा देगें। इसलिए सभल कर रहें।

पुरानी बही होती तो वे सरपंच जी को दिखाते तब से हमारी जमीन हमारे पास ही है। इस प्रकार हमने अपनी जमीन, अपना खोया मान सम्मन वापस पाया।

पर मैं आप सब को स्पष्ट कर दूँ ये सब बदलाव हमारे अंदर स्वामी जी के मार्गदर्शन से और माँ भगवती की कृपा से ही हुआ, माँ भगवती की कृपा से ही हमें मदद करने वाले मित्र मिले यदि माँ भगवती हमारी मदद ना करती तो हम किस दुर्गती मे रहते ये हम ही जान सकते है।

कुछ देर रूककर वीर सिंह बोला चलो उठो और रीठे के पेड़ो के नीचे गिरे सूखे रीठे उठाते है। सभी लोगो को बहुत शान्ति मिली थी कहानी सुनकर, कल रात्री से ही सभी वीर सिंह और मंगल सिह के जीवन में घटि यह अद्भुत कहानी सुनने को बैचेन थे, उत्सुक थे। प्रसन्न होकर सभी उठे, और रीठे इक्ट्ठा करने लगे, थोड़ी देर बाद इक्ट्ठा हुये रीठे को देखकर वीर सिंह बोला बहुत रीठे इक्ट्ठा हो गये है, इन्हे झोले में भर लो, और थोड़ा नीचे की और चलते वहाँ ताजे बेर की झाड़ियाँ है, ताजे बेर खायेगे और झोलो में भर कर बेर भी ले जायेगे वहाँ से थोड़ा आगे बेल के फल के वृक्ष और आँवले के वृक्ष भी है, उन्हे भी तोड़ कर साथ ले जायेगे। इस प्रकार हास परिहास करते हुये सब आगे चलकर

झाड़ियों से बेर तोड़ने लगे, आगे से उन्होने कुछ आँवले और बेल के फल भी तोडे जिन्है उन्होने अपने झोलो में भर लिये। दोपहर के कुछ बाद ही सभी वापस आश्रम लौट आये। स्वामी जी की गुफा का मुँह अभी भीतर से बन्द ही था। सायद अभी भी स्वामी जी विश्राम कर रहे थे।

अध्याय - 4

स्वामी जी की गुफा का मुह भीतर से ढका हुआ था। तो सभी ने सोचा, जब तक स्वामी जी विश्राम से उठ नही जाते तो क्यो न पुराने गन्दे वस्त्रो को धो लिया जाय। इसलिए उन्होने काफी सारे रीठे झोले से निकाले और उन्हे फोड़कर उनकी गुठली अलग कर ली, और रसोई में एक बडे बर्तन में पानी के साथ रीठों के छिलकों को डालकर उसे चूल्हे की आग पर गलने के लिए छोंड़ दिया। कुछ ही देर रीठो के छिलको से झाग बनने लगा। सभी ने अपने अपने पिछले दिन के पहने हुए कपड़े उस घोल में डुबोकर भिगोयें, और बर्तन लेकर आगे पानी के स्त्रोत के पास चले गये, जहॉ उन्होने रगड़ रगड़ के अपने कपडौ को साफ किया, और स्वच्छ जल से उन्हे धो साफ कर झोपडी के पास छोटी छोटी चट्टानो के उपर सूखने के लिए डाल दिया। और फिर विश्राम करने के लिए सभी उस बडी झोपडी मे चले गये। और आराम से जमीन में बिछी घास पर पसर गये।

कुछ देर बाद उन्हे स्वामी जी की आवाज सुनाई दी जो वीर सिंह वीर सिंह कह कर पुकार रहे थे, सभी लोग उठकर झोपडी से बाहर आ गये, तो उन्होने देखा, स्वामी जी स्नान आदी से निवृत होकर गुफा के सामने एक कपड़े के मोटे आसन पर बैठे है। सभी ने उनके सामने जाकर दण्डवत प्रणाम किया, स्वामी जी ने प्रसन्न होकर उन्हे आर्शीवाद दिया, और उन सब को बैठने को कहा।

फिर मुस्कुराते हुये पूछा, कैसा रहा तुम सबका रीठे के जंगल का भ्रमण।

सभी बोल उठे, बहुत अच्छा स्वामी जी, रीठो के साथ साथ हमे बहुत सारे बेर, आँवले और बेल के फल भी लेकर आये है।

इतने मे विशाल सिंह ने अपनी बहन चन्द्रप्रभा से कहा, जल्दी से कुछ बेर और आँवले स्वच्छ जल में धोकर स्वामी जी के लिए ले आओ। चन्दप्रभा उठी व तेजी से झोपडी की ओर चल दी, जहॉ उन्होने झोलो मे भरकर ये सब फल रखे थे। और कुछ ही देर में एक थाली में धुले हुए फल लेकर वहॉ पर आ गयी और बहुत आदर के साथ उसने थाली स्वामी जी के सामने रख दी।

स्वामी जी थाली में से बेर उठा कर खाने लगे, फिर उन्होंने कहा, तुम लोगो ने तो आज अभी तक भोजन किया ही नही है, तुम सभी को तो बहुत भूख लग रही होगी।

इस पर रतन लाल बोला, स्वामी जी यह सही है कि हम सबने जंगल में खूब सारे पके हुए मीठे बेर और आंवले खाये थे। पर फलो से भूख कहॉ मिटती है, जब तक अनाज न मिले।

अरे आज आप सभी भूखे रह गये है, मंगल सिंह सबके भोजन का इंतजाम करो। स्वामी जी ने कहा।

इस पर चन्द्रप्रभा ने कहा, भाई मंगल मै भी आपके साथ चलती हूॅ। हम दोंनो मिल कर भोजन बनाते है। दोनो वहॉ से उठकर रसोई की ओर चले गये।

तब स्वामी जी उन्है जाता हुआ देख कर बोले जंगल में मंगल हो गया है पर ये सब इन्ही दोनों भाइयो वीर सिंह और मंगल सिंह की वजह से हुआ है। करीब दो वर्ष से कुछ ज्यादा समय हुआ मै

इन दोनो भाईयो के साथ इस स्थान पर आया था। उस समय ये स्थान बिल्कुल निर्जन और वीरान था। हम लोगों ने रात्री इसी स्थान मे आग जला कर उसके किनारे पर सोकर काटी थी। दूसरे दिन इन्हीं दोनो भाइयों ने भीतर से गुफा की सफाई करी भीतर जो छोटा सा चबूतरा है, जहॉ माता श्री दुर्गा जी की मूर्ति है, उसे पत्थर और मिट्टी से इन्होने ही बनाया है, मेरे शयन के लिए स्थान बनाया, और एक छोटी झोपडी का निर्माण किया, जिसमें रसोई है, घर से चलते वक्त इन्होंने कुछ खाद्य सामग्री, कुल्हाडी कुछ बर्तन, दो तीन पीतल के बडे दीपक आदी आवश्यक सामग्री अपने साथ ले ली थी। दो चार दिन यही पर रहकर इस जगह को समतल किया जहॉ अभी हम बैठे है। दो चार दिन यहॉ रहने के बाद वापस अपने गाँव गये और काफी सारी खाद्य सामग्री व सूती चादरें, कुछ आवश्यक बर्तन घी, तेल लेकर फिर यहॉ वापस आये, उन्हैं रखने के लिए लकड़ी और जंगल में, वृक्षो के साथ होने वाली पतली लताओं से बॉध कर रसोई के अंदर रखा बडा संदूक बनाया जिसमें आज सारा सामान रखा है, यहॉ जो भी तुम देख रहे हो, सब इन्हीं के परिश्रम से है, समय समय पर यहॉ ये दोंनो भाई आते है। यहॉ जो भी कमी इन्हे दिखाई पड़ती है, उसे पूरा कर जाते है। तभी इनके साथ दो चार व्यक्ति भी यहॉ आ जाते है, दो एक दिन यहॉ रूकते है। उन सब की सुविधा के लिए एक बडी झोपड़ी बनाई है, जिसमे तुम रह रहे हो। यहॉ जो भी तुम्हे दिख रहा है वो सब इन्ही दोनो भाइयों की वजह से है।

इस पर वीर सिंह कुछ लज्जाते हुये बोला, आपकी सेवा करने का सौभाग्य माता ने हमें दिया है, हम तो धन्य हो गये है।

इस पर सभी मुस्कुरा उठे, और बोले बिल्कुल सही बात कही वीर सिंह तुमने।

तुम बहुत भाग्यवान हो। तुम पर माता भगवती की कृपा और स्वामी जी का आर्शीवाद है। यह सुनकर स्वामी जी मुस्कुरा उठे। फिर वहाँ बैठे सभी लोगो को देखकर बोले, अब आगे का तुम लोगो ने क्या सोचा है। इस पर रतनलाल कहने लगा, स्वामी जी मैं तो अपने पुत्र को आपके पास लाया ही इसलिए हू कि आपके आर्शीवाद से मेरे पुत्र के जीवन मे सुधार आ जाये, इसकी नशे की प्रवृति छूट जाये। ये औरो की तरह ही एक जिम्मेदार नागरिक बनकर समाज में सम्मानित नागरिक की तरह रहें। बस यही मेरी अभिलाषा है, कृपा कर हमें कोई ऐसा उपाय बताइये, जिससे मेरे पुत्र के जीवन मे सुधार आ जाय। रतनलाल की बात समाप्त होने के बाद विशाल सिंह ने कहना शुरू किया, स्वामी जी, हम पॉचों मै मेरी बहन व ये तीन मेरे मित्र पिछले एक वर्ष से जोरावर सिंह के भय से अपने प्राण बचाने के लिए देश देश धूम रहे है जैसे कि हमने पहले भी आपको बताया है कि मेरे पिता सहित इन तीनो के पिताओ की हत्या जोरावर सिंह ने करी थी, हमारे परिजनों को उसने कैद कर रखा है जिसमें मेरी माता व मेरा भाई भी हैं। और हमसे हमारा राज्य छीन कर स्वयं राजगढ़ का राजा बन बैठा है। हम तो हरीपुर आये ही इसलिए थे कि यहॉ से हमारे राज्य की सीमा बहुत नजदीक है, और आसानी से राजगढ़ राज्य की सीमा में प्रवेश कर शिकारगाह में मेरे पिता द्वारा छिपाये धन को निकाल कर, हम नेपाल देश चले जाये। और जोरावर सिंह की पहुंच से दूर, हम नेपाल मे बस जाये। परन्तु हरीपुर मे भाई वीर सिंह ने हमै पहचान लिया, और आग्रह कर वे हमे आपके पास ले आये। आपने हमारी कहानी सुनकर कहा था कि तुम तो नेपाल देश मे, बस जाओगे, पर तुम्हारे परिजनो का क्या होगा, जो जोगावर सिंह की कैद मे है, बस तब से हम पॉचों अपने को धिक्कार रहे है कि हम कितने कायर है, जिन्होने हमारा लालन पालन किया,उन्हे

इस बुरी अवस्था मे छोड़कर हम अपने प्राणो के लिए नेपाल देश मे बस जाना चाहते है। जब से भाई वीर सिंह और मंगल सिह ने अपनी कहानी हमें बताई है, तब से हमारे अन्दर साहस का संचार हुआ है, स्वामी जी हम पॉचों भी आपकी शरण में है, हमारा भी मार्गदर्शन करिये।

इस पर स्वामी जी बोले, क्या दो चार दिन तुम सब लोग यहॉ रूक सकते हो।

हॉ हॉ क्यो नही, सभी एक साथ बोले जब तक आप कहेगे, हम यही रूके रहेगें।

ठीक है कहकर स्वामी जी कुछ देर शान्त बैठे रहे, फिर बोले अभी सूर्यास्त मे समय है, चलो थौडा इसी मैदान मे टहलते है, सभी स्वामी जी के पीछे पीछे उस छोटे से मैदान मे आपस में बातचीत करते हुए टहलने लगे। मन्द मन्द हवा के झोको ने सभी के मन को प्रफुल्लित कर दिया था। ऐसे में स्वामी जी ने एक भजन मधुर स्वर मे गाना शुरू किया, सभी उसे दोहराने लगे, वातावरण भक्तिमय और आध्यामिक हो गया था। भजन समाप्ती के बाद सभी फिर से एक स्थान पर रूक गये। पास ही जंगल मे बाघ के दहाड़ने की स्पष्ट आवाज सुनाई पड़ रही थी। स्वामी जी हॅसकर बोले, देखो बाघ भी अपने स्वर मे भजन गा रहा है। इस पर सब हस पडे। उन्होने एक भजन गाना शुरू किया, सभी उस भजन की पक्तियो को दोहराने लगे। बहुत आनन्द के क्षण थे। जो उन लोगों ने उससे पहले कभी महसूस ही नही किये थे। भक्तिमय आध्यात्मिक वातावरण से सभी का ह्रदय पुलकित हो गया था। सामने छोटी छोटी पहाडियों के पीछे सूर्य भगवान अस्त हो रहे थे। माता की आरती का समय हो गया था। स्वामी जी ने वीर सिंह से कहा, वीर सिंह जरा मंगल सिंह से पूछो कि माँ भगवती

के लिए भोग की साम्रगी तैयार हो गयी है। वीर सिंह ने मंगल सिंह को आवाज देकर पूछा क्या भोजन तैयार हो गया है इस पर मंगल सिंह का जवाब आया, हॉ तैयार हो गया है, बस थाली में सजाकर मैं भोग साम्रगी ला रहा हू। कुछ ही देर मे मंगल सिंह भोग के लिए एक थाली में दाल रोटी, सजाकर आ गया और पीछे पीछे चन्द्रप्रभा भी आ गयी। भोग की थाली लेकर सभी स्वामी जी के साथ गुफा के भीतर चले गये। और थाली माता के सामने रख कर सभी ने स्वामी जी के सहित माँ भगवती को दण्डवत प्रणाम किया, स्वामी जी ने, एक पात्र में गुगल धूप जला दी, थोडा तेल और डालकर दीपक को पूरा भर दिया। स्वामी जी ने माता भगवती को भोग साम्रगी निवेदित करी, और आरती सजाकर उसकी बाती को जलाया और एक हाथ से एक छोटी सी घन्टी बजाकर आरती की पात्र को माता की मूर्ती की ओर घुमा घुमा कर आरती करने लगे, साथ देवी के स्त्रोत्र या देवी सर्वे भूतेक्षो शक्तिरूपेण की मधुर स्वर में गाकर स्त्रोत्र का गायन करने लगे। स्वामी जी की आरती करने के उपरान्त सभी ने माँ भगवती की आरती करी और फिर सभी उसी स्थान पर बैठ गये।

स्वामी जी भी सभी के साथ उसी स्थान मे बैठ गये, कुछ क्षणो बाद बहुत मधुर स्वर में उन्होने माँ दुर्गा का एक भजन गाया। भजन सुनकर सभी आत्मविभोर हो गये। भजन समाप्ती के बाद उन्होने वीर सिंह को देखा और बोले वीर सिंह अब तुम कोई भजन गॉओ इस पर वीर सिंह तुरन्त उठा और रसोई से एक थाली को लेकर आ गया ओर फिर अपने स्थान पर बैठकर थाली को ढोलक की तरह ताल देकर भजन गाने लगा। उसके मधुर कंठ से निकले भजन के बोलो को सुनकर सभी आश्चर्य कर रहे थे कि वीर सिंह इतनी सुन्दर आवाज का स्वामी है, इसी तरह चन्द्रप्रभा ने भी भजन प्रस्तुत किये काफी देर तक भजनों का कार्यक्रम चलता रहा।

सब भूल ही गये कि भोजन भी करना है। स्वामी जी आनन्दित होकर बोले, तुम लोग सुबह से भूखे हो, चलो रात्री भोजन करते है। सभी प्रसन्न मुद्रा मे उठे और रसोई की ओर बढ चले। सभी ने स्वामी जी के साथ बैठकर भोजन किया। भोजन के उपरान्त स्वामी जी ने सभी को देखकर कहा कि आप सभी लोग प्रातः सूर्योदय तक स्नान आदी से निवृत हो लिजियेगा, मै आप सभी को गुफा के बाहार मिलूगॉ। अभी मै चलता हूँ क्योकि ब्रहम मुहुर्त तक अपनी साधना मे रत रहना है। सभी ने स्वामी जी को प्रणाम किया। और अपनी बडी झोपडी मे विश्राम करने चले गये।

प्रातः सभी समय पर उठ गये थे, बाहर आकर देखा तो स्वामी जी स्नान आदी से निवृत होकर प्राणायाम की क्रिया कर रहे थे। सभी स्नान आदी से निवृत होके तेजी से पानी के स्त्रोत की ओर भागे। वापस आये तो देखा स्वामी जी योग के आसनो की कसरतों को कर रहे है। सभी पास जाकर खडे हो गये। स्वामी जी मंगल सिंह और वीर सिंह को देखकर कहा, तुम दोनो मे यहॉ रहकर प्राणायाम की विधी व योग के आसन सीखे है, इसलिए इन सभी को प्रणायाम करना और योग के आसनो को सिखाओं। वीर सिंह ने अपने सामने सभी को बिठा लिया और उनसे उसने विधिपूर्वक पहले योग के आसनो का अभ्यास करवाया और फिर प्राणायाम का।

जब प्राणायम और योग के आसनो का कार्यक्रम पूरा हुआ तो स्वामी जी बोले, मै चाहता हूँ तुम लोग सामने जो पहाड़ी है, जिसके उपर के वृक्षों का समूह दिख रहा है, वहॉ जाओ और वहॉ से एक एक बॉस काट कर यहॉ लेकर आओ।

इस पर विशाल सिंह बोले, अरे सामने पहाडी पर जाना है, वही से तो होकर हम यहॉ आये थे।

बहुत अच्छा, स्वामी जी बोले, फिर उन्होने कहा, मेरे विचार से, विशाल, चन्द्रप्रभा, विष्णुदत्त, चन्दनदास, दयाशंकर और श्यामलाल का वहॉ जाना उचित है। आप दोनो भाई वीर सिंह और मंगल सिंह तो यहॉ आते जाते ही रहते है। और रतनलाल जी आपकी उम्र भी अधिक है इसलिए आप इनके साथ ना जाकर यही रूक जाये तो अच्छा होगा।

सभी ने उचित है कहकर अपनी सहमति दी।

स्वामी जी विश्राम हेतु अपनी गुफा के भीतर चले गये। अब वीर सिंह ने उन सभी को देखकर कहॉ, सामने की पहाड़ी यहॉ से तीन कोस की दूरी पर है। मार्ग कठिन है। जंगल बाघ भालू और जंगली जीव जन्तुओ से भरा है। नीचे रोखड मे कई बार हाथियों के झुण्ड भी विचरते हुये आ जाते है। इसलिए आप लोग अपनी तलवारे अपने साथ ले लिजीए और श्याम लाल आप अपने साथ कुल्हाड़ी रख लीजीयेगा वहॉ बॉस काटने के काम आयेगी बॉस कॉट छॉट कर उतना ही लम्बा रखियेगा जिन्हे आप आसानी से ला सके।

सभी ने सहमति जताई और बडी झोपडी मे जाकर अपनी अपनी तलवारे अपनी कमर मे बॉध ली वीर सिंह ने कुल्हाडी श्यामलाल को दे दी।

सब चलने की तैयार हुये तो वीर सिंह ने उनसे कहा कि इस समय बॉंसों में नई कोंपले आ रही होगी उन्हे काटकर आप कुछ कोपले लेते आना भोजन में उनकी सब्जी बनायेंगे। सभी मुस्कुरा उठे और विशाल सिंह के पीछे पीछे पहाडी उतरेने लगे।

अब वीर सिंह ने अपने भाई मंगल और रतनलाल की ओर देख कर कहा। ये लोग तो अब दोपहर तक ही वापस आ पायेगे। इसलिए कुछ रीठे पानी मे उबालकर हम अपने व इन सभी के पुराने उतारे

हुये वस्त्रो को धो देते है, और फिर सभी के लिए दोपहर के भोजन की व्यवस्था करते है।

यही उचित रहेंगा, रतन लाल ने कहा। ये तीनो भी अपने काम पर लग गये

दोपहर के बाद सभी हसते खिलखिलाते हुये वापस आश्रम तक आ गये थे। तब तक स्वामी जी भी स्नान आदी से निवृत होकर मैदान में ही सूती आसन पर बैठे हुये थे। सभी स्वामी जी के समक्ष प्रणाम करते हुये बैठ गये, उन्हे देखकर वीर सिंह मंगल सिंह, और रतनलाल भी मुस्कुराते हुए, वहॉ आकर बैठ गये। सभी युवको ने अपने साथ लाये बॉस एक किनारे पर रख दिये थे। चन्द्रप्रभा ने अपने झोले में से बॉस की कोपलो का एक ढेर वीर सिंह को दिखाया। वीर सिंह प्रसन्न होकर बोला अरे ये तो आज रात्री का भोजन मे हम सब के लिए काफी सब्जी है। लाओ इसे यहॉ दो, मै आज इसी की सब्जी बनाउगा। चन्द्रप्रभा ने झोला उठाकर वीर सिंह को दे दिया।

स्वामी जी ने उन सबको देखकर पूछा, सामने पहाड़ी तक भ्रमण करके लौटे हो, कैसा अनुभव रहा। सभी कुछ न कुछ बोलने लगे, सभी आज का अनुभव बताने को उत्सुक थे, सभी के चेहरे प्रसन्नता से दमक रहे थे। इस पर विशाल सिंह ने कहा सभी चुप हो जाओ, मुझे बोलने दो, मै पूरी बात बताता हूॅ। ठीक है, ठीक है कहकर सभी चुप हो गये।

अब विशाल सिंह ने बोलना शुरू किया, भाई वीर सिंह जैसे तुम हो यहॉ से चलते वक्त हमै आगाह किया था कि ये जंगल हिसंक जीव जंतुओ से भरा है। और वही हुआ, जब हम तेजी से यहॉ से रोखड़ के लिए पहाडी इलाके से उतरने लगे तो नीचे बेर की झाडियो के

पास अचानक हमारा सामना एक विशालकाय भालू से हो गया, यदि हम अपने कदमो की नही रोकते तो शायद भालू से टकरा ही जाते, भालू भी शायद घबरा गया और आक्रमक मुद्रा मै अपने पिछले पैरो में खड़ा होकर गुर्राने लगा, तभी भाई श्यामलाल भालू को देखकर भाग कह कर इतने जोर से चीखा कि भालू घबरा कर सच में दुम दबा कर भाग खड़ा हुआ। इस बात को सुन स्वामी जी सहित सभी लोग जोर जोर से हंसने लगे, फिर आगे क्या हुआ, मंगल सिंह ने पूछा।

इस पर विशाल सिंह फिर से बोलने लगा, हम पहाडी से नीचे उतर कर पथरीले रोखड के किनारे पहुँच गये थे, अनुमान से ये कोई आधा कोस चैडा रोखड था। हम लोगो ने तेजी से रोखडे पार करना शुरू किया, परन्तु जब हम आया पथरीला रोखड पार कर पाये थे तो हमे हाथी के चिघाडने की आवाज सुनायी दी, कुछ ही दूरी पर दो जंगली हाथी हमे देखकर अपनी सूड हिला हिलाकर चिघाड रहे थे शायद उन्हे हमारे चलने की आहट मिल गयी थी। या हवा के द्वारा हमारी गंध उन तक पहुॅच गयी थी। हम लोग तेजी से उपर की ओर भागे, और एक लम्बा घुमाव लेकर रोखड के दुसरे किनारे पर पहुँच गये थे। वहाॅ से किनारे किनारे हम उस मीठे पानी के सोते के पास पहुॅचे जहाॅ परसों आश्रम आते वक्त हमने पानी पिया था। सोते के मीठे जल से हम लोगो ने अपनी प्यास बुझाई और बाॅस के वृक्षो वाली पहाडी पर चढ़ने का विचार करने लगें। हमने निर्णय लिया कि हम उसी जगह से पहाडी चढ़ना शुरू करेगें जहाॅ से हम परसो नीचे उतर कर आये थे। जैसे ही हम उस दिशा की ओर बड़े, सामने दो बाघ शायद बाघ और बधिन रहे होगे, खामोशी से हमे ही न जाने कब से देख रहे थे। हमारी छोटी सी हलचल पर उन दोंनो ने दहाड़ना शुरू कर दिया। पर हमने अपनी अपनी तलवारे

अपने हाथों में लेली, और उनकी आँखो में आँखें डाल कर हम आगे बढ़ने लगे, हमे ऐसा करते देख दोनो ने दहाड़ना बन्द कर दिया, और धीरे से पीछे को मुडे और दो एक छलागें मे जंगल में ओझल हो गये। हम लोग तेजी से पहाडी चढने लगे और शीघ्र ही हम बॉस के वृक्षो के पास पहुँच गये। और वहॉ कुछ देर विश्राम करने के बाद हमने बॉस काटे, उन्हे छॉट कर ले जाने लायक बनाया, बॉस के वृक्षो की जड़ में उगी, बॉस की कोपले काटी, और वहॉ से हम तेजी से आश्रम की ओर लौट आये। यही सब आज का अनुभव है।

स्वामी जी यह सब बहुत ध्यान और प्रसन्नता से सुन रहे थे। फिर उन्होने सभी से पूछा तुम्हे भय तो नही लगा। इस पर सभी बोल उठे, स्वामी जी भय तो बहुत लगा पर आपने ही बताया था कि हम सब आदी शक्ति माँ भगवती दुर्गा की संताने है, जिनसे भय भी भयभीत रहता है। और वही आदिशक्ति हमारे भीतर भी विराजमान है। बस इसी विचार ने हमे उन हिंसक पशुओ के भय से दूर कर दिया। हमने सबने निर्णय ले लिया था चाहे कोई भी बाधा क्यू न आये, हमने बॉस के वृक्षो तक पहुँचना है। और वहॉ से बॉस काट कर लाने है।

बहुत खूब बहुत खूब कहते हुये स्वामी जी अचानक बोले। पहले तुम सब भोजन कर लो, फिर बात करेगें। भूख सभी को लगी थी, सो सभी एक साथ उठे और रसोई की ओर चल दिए। उन सबको बडा आश्चर्य हुआ कि भोजन तैयार था, और वीर सिंह, मंगल सिंह, और रतनलाल जी ने उन सभी के उतारे हुये कपड़ो को धोकर सूखने के लिए डाला हुआ है। सबने छक कर भोजन किया और अपनी थालियों को मॉज कर भलीभांती धोकर उन्हें यथास्थान रख कर, फिर से स्वामी जी के समक्ष आकर बैठ गये।

स्वामी जी ने सभी को स्नेह से देखा फिर कहा, मैं साधु हूँ और आप लोग संसारी आपका मेरा क्या मेल, मैने संसार त्यागा है लेकिन आप लोगो ने संसार मे रहना है। इसलिए हमारी समस्या मे भी अलग अलग हैं, मैने पूरा भारतवर्ष कई बार पैदल भ्रमण किया है, बहुत से लोगो से मिला बडे ज्ञानियो से मठाधीशो से राजा महाराजाओ से और सामान्य नागरिको से मिलने का सौभाग्य मुझे मिला है, किसी ने ठौर दी, तो रूक गया, नही दी तो खुले आकाश के नीचे ही सो गया, किसी ने दयाकर भोजन दिया तो खा लिया, नही दिया तो भूखा ही सो गया। क्योकि गुरूजी की आज्ञा थी, किसी स्थान, वस्तु, लोगो का मोह रखना ही नही है, पहले घर त्याग फिर धन त्यागा, फिर वस्त्र त्यागे, फिर भोजन भी त्याग दिया। दिन में एक समय भोजन करता हूँ मिल गया जो ठीक और न मिला तो वो भी ठीक, दो दिन कही रूकने का स्थान मिला तो ठीक, नही मिला तो आगे बढ गया। मेरा लक्ष्य संसार है ही नही, बल्कि संसार को बनाने वाला, और उसको चलाने वाला जो है उसको पाना है, सिर्फ यहि एक साध है, एक ही कठिनाई मुझमे और आप लोगो मे समान है, वो है मन, जिसे अभ्यास पूर्वक नियन्त्रण किया तो मै साधु हो गया, और आप सबके नियन्त्रण से मन फिसला तो अनेक उपद्रवो का कारण हो गया।

पहले तो साधुओं सन्यासियों ने संसारी लोगो के बीच रहना ही नही चाहिए ना ही मंदिर बनाकर, ना मठ बनाकर, ना आश्रम बना कर। यदि कोई ऐसा करता हैं, तो वो साधु संन्यासी कहलाने के योग्य नही है, वो आडम्बर करता है, और संसार मे रहकर संसारियो के बीच भ्रम ही फैलायेगा। साधु व संन्यासियों के लिए तो ये निर्जन स्थान उपयुक्त है। जहॉ कोई आसानी से न पहुँच पाये, इसलिए मेरे गुरूदेव ने मुझे स्वपन मे इस स्थान पर साधना करने की

आज्ञा दी है। साधु संन्यासी ने किसी संसारी की समस्या में कोई रूची भी नही रखनी चाहिए।

परन्तु जब आप लोगा स्वंय मेरे पास इस आशा से यहॉ आये है कि मै, आप लोगो की समस्या का कोई उचित समाधान आपको बताउ तो, मेरा भी कर्तव्य बनता है कि अपनी ओर से जो भी ईश्वर की प्रेरणा से मुझे आपकी समस्या का समाधान उचित लगता है, उसे मै आपको बताउ।

सब लोग शान्त भाव से, एकाग्रता से स्वामी जी की बातो को सुन रहे थे। स्वामी जी की वाणी इतनी मधुर थी कि लगता था कि सभी के कानो मे मिठास घुल गयी हो, और उनके दग्ध ह्रदयो में प्रशान्त शान्ति उतर आयी हो।

अध्याय - 5

स्वामी जी शांत भाव से मधुर वाणी में कहने लगे। आपने आदिशक्ति भगवती माँ दुर्गा के प्रादुर्भाव की कथा तो अवश्य सुनी होगी। या दुर्गासप्तशती का पाठ तो अवश्य ही अपने घरों में, या मंदिरों में करवाया होगा, या उसके श्लोक या प्रार्थनाएँ कुछ बहुत आपको भी आती ही होंगी। या मैं इस बात को यूँ कहूँ कि हम सब सनातनी होने के कारण माँ दुर्गा से भावनाओं के द्वारा अवश्य जुड़े होंगे, तो उचित होगा।

मैं सार रूप से संक्षेप में माँ भगवती की शक्ति के अनुपम ग्रन्थ श्री दुर्गासप्तशती की कथा को और उसके पीछे छिपे भाव को बताना चाहूँगा। जो मुझे मेरे गुरुदेव ने मुझे समझाए थे, और मैंने भी स्वयं अनुभव किये थे।

ऋषि मार्कण्डेय की रचना मार्कण्डेय पुराण के अंतर्गत आदिशक्ति दुर्गा की महिमा का वर्णन है। जिसे तेरह अध्यायों में बाँटा गया है, जिसमें सात सौ श्लोक हैं, इसलिए सप्तशती भी कहा जाता है।

ऋषि द्वारा बहुत सुन्दर तरीके से इन तेरह अध्यायों में मनुष्य की समस्याओं के पीछे छुपे मूल कारणों को जिसे उन्होंने महिषासुर, चण्ड मुण्ड, शुम्भ, निशुम्भ, रक्तबीज, आदि नाम देकर, और उनका माँ आदिशक्ति के माध्यम से संहार कर, देवताओं और मनुष्यों के सुखी रहने का मार्ग बताया है।

मनुष्य आदिशक्ति माँ दुर्गा की सर्वश्रेष्ठ रचना है, दुर्गासप्तशती के आध्यात्मिक भाव को हम ग्रहण करें तो हमारे भीतर के गुण ही देव कहलाये हैं, और हमारे भीतर के अवगुण ही राक्षस, दैत्य, असुर आदि नामों से कहे गये हैं।

माँ भगवती की उपासना के इस अदभुत ग्रथ का पहला अध्याय जिसे प्रथम चरित्र कहा गया है, माँ महाकाली को समर्पित है। दूसरा, तीसरा, चौथा अध्याय मध्यम चरित्र कहा गया है, जो माता महालक्ष्मी को समर्पित है। उसके बाद के अध्याय क्रम से तेरह तक उत्तरचरित्र कहे गये हैं जिसे माँ सरस्वती को समर्पित किया गया है।

आदिशक्ति माँ दुर्गा को मुख्य रूप से साहस, आत्मविश्वास, अन्याय के विरुद्ध लड़ने वाली, बुराई के विरुद्ध लड़ने वाली, भक्तों को भोग और मोक्ष प्रदान करने वाली देवी के रूप में भक्तों द्वारा पूजा जाता है, परन्तु इन्हीं के तीन अन्य भावों को जो माँ महाकाली, महालक्ष्मी और माँ सरस्वती के रूप में पूजा जाता है। यदि हम विचार करें तो प्रकृति भी क्रम से इन्हीं तीनों भावों को दोहराती है और हमारा जीवन भी इन्हीं तीनों भावों में से होकर गुजरता है, तभी मनुष्य देवत्व की ओर बढ़ता है। महाकाली के कालखण्ड में जब हम प्रकृति को देखें तो प्रकृति का पहला रूप संहार का, तोड़फोड़ का विनाश दिखाई देता है, भूकम्प, बाढ़, अतिवृष्टि, अग्नि आदि से प्रकृति का विनाश। भयंकर भूकम्पों से पृथ्वी डोल उठती है, जगह.जगह से फट जाती है, बड़े.बड़े पर्वत खण्ड टूटकर मैदानों में बदल जाते हैं और कई जगह नई पर्वतमालाएँ अस्तित्व में आ जाती हैं। पानी की जलधाराएँ, समुद्र, तालाब, नदियाँ, सागर अस्तित्व में आ जाते हैं। फिर प्रकृति के माँ महालक्ष्मी के रूप में, फिर से सृजन होता है, धीरे.धीरे हरे.भरे मैदान बनते हैं।

हरे भरे वृक्षों से लदे पहाड़ बनते, जीवनदायिनी नदियाँ अपना मार्ग बनाती हैं, और पृथ्वी के गर्भ में छिपे अनमोल रत्न बाहर आते हैं। मनुष्यों, पशु पक्षियों से, प्राणियों से ये धरा सुशोभित होने लगती है। और मनुष्य, गाँव, कृषि, भवन नगर आदि की रचना कर, माता के तीसरे भाव जिसे माँ सरस्वती कहा है, जिसमें विद्या, बुद्धि, शान्ति, ज्ञान आदि हैं के भाव में विचरण करने लगता है।

और यही क्रम हमारे भीतर भी होता है। जब हम समाज में अपना स्थान ढूँढ़ते हैं, या अपने जीवन के उद्देश्य को खोजते हैं, या अपनी पहचान को ढूँढ़ते हैं, तो इसी महाकाली के स्वरूप का सामना हमें करना पड़ता है। जो पहले हमें विनाश और संहार का परिचय हमको हमी से कराता है। अनुभवहीनता, अवसाद, मानसिक अशान्ति, भय, क्रोध, कायरता, आदि। और हम भीतर तक टूट जाते हैं, पर यह बुरा नहीं है, क्योंकि अगली सीढ़ी महालक्ष्मी के भाव तक पहुँचने का यही क्रम है। हम खुद के लिए खुद ही संघर्ष करते हैं, बाहर भी और भीतर भी, तब हमारे जीवन में मनुष्य होने और मनुष्य होने का महत्व और उसके कर्तव्य व मनुष्य जीवन की सार्थकता समझ में आती है। इन संघर्षों के बाद हमारा जीवन माँ सरस्वती के भाव से जुड़ता है, जिसमें शान्ति, लय, प्रेम, भक्ति और संगीत है। मेरे पूज्य गुरुदेव कहा करते थे, ये ब्रह्मांड ही शिव है इसका विस्तार ही शिव का विलास है, जिसके केन्द्र में महायोगी शिव शान्त भाव से बैठे हैं, अनगिनत पिण्डों, आकाशगंगाओं से भरा यह ब्रह्मांड ही शिव की तपस्थली है। पर महादेव शिव या यह ब्रह्मांड कोई जड़ वस्तु नहीं है, वरन पूर्ण चैतन्य है, निरन्तर ऊर्जा का प्रवाह इसमें है, इसमें पल पल कुछ बिखर रहा है, तो कुछ नवनिर्माण हो रहा है, और इस ब्रह्मांड में जिस ऊर्जा, जिस शक्ति से हलचल हो रही है, चैतन्यता आ रही है, उन्ही को आदिशक्ति

कहा गया है, महादेव की शक्ति और महादेव कोई अलग अलग नहीं है, वरन शिव.शक्ति एक ही है।

शिव की शक्ति आदिशक्ति ही ही इस ब्रह्मांड के कण कण में व्याप्त है। वे ही पूरे ब्रह्मांड को नियन्त्रित करती हैं। इन्हीं के कारण ये जगत गति करता है। वे सब में व्याप्त होकर भी स्वयं में पूर्ण है। जो भी विकास, गति हमें दिखाई देती है, ये सब आदिशक्ति का ही विलास है। उनका एक मुख्य स्वरूप माँ दुर्गा का कहा गया है, जो साहस, आत्मविश्वास को देने वाली, शक्ति, भोग और मोक्ष को प्रदान करने वाली, और बुराई से लड़ने की क्षमता प्रदान करने वाली है। इसलिए हम सभी ने उनके शरणागत होकर, आर्त भाव से प्रार्थना करनी चाहिए, वे पूज्य, आदर के योग्य और श्रद्धा के योग्य हैं, जितने भी देव, देवी, देवता हैं वे सब इन्हीं माँ आदिशक्ति माँ दुर्गा की शक्ति के कारण ही शक्तिमान हैं, इसलिए वे भी पूज्य हैं, आदर के योग्य हैं।

कुछ देर के लिए स्वामी जी शान्त भाव से चुप रहे फिर उन्होंने कहना शुरू किया, महात्मा मार्कण्डेय ने कथा का प्रारम्भ सूर्य के पुत्र सावर्णि जो आठवें मनु कहे जाते हैं, उनकी उत्पत्ति की कथा को दुर्गासप्तशती की शुरुआत का आधार बनाकर की है। कि कैसे एक मनुष्य माँ दुर्गा की कृपा व आशीर्वाद से देवत्व को प्राप्त हुआ और अगला जन्म उन्होंने मनु के रूप में पाया। और कैसे एक सुरथ नाम के राजा ने, अपने शत्रुओं को हराकर अपना राज्य पुनः पाया और अगले जन्म में वे मनु के रूप में विख्यात हुये।

संक्षेप में कथा में एक राजा सुरथ, जिनका समस्त भूमण्डल पर अधिकार था, वे अपनी प्रजा का पुत्रों की भाँति धर्मपूर्वक पालन करते थे। लेकिन उनका उनके शत्रुओं से संग्राम होने के कारण वे युद्ध में परास्त हो गये, समस्त पृथ्वी से उनका अधिकार जाता

रहा, और केवल अपने देश के राजा होकर रहने लगे। परन्तु राजा सुरथ के शत्रुओं ने वहाँ भी उन पर आक्रमण कर दिया, इस वजह से राजा का बल क्षीण हो चला था, मौका देखकर उनके दुष्ट बलवान और दुरात्मा मंत्रियों ने राजा की राजधानी में राजकीय सेना और राजकीय कोष को हथिया लिया। राजा सुरथ का प्रभुत्व नष्ट हो चुका था, इसलिए वे शिकार खेलने के बहाने घोड़े पर सवार होकर जंगल को चले गये, वहाँ उन्होंने मेधा ऋषि का आश्रम देखा। ऋषि के सत्कार करने पर राजा सुरथ कुछ काल के लिए वहीं रुक गये।

वहाँ वे मोहवश अपने राज्य, नगर का याद कर चिन्ता करने लगे थे, अपने पूर्वजों से जमा धन, अपने प्रिय हाथी, अपनी प्रजा की निरन्तर चिन्ता करते थे। ऐसे में एक दिन मेधा ऋषि के आश्रम के निकट उन्होंने एक वैश्य को देखा, और उससे पूछा तुम कौन हो और यहाँ आने का क्या कारण है, तुम मुझे शोकग्रस्त और अनमने से दिखते हो।

तब उस वैश्य ने राजा सुरथ को बताया कि वो धनियों के कुल में उत्पन्न एक वैश्य हूँ, मेरा नाम समाधि है, मेरे उनके दुष्ट स्त्री. पुत्रों ने धन के लोभ से मुझे घर से बाहर निकाल दिया है। इसलिए दुखी होकर मैं वन में चला आया हूँ। पर यहाँ भी मैं उनकी चिन्ता करता हूँ कि वे लोग कैसे हैं, सुखी हैं या उन्हें कोई कष्ट है।

इसके बाद राजा सुरथ और समाधि वैश्य दोनों साथ साथ मेधा ऋषि की सेवा में उपस्थित हुए। और ऋषि से वार्तालाप आरम्भ किया।

दोनों ने अपनी कथा, अपनी चित्तवृत्ति, और उनसे जो हथिया लिया गया है, उसके प्रति मोह, ममता को मुनि मेधा के सामने

कहा। स्वजनों द्वारा परित्याग किये जाने पर भी, उनके प्रति हार्दिक स्नेह, मोह, ममता का कारण जानना चाहा।

इस पर ऋषि मेधा ने कहा, जगदीश्वर भगवान विष्णु की योगनिद्रा रूपा जो भगवती महामाया हैं, उन्हीं से ये जगत मोहित हो रहा है, वे भगवती महामाया ज्ञानियों के भी चित्त को बलपूर्वक खींचकर मोह में डाल देती हैं। वे ही इस चराचर जगत की सृष्टि करती हैं। वे ही परा विद्या, संसार बन्धन, मोक्ष की हेतुभूता सनातनी देवी तथा सम्पूर्ण जगत की भी अधीश्वरी हैं।

कल्प के अन्त में सबके प्रभु भगवान विष्णु शेषनाग की शय्या बनाकर योगनिद्रा का आश्रय लेकर सो रहे थे, उस समय उनके कानों के मैल से दो भयंकर असुर उत्पन्न हुए। जो मधु एवं कैटभ नाम से विख्यात हुए। वे दोनों ब्रह्मा जी का वध करने को तैयार हो गये, भगवान विष्णु के नाभीकमल में विराजमान प्रजापति ब्रह्मा जी ने उन्हें देखा तो उन्होंने भगवान विष्णु के नेत्रों में निवास करने वाली योगनिद्रा का स्तवन आरम्भ किया। जब भगवान विष्णु को जगाने के लिए तमोगुण की अधिष्ठात्री देवी भगवान के नेत्र, मुख, नासिका, बाहु और हृदय और वक्ष स्थल से निकल अव्यक्त जन्म ब्रह्मा जी के सामने खड़ी हो गयीं। योगनिद्रा से मुक्त होने पर विष्णु जी निद्रा से जाग गये और उन्होंने उन दोनों मधु कैटभ से पाँच हजार वर्ष तक बाहुयुद्ध किया और दोनों का वध किया।

इस कथन के बाद स्वामी जी ने उपस्थित सभी लोगों को देखकर कहा, सारांश में श्री दुर्गासप्तशती के प्रथम अध्याय की कथा इस प्रकार थी। पर क्या ये कथा कई प्रश्न नहीं उत्पन्न करती है।

उपस्थित लोगों में से विष्णु दत्त ने पूछा वो कैसे स्वामी जी?

इस पर स्वामी जी बोले, महर्षि मार्कण्डेय जी ने इस कथा में कितने सुन्दर अर्थपूर्ण नामों को लिया है। जैसे राजा सुरथ, सुन्दर रथ या न्यायपूर्ण धर्मनिष्ठ मार्ग में चलने वाला। समाधि नामक वैश्य, जिसने भरपूर जीवन जिया है और अन्त में सनातन के चौथे लक्ष्य मोक्ष का अभिलाषी हो, भगवान विष्णु जो सर्वव्यापक हो, क्या हमारा मन सर्वव्यापक नहीं है, जो सब जगह एक क्षण में पहुँच जाता है, मेधा ऋषि, मेधा यानी बुद्धी, धारणा शक्ति, योगनिद्रा का मतलब है मोह, तमस और अन्धकार। और अव्यक्त जन्मा ब्रह्मा जी, जिसके जन्म के बारे में बताया नहीं जा सकता यानी हमारा अंतरज्ञान यानी भविष्य का आभास। और अन्त में मधु और कैटभ नाम असुर।

मधु शहद के समान मीठा, मधुर, कैटभ यानी कीड़ा, जो अत्यन्त क्रियाशील है। जिसका एक अर्थ अज्ञानता, और तामसिक वृत्ति का प्रतीक है।

स्वामी जी ने कुछ क्षण शान्त रहने के बाद उपस्थित सभी लोगों पर प्रश्नवाचक दृष्टि डाली फिर पूछा, क्या इस कथा के जो पात्र हैं, वो हम जैसे नहीं हैं। क्या हम सभी आदिशक्ति माँ दुर्गा को माया, जिसके द्वारा वे सभी प्राणियों से भरा ये संसार चलाती हैं, उन्हीं की शरण में जाकर इस मोह रूपी माया, या मोह निद्रा को दूर करने के लिए प्रार्थना नहीं करनी चाहिए। क्या विष्णु रूपी हमारा मन आत्ममुग्धता आत्म प्रशंसा के मधुर शब्दों, मधुर भावों से प्रभावित होकर सत्य से दूर एक गहरी मोह निद्रा में सोया हुआ नहीं है।

फिर स्वामी जी ने स्वयं उत्तर दिया, अवश्य ही हमारा मन इन दोनों असुर मधु व कैटभ, यानी प्रशंसा और आत्ममुग्धता रूपी कीटों या असुरों के प्रभाव से प्रभावित होकर, जीवन की

वास्तविकता से परे होकर सुप्त अवस्था में डोल रहा है। यदि ऐसा नहीं होता तोए राज्य से खदेड़े जाने के बाद भी, राजा सुरथ अपने खजाने, अपने हाथी की चिन्ता में शोकग्रस्त दुखी नहीं होते, और समाधि वैश्य, अपने ही स्त्री पुत्रों से प्रताड़ित होने के बाद भी, उनकी कुशल की कामना नहीं करता।

अब श्री दुर्गासप्तशती का दूसरा तीसरा चौथा अध्याय मध्यम चरित्र कहा गया है जो माता महालक्ष्मी को समर्पित है। जिसमें सारांश रूप में बताएँ इसमें महिषासुर असुर और देवताओं का युद्ध सौ वर्ष तक हुआ, देवताओं के राजा इन्द्र थे, महिषासुर सम्पूर्ण देवताओं को जीतकर स्वयं इन्द्र बन बैठा। उसने सभी देवताओं को स्वर्ग से निकाल दिया। सभी देवता उस स्थान पर गये, जहॉ भगवान शंकर और विष्णु विराजमान थे। उन सभी देवताओं ने अपनी व्यथा उन्हें सुनायी, जिससे भगवान शंकर, भगवान विष्णु तथा अन्य सभी देवताओं के शरीर से एक महान तेज प्रकट हुआ, जो मिलकर एक हो गया, महान तेज का वो पुंज जाज्वल्यमान पर्वत सा दिखता था। एकत्रित होने पर वह नारी के रूप में परिवर्तित हो गया। भगवान शंकर के तेज से उस देवी का मुख प्रकट हुआ, यमराज के तेज से उसके सिर में बाल निकल आये, भगवान विष्णु के तेज से उसकी भुजाएँ बन गयीं। इस प्रकार अन्य देवताओं के तेज से उसके शरीर के अन्य अंग तैयार हुए। फिर सभी देवताओं ने अपनी ओर से उस देवी को कोई न कोई उपहार दिया, इन्द्र ने वज्र दिया, और ऐरावत हाथी का घण्टा उतार कर दिया, भगवान शंकर ने अपने शूल से एक शूल निकाल कर दिया, फिर भगवान विष्णु ने अपने चक्र से एक चक्र निकाल कर दिया, वरुण ने शंख, अग्नि ने उन्हें शक्ति दी, वायु ने धनुष और बाण से भरे दो तरकश दिये आदि आदि। सभी देवताओं ने उन्हें कुछ न कुछ उपहार देकर, देवी का सम्मान किया। तत्पश्चात देवी ने

बार.बार अट्टहासपूर्वक उच्च स्वर से गर्जना की उनके भयंकर नाद से सम्पूर्ण आकाश गूँज उठा। देवी का वह अत्यन्त उच्च स्वर में किया गया सिंहनाद सहा न सका, आकाश उसके सामने लघु प्रतीत होने लगा, पृथ्वी डोलने लगी, समस्त पर्वत हिलने लगे।

सम्पूर्ण त्रिलोकी को क्षोभग्रस्त देख दैत्यगण हाथों में हथियार लेकर सहसा उठ खड़े हुए। दैत्यराज महिषासुर क्रोध में आकर सिंहनाद की ओर शब्द लक्ष्य कर दौड़ा, वहाँ उसने देवी को देखा जो अपनी प्रभा से तीनों लोकों को प्रकाशित कर रही थीं।

चिक्षुर जो असुर सेना का सेनानायक था, वो देवी से लड़ने लगा, अन्य बली दैत्य चामर, उदग्र, महाहनु, असिलोमा, बाष्कल, परिवारित, विडाल आदि दैत्य प्रमुख अपने साथ लाखों अरबों दैत्यों को साथ लेकर देवी से युद्ध करने लगे। और अन्त में श्रेष्ठ पराक्रम दिखाते हुए देवी ने और उनके वाहन सिंह ने सभी दैत्यों को मार गिराया।

आखिर में अपने सेना नायकों का पतन हो जाने के बाद असुर राज महिषासुर भैंसे का रूप धर कर देवी व देवी के गणों से युद्ध करने लगा।

कभी वह असुरराज, भैंसे के रूप में दिखता, तो कभी उस रूप का त्याग कर सिंह के रूप में प्रकट हो जाता, तो कभी सिंह रूप त्याग कर खड्गधारी पुरुष रूप में, देवी से युद्ध करने लगता, तो कभी गजराज के रूप में परिणत हो जाता, तो कभी फिर से भैंसे के रूप में परिणत होकर देवी से युद्ध करने लगता।

तब देवी ने कहा, ओ मूढ़, जब तक मैं मधु पीती हूँ, तब तक तू क्षणभर के लिए खूब गरज ले, मेरे हाथों यहाँ तेरी मृत्यु हो जाने के बाद अब शीघ्र ही देवता गर्जना करेंगे। तत्पश्चात युद्ध

में देवी महिषासुर का वध कर देती है। शेष बचे दैत्य सब भाग खड़े होते है।

फिर चौथा अध्याय प्रसन्न होकर देवताओं द्वारा देवी की उत्तम स्तुति का है।

स्वामी जी ने फिर सभी को एक बार देखा और फिर कहने लगे। आध्यात्मिक दृष्टि से मध्यम चरित्र को समझना बहुत आसान सरल प्रतीत होता है। ऋषि ने, महिषासुर दैत्य के रूप में हमारे अहंकार को इंगित किया है। इस अहंकार से प्रेरित होकर महिषासुर माँ जगदम्बा से ही युद्ध करने लगा। उस आदिशक्ति माँ दुर्गा से ही युद्ध करने लगा, जो सम्पूर्ण जगत को नियन्त्रित करती हैं, और जिनकी तिरछी चितवन से ही यह जगत गति करता है। ऋषि द्वारा अहंकार का वर्णन बहुत सुन्दर तरीके से किया गया है, कि अहंकार कितना धूर्त और चालाक है, जो किसी न किसी रूप में हमारे भीतर प्रवेश करना चाहता है, वह कभी भैंसे यानी क्रोध का का रूप धर कर, कभी हाथी यानी शक्ति का मद धर कर, और कभी तीर तरकस लिए योद्धा का रूप धर कर हमारे भीतर प्रवेश करना चाहता है। और हमारे भीतर बसे गुणों या देवताओं को दबाकर अपनी तामसिक सत्ता चलाना चाहता है। और जब अहंकार बढ़ जाता है, तो हमारे भीतर बसी आदिशक्ति से ही युद्ध करने को तैयार हो जाता है। मलतब अहंकार में अपने रचनाकार को ही भूल जाता है।

इसी अध्याय में एक बहुत सुंन्दर बात निकल कर आती है, जिसे सभी देवता अपने अपने आयुधों से एक एक आयुध देवी को देते है और कई देवता सुन्दर आभूषण भेट करते है। जिसकी शक्ति से सभी देवताओं की शक्तियॉ प्रकाशित होती हो वे देवता मॉता आदिशक्ति को क्या दे सकते है। पर संघशक्ति का ये सर्वोतम

उदाहरण है। हम अपने भीतर व बाहर अच्छे सद आचरण करने वाले मनुष्यों और गुणों को संग्रह करके रखें। अन्यथा क्रोध, लोप, मोह, और अहंकार जैसे दुर्गण हमें नष्ट कर देगें। व आदिशक्ति की कृपा से भी हम वंचित रह जायेंगे।

इतने में मंगल सिंह एक बड़े से बर्तन में बेल के गूदे का रस छान कर ले आया, और उसने उसमें से एक पात्र को भरकर बेल का मधुर रस स्वामी जी को दिया, शेष बर्तन में रखे रस को आपस में बाँट लिया। गर्मी से भरे दिन में, इस बेल के फल के रस ने सभी पर अमृत सा असर किया, इसे पीकर सभी फिर से तरोताजा हो गये।

स्वामी जी ने फिर से कहना शुरू किया पाँचवें अध्याय से तेरह अध्याय, माता सरस्वती को समर्पित हैं, जो ज्ञान की देवी हैं। माता दुर्गा के इस भाव से उन्हें पूजा जाता है। इसे तीसरा या उत्तरचरित भी कहा जाता है। प्रकृति व हमारे जीवन में विकास इसी क्रम से होता है।

पहला चरण माता महाकाली का, जब प्रकृति भी और हम भी, हमारा जीवन भी, माँ आदिशक्ति के इस भाव माता महाकाली के प्रभाव से युक्त होता है। हम इस समय अज्ञानता के धुंध में होते हैं। इस काल में प्रकृति में भी घोर परिवर्तन होते हैं। नाना तरह के भूकम्प, बाढ़, उल्का पातों, सूखे, अतिवृष्टि, रोगों से पृथ्वी प्रताड़ित होती है, और फिर इस सब के शान्त होने पर, मध्यमचरित का प्रारम्भ होता है। जब प्रकृति स्वयं संघर्ष करती है, पृथ्वी में नए नए उपजाऊ मैदान बनते हैं, नए पहाड़ और पहाड़ियों की श्रृंखला उभरती है, नये जलाशय बनते हैं, जंगल बढ़ते व फैलते हैं। पशु पक्षियों, जन्तु जानवरों व मनुष्यों के बसेरे बनते हैं, गाँव, शहर बसते है, और चारों ओर नवनिर्माण दिखाई देता है। और

इसके बाद प्रकृति में उत्तरचरित्र का प्रभाव दिखाई देता है, जहाँ शान्त है, प्रेम है, गीत है, संगीत है, ज्ञान है। इस भाव को माता सरस्वती का कालखण्ड कहें तो उत्तम होगा। उत्तरचरित्र उन्हीं को समर्पित है। और मनुष्यों में भी यही क्रम दिखाई पड़ता है। उसके जीवन का पहला भाग माता महाकाली के प्रभाव में रहता है, जब अनुभवहीनता, तमस उसके जीवन का पहला पक्ष होता है, जब वो गुणों और अवगुणों को समझता, अपने भीतर और बाहर की दुनिया को समझता है, इन्द्रियों की प्रबलता को महसूस करता है। और अपने अस्तित्व को समझता है, समाज में अपने स्थान को पाने के लिए संघर्ष करता है। ऐसे में वो कई बार टूटता है, निराश हताश, अवसाद उसे भीतर और बाहर से तोड़ देते हैं। और फिर उसके जीवन में धीरे धीरे स्थायित्व आने लगता है। उसके जीवन में नवनिर्माण शुरू होता है, अब वो अपने कर्तव्यों का भली भांति पालन करने लगता है। धन, सम्पत्ति मान सम्मान इसी समय की देन होती है। जिसे माता महालक्ष्मी का कालखण्ड कहा जाता है। धीरे धीरे मनुष्य उत्तरचरित्र यानी माँ सरस्वती के काल में प्रवेश करता है। जब वो अपने तकरीबन सभी कर्तव्यों को पूरा कर चुका होता है, आगे के सभी दायित्व अपनी आने वाली पीढ़ी को सौंपकर सनातन के चौथे व अन्तिम लक्ष्य मोक्ष की ओर बढ़ जाता है। जीवन के सम्पूर्ण अच्छे व बुरे अनुभवों से तपकर, सब छोड़कर ईश्वर का ही हो जाता है।

जहाँ ईश्वर प्रार्थना, भजन, शान्ति ही उसके जीवन के आधार बन जाते हैं। यही काल माता सरस्वती का भाव कहा जाता है। ज्ञान की देवी।

स्वामी जी बोले अब मैं पाँचवें अध्याय से लेकर तेरहवें अध्याय का सार तुम सबको बताता हूँ। जिसमें माता दुर्गा की बहुत सुन्दर

सुन्दर स्तुतियाँ हैं, ज्ञान है, माता का देवताओं और मनुष्यों को दिये आश्वासन हैं, आशीर्वाद हैं। और माता की प्रसन्नता के लिए मनुष्यों को किस प्रकार के आचरण करने चाहिए ये स्वयं माँ आदिशक्ति ने बताया है। इस दुर्गा सप्तशती के उत्तर चरित्र में एक बात विशेष कर आती है, वह है अपनी काम वासना पर नियन्त्रण। लोभ, मोह, क्रोध, अहंकार का शमन कर मनुष्य अपने भीतर की काम वासना को नियन्त्रित कर लेता है, तो वो मनुष्य से देवत्व की ओर बढ़ जाता है और माता भगवती, आदिशक्ति की कृपा व आशीर्वाद का भागी हो जाता है।

उसे माता मोक्ष व उसकी इच्छा अनुसार भोग भी प्रदान करती हैं। परन्तु इन सबको पाने के लिए मनुष्य को सबसे पहले अपने भीतर के तमस, अन्धकार, प्रमाद, आलस्य से माता का सहारा, उनसे प्रार्थना कर, उन्हें अपने हृदय में स्थापित कर लड़ना पड़ता है। ये पहले अध्याय में दर्शाया गया है।

अब उत्तर चरित्र में एक प्रमुख बात काम वासना से सम्बन्धित है। जिसमें माता पार्वती गंगा जी में स्नान करने आयी हैं, और दैत्यराज शुम्भ और निशुम्भ के भृत्य चण्ड मुण्ड भी वहाँ आते हैं, और वे माता को स्नान करते हुए देखते हैं और फिर वे दैत्य राज शुम्भ के पास जाकर उसे बताते हैं, महाराज एक अत्यन्त मनोहर स्त्री है, जो अपनी दिव्य कान्ति से हिमालय को प्रकाशित कर रही है। वैसा उत्तम रूप कभी किसी ने नहीं देखा होगा। और वो सर्वथा आपके योग्य है, चण्ड मुण्ड के ये वचन सुन शुम्भ महादैत्य सुग्रीव को माता को बुलाने के लिए दूत रूप में भेजता है।

इत सुग्रीव माँ आदिशक्ति के पास पहुँच कर, अपने स्वामी शुम्भ और निशुम्भ के पास चलने का आग्रह करता है। इस पर माता दूत सुग्रीव को कहती है, कि ये बात उचित है, कि तुम्हारे राजा

शुम्भ और निशुम्भ अत्यन्त बलवान, पराक्रमी और तीनों लोकों को जीतकर, उसके स्वामी हैं, पर मैं क्या करूँ मैंने प्रतिज्ञा ली हुई है जो मुझे संग्राम में जीत लेगा, जो मेरे समान बलवान होगा, वही मेरा स्वामी होगा। इसलिए अच्छा तो यही होगा कि दैत्यराज शुम्भ व निशुम्भ स्वयं यहाँ पधारें और मुझे संग्राम में जीत कर मेरा पाणिग्रहण करें।

तब सुग्रीव ने माँ आदिशक्ति के वचनों को विस्तार पूर्वक शुम्भ को कह सुनाया। इस पर दैत्यराज ने दैत्य धूम्रलोचन को आज्ञा दी कि तुम अपनी सेना लेकर जाओ और उसे उसके सिर के केश पकड़कर यहाँ घसीट घसीट के लाओ। इसी प्रकार चण्ड मुण्ड को भी असुर राज ने वहाँ भेजा, परन्तु देवी ने उन सब का सेना सहित वध कर दिया। फिर शुम्भ की आज्ञा से रक्तबीज नामक महादैत्य युद्ध करने आया, वो भी इस युद्ध में देवी के हाथों मारा गया और अन्त में दैत्यराज शुम्भ और निशुम्भ भी देवी के हाथों मारे गये।

स्वामी जी कुछ देर विश्राम के लिए चुप हो गये, फिर कहने लगे, उत्तर चरित्र का मुख्य संदेश मनुष्य को अपनी काम वासना को नियन्त्रण के लिए है। यदि मनुष्य अपनी काम वासना को नियन्त्रण में नहीं रखता है, तो उसकी धन, सम्पत्ति, मान सम्मान सहित उसका नाश होना निश्चित है।

पूरी की पूरी दुर्गा सप्तशती के तेरह अध्याय, आलस्य, प्रमाद, क्रोध, अहंकार, मोह, लोभ और काम वासना को इंगित करते हैं, इन्हें असुर दैत्य कह कर ऋषि ने सम्बोधित किया है। जो हमारे ही भीतर हैं, और जिनके प्रभाव से हमारी आध्यात्मिक प्रगति शून्य हो जाती है। और मनुष्य देवत्व की ओर जाने के बजाय असुर बनने के निकट पहुँच जाता है। शुम्भ निशुम्भ के

वध के बाद के शेष अध्याय, माँ आदिशक्ति की सुन्दर स्तुतियों, माँ के देवों और मनुष्यों को आशीर्वाद और कठिनाई में पड़ने पर आश्वासनों के हैं। इसलिए इस ग्रन्थ को समझ कर पढ़ना, मनन करके पढ़ना, इसका पाठ करना, या इसकी प्रार्थनाओं और स्तुतियों को मधुर शब्दों में उच्चारण करना, माँ आदिशक्ति को प्रसन्न करने का एक उत्तम मार्ग है। जो भी मनुष्य अपने भीतर के महादैत्यों का शमन कर माँ आदिशक्ति से अपना नाता जोड़ता है माँ सदैव उसके साथ रहती है और उसका सारा भार स्वयं वहन करती है। और स्वयं ये आश्वासन देती है जो प्रतिदिन एकाग्रचित्त होकर इन स्तुतियों से मेरा स्तवन करेगा, उसकी सारी बाधा मैं निश्चय ही दूर कर दूँगी।

और अन्त में, राजा सुरथ और समाधि वैश्य को वरदान देकर कहा कि राजा सुरथ कुछ ही दिनों तुम अपने शत्रुओं को मारकर अपना राज्य प्राप्त करोगे, फिर मृत्यु पश्चात तुम भगवान विवस्वान सूर्य के अंश से जन्म लेकर इस पृथ्वी पर सावर्णि मनु के नाम से विख्यात होओगे और समाधि को उन्होंने मोक्ष के लिए ज्ञान प्राप्ति का वरदान दिया।

स्वामी फिर हल्की मुस्कुराहट के साथ बोले, सार रूप में मैंने तुम्हें माँ आदिशक्ति की महिमा बताने वाले ग्रन्थ श्री दुर्गासप्तशती की कथा सुनायी है, इस विषय से आप लोगों के कोई प्रश्न है तो, वे आप मुझसे पूछ सकते हैं, मैं प्रयास करूँगा कि उनके उत्तर देकर आपको सन्तुष्ट कर सकूँ।

सभी लोग शान्त होकर दत्तचित्त होकर माता की अद्भुत महिमा को सुन रहे थे। सभी के चेहरे प्रसन्नता और सन्तोष से खिल उठे थे।

अब श्री रतनलाल ने स्वामी को देखते हुए प्रश्न किया कि स्वामी जी मैंने बहुत से स्थानों में देवी के मंदिरों में पशुबलि को देखा है। क्या देवी बकरे आदि की बलि से प्रसन्न होती है।

तभी रतनलाल जी के पुत्र श्यामलाल ने कहा कि मैंने भी माता महाकाली और भैरव देवता को मदिरा को चढ़ाते हुए भक्तों को देखा है और स्वयं भी प्रसाद रूप में बकरे का माँस खाते व मदिरा पीते हुए देखा है और यह सुना है कि माँस व मदिरा से देवी शीघ्र प्रसन्न होती है।

इस पर स्वामी जी जोर.जोर से हँसने लगे, फिर शान्त होकर बोले, मैंने इस भारतवर्ष का कई बार पैदल भ्रमण किया है और इस सनातन धर्म के अनुयायियों में पूजा पाठ को लेकर, ईश्वर को लेकर जितना अन्धविश्वास, ढ़ोग, आडम्बर देखा है, उतना अन्य धर्म के अनुयायियों में नहीं देखा है।

स्वामी जी, कुछ देर रुककर फिर बोले मैं अपने दोनों हाथ उठाकर आपसे कहता हूँ कि आदिशक्ति मां दुर्गा की उपासना का महान ग्रन्थ श्री दुर्गासप्तशती का अध्ययन मनन मनुष्य को मनुष्यत्व से देवत्व की ओर ले जाने वाला ग्रन्थ है। ना कि मनुष्य को पशुभाव की ओर ले जाने वाला। आप लोग स्वयं निर्णय कीजिए की, मदिरा और मांस का प्रसाद रूप में सेवन कर मनुष्यो में देवत्व के भाव जागेंगे या पशुओ के भाव जागेंगे।

तो क्या बलि प्रथा द्वारा माता का पूजन हमें नहीं करना चाहिए। अब विशाल सिंह ने पूछा।

इस पर स्वामी जी ने कहा मैं कुछ बातें आपसे कहता हूँ और निर्णय करने का अधिकार आपका ही है। ये सम्पूर्ण ब्रहमांड ही शिव है, इस ब्रहमांड का विस्तार ही भगवान शिव की लीला है।

और इस ब्रह्मांड में जो कुछ हलचल, गति है वो भगवान शिव की शक्ति, आदिशक्ति माँ दुर्गा के कारण है वे ही पूरे ब्रह्मांड को नियन्त्रित करती है। और उनकी शक्ति कण कण में व्याप्त है। यहाँ तक कि हमारी भावनाओं पर भी उनका ही नियन्त्रण है।

आप एक बार इस ब्रह्मांड के विस्तार की कल्पना कीजिए ग्रहो, करोड़ों नक्षत्रों से भरे इस ब्रह्मांड की कल्पना कीजिए। जो एक लय, गति, एक अनुशासन से बंधा हुआ, नियन्त्रित होकर व्यवहार कर रहा है। और जो शक्ति इसे नियन्त्रित कर रही है, वो कितनी शक्तिशाली होगी। एक बार आप स्वयं निर्णय कीजिए। और हम लोग उसे, यन्त्रों से, तन्त्र से, मांस, मदिरा या स्वर्ण आदि, अर्पण कर नियन्त्रित करने का प्रयास करते है, आप स्वयं निर्णय कीजिए क्या यह सम्भव है। इस सनातन धर्म का दुर्भाग्य है, कि ऐसे लोगों के हाथों में ये धर्म चला गया है, जो सिर्फ धन, पद, मान प्रतिष्ठा के उपासक है। बड़े.बड़े मठाधीश हैं, पुरोहित हैं, बाबा हैं, साधु हैं, प्रवचन देने वाले हैं। तान्त्रिक हैं, मान्त्रिक हैं, कुछ काली सिद्ध धर्मगुरू हैं, तो कुछ दुर्गा सिद्ध हैं। कुछ मनुष्यों को दुःख दूर करने के नाना प्रकार के उपाय बताते हैं। इन धर्म के इन ठेकेदारों ने, अंधविश्वास, आडम्बर को ही बढ़ावा दिया है और आम जनमानस को धर्म का नाम लेकर भ्रमित ही किया है।

ऐसा नहीं है कि अच्छे संत, नहीं हैं। मैं अपने जीवनकाल में अनेक अच्छे संतों से मिला हूँ पर मैंने उन्हें उदासीन पाया है, वे लोग कष्ट सह कर भी, संसारी लोगों से दूर रहकर अपनी साधना में लीन रहते हैं। संसारी लोगों से दूर जंगलों में एकान्त स्थान में ही उनका वास है। और मैं बहुत से गृहस्थों से भी मिला हूँ, संसारी लोगों से भी मिला हूँ, जिन्हें यदि संत कहा जाये तो अतिश्योक्ति

नहीं होगी। जो बिना ढोंग, बिना अंधविश्वास और बगैर आडम्बर के ईश्वर की भक्ति करते हैं। जिन्होंने अपना जीवन ही ईश्वर के चरणों में सौंप दिया है। वे लोग निष्ठापूर्वक अपने कर्तव्यों का पालन करते हैं। अपने कर्म पर भरोसा रखते हुए सुख दुःख में समान रहकर, अपने सत्कर्मो की आहुति, आदिशक्ति माँ भगवती के इस संसार रूपी महायज्ञ में डालते रहते हैं।

उपस्थित सभी लोग स्वामी जी की बातों को बहुत ध्यान से सुन रहे थे। अब विशाल सिंह के साथी ने प्रश्न किया, स्वामी जी आप हमें आदिशक्ति की ही आराधना करने को क्यों कह रहे हैं। जबकि सनातन में अन्य देव, देवियाँ भी पूज्य हैं।

इस पर स्वामी जी ने कहा कि प्रश्न आपका बहुत उचित है। सभी देव शक्तिमान हैं, शक्ति सम्पन्न हैं, आदर के योग्य हैं, और पूज्य हैं। मैं आपसे शक्ति की पूजा के लिए क्यों कह रहा हूँ। शायद आप इस बात से समझ जायेंगे। कुछ रुक कर फिर स्वामी जी बोलने लगे, आप सभी ने समुद्र मंथन की कथा तो सुनी होगी। हाँ हमने सुनी है, सभी एक स्वर में बोले, जिसमें देवताओं और असुरों ने अमृत के लिए मंदराचल पर्वत को मथनी और वासुकी नाग को रस्सी बनाकर क्षीर सागर का मंथन किया था।

हाँ बिल्कुल सही स्वामी जी बोले, पर ये मंथन कहीं बाहर नहीं, हमारे भीतर के आत्ममंथन को दर्शाता है। और यही आत्ममंथन विद्वान ऋषि ने श्री दुर्गासप्तशती के माध्यम से प्रस्तुत किया है। जिससे हम माँ भगवती की सहायता से अपने भीतर छिपे असुर व पशुओं से संग्राम कर उन्हें बाहर निकालें जिसमें प्रमाद, भय, अहंकार, लोभ, क्रोध, और काम वासना प्रमुख है, जिन्हें उन्होंने प्रतीकात्मक नाम जैसे, मधु कैटभ, महिषासुर, शुम्भ.निशुम्भ चण्ड. मुण्ड आदि नाम देकर परिभाषित किया है।

अतः आदिशक्ति भगवती की आराधना श्री दुर्गा सप्तशती का अध्ययन, मनन व पाठ अपने भीतर के पशुओं को मारकर शक्ति पाने का आधार तो है ही, शक्ति, साथ ही शक्ति, साहस, आत्मविश्वास बुराई और अन्याय के विरुद्ध, संघर्ष की शक्ति पाने का एकमात्र साधन है, जो हमें अन्त में, सनातन के चौथे लक्ष्य, मोक्ष की ओर ले जाता है।

माता आदिशक्ति भगवती दुर्गा की आराधना हमें जीवन की कठिनाइयों, दुखों से, परेशानियों से पलायन न करके उन्हें स्वीकार करके, उनसे संघर्ष करने की प्रेरणा देती है। बुराई और अन्याय के विरुद्ध संग्राम, चाहे वो बाहर हो या अपने भीतर के। सर्वप्रथम तो माता की आराधना अपने भीतर के शत्रुओं, पशुओं को मारकर, असुरों को संग्राम में हरा कर शक्तिमान बनने की प्रेरणा देती है। यह जीवन माता आदिशक्ति की देन है, इसमें आने वाली कठिनाइयों से बिना संघर्ष करे पलायन करना, उनके दिए जीवन का अपमान करना है। बस इसी कारण मैं आप लोगों को माता भगवती दुर्गा की आराधना, स्तवन करने के लिए कह रहा हूँ। श्री दुर्गासप्तशती के तीनों चरित्र, प्रथम, मध्यम व उत्तर चरित्र, का अध्ययन व मनन मनुष्य को चरित्रवान बनने की प्रेरणा देता है, संघर्षशील बनने की प्रेरणा देता है। इस कथा में एक बात और उभर कर आती है कि माता भोग और मोक्ष दोनों ही मनुष्यों को प्रदान करती है। इसलिए जगत जननी की आराधना करना, उन्हें ही अपना आधार मानना हर सनातनी का कर्तव्य है। सभी बहुत श्रद्धा और ध्यान से स्वामी जी को सुन रहे थे। विषय बहुत महत्वपूर्ण था। स्वामी जी से इस विषय का सुनना उनके लिए एक नया अनुभव था।

अब चन्द्र प्रभा ने प्रश्न किया, स्वामीजी हमें जगतजननी माँ की आराधना किस प्रकार करनी चाहिए, कृपा कर इस विषय में भी बताइये। इस पर स्वामीजी बोले, श्री दुर्गा सप्तशती माँ की स्तुतियों से भरी हुयी है। माँ ने स्वयं मनुष्यों और देवताओं को आश्वासन दिया है, कि जो इन स्तुतियों से स्तवन करेगा, मैं उसकी सभी बाधाओं को दूर कर दूँगी। साथ ही उन्होंने दुर्गा सप्तशती के माध्यम से कहा है कि मेरी प्रसन्नता के लिए एक पुष्प ही काफी है। जो मुझे एक पुष्प भी अर्पण करेगा मैं उसे स्वीकार करूँगी।

इन सबसे बड़ी बात माँ आदिशक्ति से अपने रिश्ते सुधारने की है। हम सबने अहंकारवश व्यवहार कर अपने रिश्ते बिगाड़ रखे है। उन रिश्तों को पुनर्जीवित करना ही, पूजा, आराधना का मुख्य उद्देश्य होना चाहिए।

कण कण में व्याप्त, माँ आदिशक्ति हमारे भीतर भी शक्ति रूप में बैठी हुयी है। सबसे उत्तम तो यह है कि हम उनके चरणों में अपनी इच्छा और जीवन को सौंप दे, और उनसे प्रार्थना करे कि वे हमारे अहंकार रूपी दोष को हमारे भीतर से दूर कर दें, जिसने हमें उनसे दूर कर दिया है।

हमें उनसे प्रार्थना करनी चाहिए कि हमारे जीवन में वही हो जो वो चाहती है। हमें स्वीकार करना चाहिए कि उनसे दूर रहकर हमने अपनी ज़िन्दगी की सबसे बड़ी भूल कर की है। वे हमें क्षमा करें। इसके बाद ध्यान में बैठना बहुत महत्व रखता है। ध्यान की गहराइयों में जाकर अपनी समस्याओं का उनसे मार्गदर्शन माँगें, उनसे पूछें कि उन्होंने मेरे लिए क्या सोचा है, आज पूरे दिन उनके कौन कौन से कार्य मैंने पूरे करने हैं। उन्हें आज एक नये दिन की शुरुआत के लिए धन्यवाद दीजिये। इसके बाद आती है,

कृति। बिना कृति के श्रद्धा व्यर्थ है। जो भी मार्गदर्शन हमें ध्यान की गहराई में जाकर मिले, उसे हमें पूरी तरह से अपने जीवन, अपने कार्य व्यवहार में लाने का प्रयास करना चाहिए। और हमेशा सतर्क रहना चाहिए कि हम अपनी मनमर्जी या इच्छा के अनुरूप तो जीवन नहीं जी रहे है। क्योंकि स्वतंत्र इच्छा शक्ति नाम की कोई चीज़ इस दुनिया में नहीं है। जब तक हमारी इच्छा के पीछे स्वयं माँ भगवती की भी इच्छा सम्मिलित न हो। तब तक हमारी कोई इच्छा पूरी नहीं हो सकती, ना ही कोई कार्य पूरा हो सकता है।

माँ आदिशक्ति ही हमारी रचयिता हैं, पूरे ब्रह्मांड के कण.कण में वे विराजमान हैं। और सभी पर उनका नियन्त्रण है। इसलिए अपने भीतर बैठी माँ आदिशक्ति से अपने माता व पुत्र के सम्बन्ध सुधारना ही माता की आराधना करना है। आडम्बर और अंधविश्वास को और अपने अधकचरे ज्ञान को छोड़ देना ही अत्यन्त आवश्यक है। इन्हें त्याग कर सरल भाव से, श्रद्धा और प्रेम, और आदर के भाव से अपने रचयिता से अपने सम्बन्ध सुधारना ही मनुष्य जीवन का पहला कर्तव्य है। अपनी मनमर्जी का जीवन हमें प्रमाद, काम, क्रोध, लोभ, अहंकार के जाल में फंसाकर हमारा पतन ही करता है।

स्वामी जी बोले, एक बार मैं फिर से आपसे कहता हूँ मैं साधु हूँ मैंने संसार त्याग दिया है, मेरे कर्म कर्तव्य आपसे बहुत अलग हैं। और आप लोग संसारी हैं, आप लोगों के कर्म कर्तव्य बहुत अलग हैं। इसलिए अपने प्रति, अपने परिवार के प्रति और अपने समाज के प्रति आपके जो भी कर्म और कर्तव्य हैं, उन्हें ईमानदारी से पूरा करिये, इनसे पलायन करना कहीं से उचित नहीं है। और इसके लिए जो साहस और आत्मविश्वास की आवश्यकता है, उसके लिए

माँ भगवती से प्रार्थना करिये। वे अवश्य ही आपका मार्गदर्शन करेंगी।

इस कथन के बाद स्वामी जी चुप हो गये। काफी देर सभा में शान्ति बनी रही, फिर विशाल सिंह ने स्वामी जी से पूछा, स्वामी जी आप हमें बताइये, हमें क्या करना चाहिए, कृपा कर हमारा मार्गदर्शन करिये।

इस पर स्वामी जी बोले मैंने पहले ही कहा है, कि मैं एक साधु हूँ मेरे कर्म कर्तव्य आप लोगों से बहुत अलग हैं। इसलिए मैं आपको इतना ही कह सकता हूँ कि आप स्वयं ध्यान में बैठकर अपने भीतर विराजमान माँ भगवती से मार्गदर्शन की प्रार्थना करिये। वे ही आपका मार्गदर्शन करेंगी।

बातों बातों में पता ही नहीं चला कि कब सूर्यास्त हो गया है और अन्धेरा होने लगा है स्वामी जी बोले आरती का समय हो चला है, चलिए पहले माता की आरती करेंगे, सभी लोग उठकर स्वामी जी के साथ गुफा के भीतर चले गये। कुछ ही देर बाद स्वामीजी के मधुर कंठ से माता की स्तुति वातावरण में गूंजने लगी।

या देवी सर्वभूतेषु शक्तिरूपेण संस्थिता। नमस्तस्यै नमस्तस्यै नमस्तस्यै नमो नमः।

आरती समाप्त होने के बाद वीर सिंह बोला अरे हम लोग तो बातों में भूल ही गये कि रात्री का भोजन भी बनाना है। मैं शीघ्र ही आपके लिए भोजन की व्यवस्था करता हूँ। वीर सिंह के साथ मंगल सिंह भी तुरन्त उठे और गुफा से बाहर रसोई की ओर चले गये। बाकी सब गुफा में ही माता की मूर्ती के सामने स्थान पर बैठकर हल्की फुल्की बातों में समय गुजारने लगे। कुछ देर बाद मंगल सिंह ने आकर सभी को खाना तैयार होने की सूचना दी।

सभी लोगों ने रसोई के बाहर मैदान में बिछी चादरों में बैठकर भोजन किया। भोजन उपरान्त स्वामी जी ने सबसे विदा ली और अपनी साधना हेतु अपनी गुफा की ओर चल दिए। आज सभी बहुत थके थे इसलिए सभी अपनी झोपड़ी में आकर लेट गये और कुछ ही क्षणों में गहरी नीद में खो गये।

अध्याय - 6

ब्रह्ममुहूर्त शुरू हो चुका था, विशाल सिंह जग गये थे। झोपड़ी में दिए का हल्का प्रकाश फैला था। विशाल सिंह ने चारों ओर देखा सभी गहन निन्द्रा में सोये हुए थे। विशाल तुरंत उठकर बैठ गये। और ध्यान की मुद्रा में बैठने के लिए आसन लगा लिया। और आँखें बंद कर ध्यान की गहराइयों में जाने का प्रयास करने लगे। कुछ ही देर में वे ध्यान की गहराइयों में डूब गये।

ब्रह्ममुहूर्त समाप्ति की ओर था, वातावरण में चारों ओर हल्का उजाला फैलने लगा। कुछ ही देर में भगवान सूर्य उदय होने वाले थे। ऐसे में बाकी सभी लोग जाग गये थे, तो उन्होंने देखा कि विशाल सिंह और श्यामलाल ध्यान की मुद्रा में बैठे हुए है। लोगों के उठने की आहट और कुछ हल्के कोलाहल से विशाल सिंह और श्यामलाल का ध्यान भंग हुआ और वे ध्यान की गहराई से बाहर आये। विशाल सिंह ने आँखें खोल कर देखा तो सामने सभी लोगों को उठे हुए पाया। सभी विशाल सिंह को देख रहे थे। बाहर भोर का उजाला फैल चुका था। उन सबको अपनी ओर देखते हुए विशाल सिंह बोला आज मैं रात्री में ब्रह्म की बेला शुरू होते ही नींद से जग गया था। और स्वामी जी के बताये अनुसार ध्यान करने लगा था। और अपने हृदय में माँ आदिशक्ति के प्रकाश को खोजने लगा था। काफी प्रयासों के बाद धीरे धीरे मेरा हृदय एक उज्ज्वल प्रकाश से भर गया और मैं उस प्रकाश को देखते देखते ही आनंद से भर गया। और मैं उसी आनंद में डूब गया, मैंने

अपने भीतर से उस प्रकाश को माँ कह कर पुकारा और उससे पूछा, माँ तुमने मेरे लिए क्या सोचा है, मेरा मार्गदर्शन करो, तभी मैं एक ऐसी अवस्था से गुजरा, जिसका वर्णन शायद मैं न कर पाऊं, फिर भी कुछ बताने का प्रयास करूंगा, मैं ध्यान की मुद्रा में बैठा था, लेकिन नहीं भी बैठा था। मैं बाहर के वातावरण की आवाजें सुन रहा था, लेकिन नहीं भी सुन रहा था, मैं आप सब को देख रहा था, लेकिन नहीं भी देख रहा था। ऐसे में मेरे भीतर एक स्वर गूँजा अब पलायन नहीं रण होगा। तुम्हें निश्चय कर अपने कर्म और कर्तव्यों का पालन करना है। इसके बाद वो स्वर आना बन्द हो गया और मैं फिर से ध्यान के आनंद में खो गया, अभी आप लोगों की आहट से मेरा ध्यान भंग हुआ। विशाल सिंह उठे, निश्चय कर सबके सामने दृढ़ता से कहा, अब हम लोग नेपाल देश न जाकर, उस दुष्ट जोरावर सिंह को दण्डित करेंगे। अब पलायन नहीं रण होगा।

विशाल सिंह की बात खत्म होते ही श्यामलाल बोल उठा, आज मेरी भी नींद ब्रहममुहूर्त में टूट गयी थी। मैंने विशाल सिंह को ध्यान की मुद्रा में बैठे देखा तो मैं भी बैठ कर ध्यान करने लगा, मैं भी विशाल सिंह की भाँति अपनी बन्द आँखों से अपने भीतर अपने हृदय प्रदेश में माँ आदिशक्ति के उज्जवल प्रकाश को देखने का प्रयास करने लगा। विशाल सिंह की तरह ही मैंने अपने जीवन के लिए माँ से मार्गदर्शन माँगा। विशाल सिंह की तरह का अनुभव मुझे भी हुआ, कोई आवाज मुझसे कह रही हो, बहुत निरर्थक जीवन अब तक तुमने जी लिया है, अब कुछ सार्थक जीवन भी तुमने जीना है। साहस करो और न्याय का साथ दो।

इसके बाद श्यामलाल अपने पिता की ओर देखता हुआ बोला, पिताजी अब चाहे जो भी परिणाम हो, मैं विशाल सिंह का साथ

नहीं छोड़ूँगा। जब तक विशाल सिंह राजगढ़ का राजा नहीं बन जाता, अपने पिता के राज्य को प्राप्त नहीं कर लेता, मैं विशाल सिंह के साथ साये की तरह रहूँगा।

फिर श्यामलाल ने जोर से नारा लगाया, राजा विशाल सिंह की जय, राजा विशाल सिंह की जय। इस नारे को सुनते ही बाकी सभी लोगों ने इसे दोहराया। राजा विशाल सिंह की जय। राजा विशाल सिंह की जय।

बाहर काफी उजाला हो गया था, सूर्य भगवान उदय ही होने वाले थे। सबने झोपड़ी के बाहर आकर देखा कि स्वामीजी गुफा के बाहर मैदान में योग के आसनों का अभ्यास कर रहे हैं। वीर सिंह बोला, भाई देर हो गयी है, जल्दी से स्नान आदि से निवृत्त होकर स्वामी जी के पास चलते हैं। सभी तेजी से पानी के सोते की ओर बढ़ गये, वीर सिंह और रतनलाल कुछ देर आपस में बातें करते रहे, फिर वे भी दैनिक कर्म से निवृत्त होने के लिए पानी के सोत की ओर बढ़ गये।

कुछ देर बाद सभी स्नान आदि करके स्वामी जी के सामने आकर बैठ गये। अब स्वामी जी, प्राणायाम की क्रिया को कर रहे थे।स्वामी जी उन सबको देखकर रुक गये, और मुस्कुराते हुये बोले बैठो बैठो।

सभी ने स्वामी जी को प्रणाम किया, और खिसक कर उनके समीप बैठ गये, स्वामीजी विशाल सिंह की ओर देखते हुये बोले, मैंने सभी लोगों को तुम्हारी जय बोलते सुन लिया है, लगता है, तुमने निर्णय ले लिया है कि तुम अपने कर्तव्यों का पालन करोगे, इस पर विशाल सिंह ने अपने ब्रह्ममुहूर्त के अनुभव स्वामीजी को सुनाये और कहा अब पलायन नहीं रण होगा। अब चाहे कुछ भी

हो पलायन कर नेपाल देश नहीं जायेंगे, वरन जोरावर सिंह को दण्डित करेंगे। अन्याय के विरुद्ध संघर्ष करेंगे।

इस पर स्वामी जी मुस्कुरा पड़े। फिर विशाल सिंह के तीनों साथियों विष्णुदत्त, चन्दन दास और दयाशंकर को देखते हुये बोले, तुम तीनों ने क्या निर्णय लिया है, इस पर तीनों एक साथ बोले, जब तक विशाल सिंह को अपने पिता की राजगद्दी प्राप्त नहीं हो जाती है, तब तक विशाल सिंह को इस संघर्ष में अकेला नहीं छोड़ेंगे।

स्वामी जी ने चन्द्रप्रभा की ओर देखते हुए पूछा तुमने क्या निर्णय लिया है। इस पर चन्द्रप्रभा बोली, मैं हर परिस्थिति में अपने भाई का साथ दूँगी।

इसके बाद स्वामीजी ने रतनलाल की ओर देखते हुए पूछा आपने क्या निर्णय लिया है, स्वामीजी के यह पूछते ही, रतनलाल जी स्वामीजी के सम्मुख दण्डवत प्रणाम की मुद्रा में लेट गये फिर उठकर बोले आज पहली बार मेरे इन व्यसनी और निकम्मे पुत्र ने दृढ़ता से निश्चय कर विशाल सिंह का साथ देने का निर्णय लिया है। मैं तो कभी सोच भी नहीं सकता था कि मेरा पुत्र न्याय और अन्याय को समझ भी पाता होगा। इसके व्यसन और निकम्मेपन के कारण मैं रात दिन चिन्ता में घुला रहता था। यहाँ तक कि इसके बच्चों का लालन पालन मेरे ही सिर था। पर आज इसके सार्थक जीवन जीने के निर्णय ने मुझे बहुत अभिभूत कर दिया है। मैं भी अपने पुत्र के साथ साथ विशाल सिंह का साथ दूँगा। यही हम पिता और पुत्र का निर्णय है।

इसके बाद स्वामी जी ने वीर सिंह की ओर देखते हुये पूछा, आप दोनों भाइयों का क्या निर्णय है। इस पर वीर सिंह बोला वही जो सबका निर्णय है। हम दोनों भाई भी विशाल सिंह के साथ ही रहेंगे,

जब तक विशाल सिंह अपना खोया हुआ राज्य फिर से वापस नहीं पा लेते और दुष्ट जोरावर सिंह को दण्डित नहीं कर लेते।

फिर वीर सिंह ने रतनलाल की ओर देखते हुये कहा कि स्वामी जी मैं और रतनलाल अभी इसी वक्त अपने गाँव हरीपुर की ओर निकल जाते हैं, जहाँ अपने परिवार को पूरे घटनाक्रम की सूचना दे सकें। और उनसे मिलकर हम दोनों खुदाई के आवश्यक उपकरण लेकर राजगढ़ और हमारे राज्य को जोड़ने वाले सेतु के पास से बागमती नदी के किनारे किनारे उत्तर दिशा की और चलकर हम रोखड़ के पास पहुँचेंगे जहाँ रोखड़ बागमती नदी के तट पर समाप्त होता है। जहाँ हमारे ये अन्य साथी हमें मिलेंगे। इसलिए आज हम अभी हरीपुर गाँव को जा रहे हैं और कल शाम तक हम इन्हें बागमती नदी के तट पर मिल जायेंगे। वहाँ से बागमती नदी को पार कर हम सभी राजगढ़ राज्य में प्रवेश करेंगे और विशाल सिंह के पिता स्व0 महाराज सूर्यसेन की बनवाई शिकारगाह में जाकर महाराज सूर्यसेन के छिपाये खजाने को निकालने का प्रयास करेंगे। और उस खजाने की मदद से हम फिर आगे की रणनीति बनायेंगे।

दोनों ने स्वामी जी को प्रणाम कर हरीपुर गाँव जाने की आज्ञा माँगी। और विशाल सिंह और अपने अन्य साथियों से आवश्यक सलाह मशवरा कर तेजी से पहाड़ी ढलान की ओर उतरने लगे जहाँ से रोखड़ को पार कर उन्हें अपने गाँव हरीपुर की ओर जाना था।

उन दोनों के जाने के बाद स्वामीजी ने कहा प्रातः की बेला है, अब तुम सभी लोग योग के आसनों का अभ्यास करो, उसके बाद मैं तुम्हें प्राणायाम की विधि सिखाऊँगा। फिर कुछ देर हम सब ध्यान की साधना में बैठेंगे। और ये सब तुम्हें नित्य करना है। ये सब तुम्हारी आत्म उन्नति के लिए ही है। इसके बाद सभी स्वामी जी के निर्देशानुसार योग के आसन, प्राणायाम और ध्यान की साधना

को सीखने लगे। इस कार्यक्रम की समाप्ति के बाद स्वामीजी अपनी गुफा के भीतर विश्राम हेतु चले गये।

आज पूरा दिन उन सभी के लिए खाली रहने का था स्वामीजी तो विश्राम के बाद ही गुफा से बाहर आते थे। तो उन सभी ने निर्णय किया क्यों न इस पूरे स्थान की अच्छी तरह से साफ सफाई कर दी जाये। जगह.जगह घास व कटीली झाड़ियाँ उग आयी थीं। तो सभी मिलजुलकर सफाई व्यवस्था में जुट गये।

इसी बीच चन्द्रप्रभा बोली मैं रसोई में जाती हूँ और सभी के लिए दोपहर के भोजन की व्यवस्था करती हूँ। और चन्द्रप्रभा रसोई की व्यवस्था करने चली गई, बाकी सभी लोग आश्रम की साफ सफाई में लग गये। कार्य समाप्ति के बाद सभी लोगों ने भोजन किया, और विश्राम हेतु झोपड़ी में जाकर लेट गये।

जब सभी विश्राम कर, झोपड़ी से बाहर आये तो देखा स्वामी गुफा के बाहर शान्त भाव से बैठे हैं। सभी उनके समीप जाकर बैठ गये। उन्हें देखकर स्वामीजी के चेहरे पर हल्की मुस्कुराहट आ गयी। और मधुर स्वर में उन सबसे कहने लगे, आज तो तुम सब ने बहुत परिश्रम किया है, यहाँ की सभी कटीली झाड़ियाँ और घास को काट दिया है, पूरा स्थान अब साफ व स्वच्छ दिखाई दे रहा है। और जो बाँस तुम लोग काट कर लाये थे, उससे तुमने एक छप्पर तैयार किया है रसोई के पास, जिसके नीचे सूखी लकड़ियों का ढेर लगा है, वर्षा से भीगने से लकड़ियाँ बच जायेंगी।

बहुत सुन्दर कह कर स्वामी जी हँसने लगे। फिर स्वामी जी सभी से हल्का फुल्का वार्तालाप करने लगे। इतने में मंगल सिंह रसोई में गया और बेर और आँवले के फल लेकर आ गया। उसने पात्र स्वामी जी के सामने रख दिया। स्वामी बहुत चाव से बेर खाने

लगे। इसी बीच विशाल सिंह ने स्वामी जी से कहा, अब आगे के लिए हमारा मार्गदर्शन करने की कृपा करें।

इस पर स्वामी जी के चेहरे पर मुस्कुराहट आ गयी। फिर विशाल सिंह को देखते हुये बोले, मैंने पहले भी आप सभी से कहा है, मैं एक साधु हूँ और संसार से विरक्त होकर संन्यास ग्रहण किया है। मेरे कर्म और कर्तव्य आप लोगों से बहुत भिन्न हैं। मैं अपने कर्म कर्तव्यों की बात आप से कर सकता हूँ, वो मैंने आपको सब कुछ बता दिया है। आप लोग अपने भीतर बैठी माँ आदिशक्ति भगवती दुर्गा से ही मार्गदर्शन की प्रार्थना करिये। वे अवश्य आगे के लिए आपका मार्गदर्शन करेंगी, आप लोगों को उन्हीं लोगों से मिलवायेंगी जो आपकी मदद कर सकते हैं, आप लोगों को उन्हीं परिस्थितियों में डालेंगी जहां से आपके आगे के मार्ग खुलते हैं।

इसके बाद स्वामी जी विशाल सिंह से बोले, मैंने पहले भी आप लोगों को कहा है, और अब भी कह रहा हूँ। ध्यान की गहराई में जाकर जो भी आपको मार्गदर्शन मिले उस पर अमल करिये। क्योंकि कृति के बिना श्रद्धा व्यर्थ होती है। विशाल सिंह कुछ शर्मिंदा होते हुये बोला, ठीक है स्वामी जी समझ गया हूँ मैं।

फिर काफी देर बातचीत होती रही, स्वामी उन सभी के पूछने पर स्वामी जी ने अपने जीवन के काफी सारे अनुभव उन्हें सुनाये, बीच बीच में हँसी ठहाकों का दौर भी चलता रहा। सूर्यास्त होने वाला था मंगल सिंह बोला मैं रसोई में जा रहा हूँ। रात्री का भोजन बनाने, सभी ने सहमति जताई। धीरे धीरे सूर्यास्त हो गया, संधिकाल शुरू हो गया था। माता की आरती का समय हो गया था। स्वामी जी उठ खड़े हुये और गुफा की ओर चल दिए। सभी उनके पीछे पीछे गुफा के भीतर चले गये। कुछ ही देर में शंख बजने का स्वर सुनाई पड़ने लगा और सामूहिक स्वर वातावरण में गूँजने लगा।

या देवी सर्वभूतेषु, शक्ति रूपेण संस्थिता। नमस्तस्यै, नमस्तस्यै, नमस्तस्यै नमो नमः।

आरती के बाद स्वामी जी के साथ साथ सभी लोग गुफा से बाहर आकर चहलकदमी करने लगे। गुफा के बाहर छोटा सा समतल मैदान था जो आज बहुत साफ सुथरा नजर आ रहा था। हल्की बातचीत करते हुये, सभी लोग स्वामी जी के संग मैदान में टहलने लगे। कुछ ही देर में मंगल सिंह ने भोजन तैयार होने की सूचना दी। रसोई के बाहर बैठकर सबने भोजन किया, भोजन उपरान्त स्वामी जी अपनी रात्रीकालीन साधना हेतु गुफा के भीतर चले गये। बाकी सभी लोग रात्री विश्राम हेतु अपनी झोपड़ी में जाकर लेट गये।

अध्याय - 7

प्रातः सभी लोग समय पर उठ गये थे। रात्री विदा हो रही थी और बाहर वातावरण में हल्का उजाला होने लगा था। सभी अपने दैनिक कार्यों से निवृत्त होकर, स्नान आदि कर वापस लौटे तो देखा कि गुफा के सामने स्वामी जी, योग के आसनों का अभ्यास कर रहे हैं, सभी लोग स्वामी जी के सामने उपस्थित हुये और उन्हें देखकर स्वयं भी योग के अभ्यास में जुट गये, फिर प्राणायाम का अभ्यास, फिर ध्यान का अभ्यास समाप्त करके स्वामी जी को देखते हुए विशाल सिंह ने कहा, स्वामी जी अब हमें आज्ञा दीजिए। अब हम रोखड़ के किनारे किनारे चल कर चन्द्रभागा नदी के तट तक जायेंगे। जहाँ हम वीर सिंह और रतनलाल जी का इन्तजार करेंगे, उन्होंने हमें आज उसी स्थान पर मिलने को कहा है।

स्वामी जी ने मधुर हास्य के संग कहा अवश्य अब आप लोग जाइये और अपने उद्देश्य को पूरा करिये। मेरा आशीर्वाद आपके साथ है, माँ भगवती दुर्गा से प्रार्थना है कि वे आपके उद्देश्य को पूरा करने में आपकी मदद करें। सभी ने प्रसन्नता से स्वामी जी के चरण स्पर्श कर उनसे विदा ली।

फिर सभी वापस झोपड़ी में आकर अपने अपने झोले में अपने वस्त्र रखे। मंगल सिंह ने अपने झोले में दिन के भोजन के लिए पर्याप्त आटा, बाँस की कोमल कोंपलें और साथ में उन्हें बनाने के लिए आवश्यक मसाले तेल आदि रख लिए, साथ ही एक बर्तन भी रख लिया उन्हें पकाने के लिए। फिर सब आश्रम से नीचे

पहाड़ी ढलान को उतरने लगे। पहले उन्होंने तय किया कि उस ओर बढ़ा जाये, जिस ओर बेर के फलों की झाड़ियाँ हैं, पहले बेर खाकर भूख शांत करना ही ठीक रहेगा। यही सोच कर सब उस ओर बढ़ गये, जिधर बेर की झाड़ियाँ थीं। बेर की झाड़ियों के पास पहुँच कर सबने भर पेट जंगली मीठे बेर खाये, और कुछ तोड़ कर अपने झोले में रास्ते के लिए भी रख लिये। फिर मंगल सिंह के पीछे पीछे सभी लोग चलने लगे। कुछ ही देर में सभी रोखड़ के पास पहुँच चुके थे। रोखड़ के किनारे किनारे चन्द्रभागा नदी की ओर सबने बढ़ना शुरू किया। भगवान सूर्य बिल्कुल सर के ऊपर चमक रहे थे। ग्रीष्म ऋतु के कारण गर्मी को सहन कर, उबड़ खाबड़ रोखड़ पर चलना उन सब को भारी लग रहा था। बीच बीच में रोखड़ के किनारे किसी घने वृक्ष के नीचे बैठ जाते सुस्ताने के लिए। जिससे तपते सूरज की गर्मी से राहत मिल सके। मार्ग में दो तीन जगह उन्हें पानी के सोते भी मिले। जिनका पानी उस भीषण गर्मी में, उनके लिए अमृत बन कर आया। इस भीषण गर्मी के कारण उन सभी की चाल भी बहुत सुस्त हो चली थी। जगह. जगह किसी घने वृक्ष की छाया में विश्राम कर वे सभी धीमी चाल से चलते हुये गंतव्य की ओर बढ़ रहे थे। आखिर में सांयकाल होते होते वे सभी चन्द्रभागा नदी के तट पर पहुँच गये। नदी को देख सभी उल्लास से भर गये। धूल मिट्टी और पसीने से लथपथ, वे सभी लोग तुरन्त ही अपने वस्त्र उतार कर नदी में कूद गये। नदी के शीतल जल ने उनकी सारी थकान को दूर कर दिया। ऐसे में चन्द्रप्रभा एक किनारे पर बैठ गयी, और उन सभी को नहाते हुये, पानी में अठखेलियाँ करते हुये देखती रही। काफी देर पानी में रहने के बाद विशाल सिंह को अपनी बहन चन्द्रप्रभा की याद आयी। उसने बाकी सभी से कहा, चलो अब नदी से बाहर निकलते हैं, चन्द्रप्रभा ने भी नहाना है। यह सुन सभी पानी से बाहर आ

गये। और एक किनारे पर जाकर उन्होंने अपने शरीर पोंछे, और अपने साफ वस्त्र पहने लिए। विशाल सिंह ने नदी के तट की ओर नजरें घुमाई तो कुछ ही दूरी पर नदी के तट से लगी कुछ उभरी हुयी चट्टानें दिखायी दीं। अपनी बहन चन्द्रप्रभा से विशाल सिंह ने कहा, झोले में अपने साफ वस्त्र ले लो, सामने कुछ ही दूरी पर नदी से लगी कुछ उभरी हुयी चट्टानें दिख रही हैं, चलो वहीं चलते हैं, तुम्हारे स्नान के लिए वो उपयुक्त जगह लग रही है। चन्द्रप्रभा ने अपने साफ कपड़ों का झोला उठा लिया और विशाल सिंह के साथ उन चट्टानों की ओर चल दी। विशाल सिंह ने चट्टानों का निरीक्षण किया, नदी का पानी चट्टानों के तले को छूकर ही बह रहा था। विशाल सिंह ने सहमति जताई ये जगह तुम्हारे लिए उपयुक्त है, चट्टानों की ओट में बैठकर तुम अच्छे से स्नान कर लो। चन्द्रप्रभा धीरे से कदम रखती हुयी चट्टानों की ओट में चली गयी और विशाल सिंह अपने साथियों के पास लौट आया, जो स्नान के बाद गर्मी और थकान और पसीने से राहत महसूस कर रहे थे और आपस में हल्की फुल्की हँसी मजाक कर आनन्दित हो रहे थे।

इतने में मंगल सिंह बोला आज रात्री तो हम लोगों को यही रुकना होगाए इसलिए भोजन के लिए और अलाव जलाने के लिए सूखी लकड़ियाँ बीन लेते हैं। मंगल सिंह की बात सुन कर सभी रोखड़ में कुछ दूर तक चले गये और सूखी लकड़ियाँ बीनने लगे। वर्षाकाल में पहाड़ों से बहता पानी अपने साथ पेड़ और उसकी टहनियों को अपने साथ बहा कर रोखड़ में ले आता है। जो रोखड़ में यत्र तत्र बिखरी हुयी पत्थरों व छोटी चट्टानों में अटक जाती हैं।

कुछ ही देर में सभी ने पर्याप्त मात्रा में सूखी लकड़ियों का एक ढेर एक स्थान पर जमा कर लिया।

तभी उन्हें वीर सिंह और रतनलाल चन्द्रभागा नदी के किनारे किनारे आते दिखे। उनके साथ एक व्यक्ति और था। उनके पास आते ही सभी ने मुस्कुरा कर उनका स्वागत किया। फिर सभी प्रश्नवाचक दृष्टि से साथ आये व्यक्ति को देखने लगे। उन्हें ऐसा करता देख वीर सिंह ने बताया, ये वही व्यक्ति हैं जिन्होंने हम दोनों भाइयों की मदद करी थी। इनका नाम उमाशंकर है। इनके बारे में आप सबको पहले भी बता चुका हूँ। हमारे ताऊजी ने इनकी छोटी सी जमीन का टुकड़ा भी कर्ज देकर इनसे हड़प लिया था। फिर ये ताऊजी के घर पर ही सेवक का कार्य और खेतों में मजदूरी का कार्य करने लगे थे।

इतना सुनते ही सभी एक साथ बोल उठे अरे याद आया इनके बारे में आपने हमें बताया था। ये तो वही हैं जिन्होंने आपकी मदद करी थी और आपके ताऊजी के पूरे परिवार के खाने में नींद की औषधि मिला दी थी। जिसकी वजह से मंगल सिंह वो झूठा बही खाता आपके ताऊ जी की तिजोरी से निकाल लाया था, जिसे आप दोनों ने नष्ट कर दिया था। और इन्हीं की मदद से आप लोग अपनी जमीन वापस पा सके।

बिल्कुल सही, आप लोगों ने पहचान लिया। फिर सभी ने उमाशंकर का अभिवादन किया।

अब वीर सिंह बोला, कल शाम मैं अपने गाँव हरीपुर पहुँचा, तो उमाशंकर मुझसे मिलने मेरे घर आ गया। काफी देर बातचीत के बाद मैंने आप सब के बारे में इसे बताया, क्योंकि जब से उमाशंकर ने हमारी मदद करी थी, तब से इसे हम सगे भाई की तरह ही मानने लगे थे। हमने आप लोगों के बारे में पूरी बात बतायी और बताया कि हम दोनों भाई भी आपकी मदद के लिए जा रहे हैं, और रतनलाल जी भी हमारे साथ कल सुबह अपने घर से आकर

हमारे साथ ही जायेंगे। आज मेरे और रतनलाल जी के यहाँ आने का उद्देश्य बस इतना ही था, कि हम अपने परिवार वालों को बता सकें, कि काफी समय तक हमें घर से बाहर रहना पड़ सकता है। हमारे परिवार वाले हमारी चिन्ता न करें, इसी कारण मैं और रतनलाल जी यहाँ आये हैं।

इस पर उमाशंकर भी जिद करने लगा कि वो भी हमारे साथ, आप लोगों की मदद करने के लिए चलेगा। काफी समझाने पर भी ये नहीं माना। अपने परिवार की देखभाल करने वाला यही एक है, पर इसने कहा ऐसे मौके बार.बार नहीं आते हैं, सत्य का साथ मैं अवश्य ही दूँगा। रही परिवार की बात तो भगवान का सहारा है। घर में मेरी पत्नी व बच्चे कुछ न कुछ करके गुजर बसर कर ही लेंगे।

जाते जाते इसने कहा कि मैं अपने घर में बता कर आऊंगा कि व्यापार के सिलसिले में आपके साथ दूसरे राज्य में जा रहा हूँ और आप भी अपने घर में यही बताइएगा। जिससे बिना वजह ये लोग चिन्ता न करें और बात गुप्त भी रहे।

ये तो हमने पहले से ही तय कर लिया था, कि हम अपने घरों में यही बतायेंगे कि व्यापार का बहुत अच्छा अवसर हमें मिला है, हम कुछ व्यापारियों के साथ रतनगढ़ राज्य की ओर जाने वाले हैं, वीर सिंह ने बताया। वीर सिंह अपने साथ एक झोले में रखकर कुछ औजार लाया था, जिसमें दो लम्बी और मोटी छेनी और एक मोटा लोहे का हथौड़ा था। वीर सिंह ने सबको ये सामान दिखाया। जूट की मजबूत रस्सियाँ भी वीर सिंह अपने साथ ले आया था।

सूर्य भगवान पश्चिम दिशा की ओर बढ़ चले थे, कुछ देर बाद इसे देखते हुये चन्द्रप्रभा बोली, अन्धेरा होने से पहले, भोजन की

व्यवस्था कर लेते हैं, हम सबने सुबह से कुछ भी अनाज पेट में नहीं डाला है, सभी को भूख लग रही है। इस पर मंगल सिंह बोला, हाँ यही उचित रहेगा। थोड़ा सा हम लोगों के लिए आवश्यक आटा, बाँस की कोमल कोंपलें, तेल, मसाले आदि मैं आश्रम से चलते वक्त ले कर आया था। साथ ही सब्जी बनाने के लिए व आटा गूँथने के लिए पीतल का एक बर्तन भी साथ ही रख लाया था।

चन्द्रप्रभा और मंगल सिंह भोजन की तैयारी में जुट गये। बाकी सभी लोग वहीं पास में एक स्थान नियत कर, उसकी साफ सफाई में जुट गये, जहाँ उन्होंने पूरी रात गुजारनी थी।

धीरे धीरे सूर्य भगवान अस्त हो गये, वातावरण में हल्का उजाला ही रह गया। साफ करी गयी जमीन के मध्य में सूखी लकड़ियों का ढेर लगा कर अलाव जला दिया गया। बहुत सारी सूखी लकड़ियाँ उन्होंने रोखड़ से बीनी थीं, जिनका एक बड़ा ढेर बगल में जमा था, जो पूरी रात्री के लिए पर्याप्त था।

अलाव के चारों ओर सभी बैठ गये लेकिन अलाव से थोड़ा दूर ही बैठे थे, क्योंकि ग्रीष्म ऋतु थी, और रातें भी गर्म ही थीं। भोजन भी तैयार हो चुका था, सभी ने अलाव के चारों ओर बैठकर भोजन किया, और पास ही बह रही नदी चन्द्रभागा में जाकर अपनी प्यास बुझायी। फिर सभी गोल घेरा बना कर अलाव के चारों ओर बैठ गये, और आपस में हल्की फुल्की बातचीत करने लगे।

अब उमाशंकर के आने से इनकी संख्या दस हो गयी थी, वीर सिंह, उसका भाई मंगल सिंह, विशाल सिंह उसकी बहन चन्द्रप्रभा, विशाल सिंह के तीनों मित्र विष्णुदत्त, चन्दन दास और दयाशंकर, रतनलाल और उनका पुत्र श्यामलाल और उमाशंकर।

आपस में सभी लोग बातें करने लगे, भविष्य की योजना और रणनीति पर भी विचार किया गया। इन सभी के बीच श्यामलाल बोला, हम सब अन्याय के विरुद्ध लड़ने और विशाल सिंह और बहन चन्द्रप्रभा को न्याय दिलाने के लिए इकट्ठा हुए हैं, इसलिए आज से हम सब विशाल सिंह को राजा विशाल सिंह कह कर पुकारेंगे और बहन चन्द्रप्रभा को राजकुमारी जी कह कर संबोधित करेंगे। और अब से हमारा नेतृत्व राजा विशाल सिंह ही करेंगे।

इसके बाद श्यामलाल ने तीन बार राजा विशाल सिंह की जय, राजकुमारी चन्द्रप्रभा की जय का नारा लगाया। सभी ने प्रसन्न स्वर में नारे को दोहराया। सभी प्रसन्न होकर श्यामलाल की प्रशंसा करते हुये कहने लगे, बिल्कुल उचित व सत्य कहा है श्यामलाल ने।

रात काफी गहरी हो गयी थी, इसीलिए सभी ने तय किया कि जिसको भी नींद रात्री में खुलेगी वो दो.चार सूखी लकड़ियाँ लकड़ी के ढेर से उठाकर अलाव में डालेगा। यह सही उपाय था, जिससे सतत अग्नि प्रज्ज्वलित रहेगी और उसके प्रकाश से जंगली जानवर पास आने का साहस भी नहीं करेंगे।

फिर सभी ने माँ दुर्गा की स्तुति की। या देवी सर्वभूतेषु, शक्ति रूपेण संस्थिता। नमस्तस्यै नमस्तस्यै नमस्तस्यै नमो नम:। का मधुर स्वर में उच्चारण कर, माँ आदिशक्ति भगवती दुर्गा का स्तवन किया, फिर माता को प्रणाम कर, उसी जमीन पर ही अलाव के चारों ओर लेट गये। दिन भर के थके हुये थे, इसलिए शीघ्र ही गहरी नींद में सो गये।

रात्री निष्कंटक गुजर गयी, प्रातः का उजाला वातावरण में फैल चुका था। अलाव अब भी जल रहा था। पहले रतनलाल जी उठे,

उन्होंने सभी को उठने को कहा। सभी दैनिक नित्य कर्म और स्नान आदि के लिए उठे।

सभी उठे और दैनिक नित्य कर्म और स्नान आदि से निवृत्त होकर, अलाव के पास आकर इकट्ठा हो गये। सूर्य भगवान उदय होने ही वाले थे। नदी को छूकर आती ठंडी हवा मन को प्रफुल्लित कर रही थी। पास ही हिरनों के झुण्ड की आवाजें आ रही थीं, शायद नदी में पानी पीने आये थे।

वीर सिंह ने सभी से कहा सर्वप्रथम हमने आश्रम में स्वामी जी से जो सीखा है, उसे करेंगे। पहले योग के आसनों का अभ्यास करेंगे। आप लोग सभी बैठ जाइये, और क्रम से मैं जो आसन करता हूँ उसे दस.दस बार दोहराइये। इसके बाद प्राणायाम शुरू हुआ, सबने मनोयोग से प्राणायाम की विधि पूरी करी, फिर सभी ध्यान की मुद्रा में बैठकर ध्यान करने लगे। काफी देर तक सभी ध्यान की गहराइयों में खो गये। वीर सिंह की आवाज से उनका ध्यान भंग हुआ। फिर सभी ने या देवी सर्वभूतेषु शक्तिरूपेण संस्थिता का मधुर स्वर स्तोत्र पाठ कर, माँ भगवती का स्तवन किया।

इस पूरे कार्यक्रम की समाप्ति के बाद राजा विशाल सिंह ने कहा, अब हम लोगों को नदी पार करके, शिकार गृह की ओर चलना चाहिए। यहाँ से सीधे पूर्व दिशा की ओर यदि हम चलेंगे तो राजगढ का हमें पहला गाँव हमें मिलेगा, जो हमें आश्रम की पहाड़ी से दिखाया था। आश्रम की पहाड़ी से हम सभी ने यहाँ की भौगोलिक स्थिति को अच्छी तरह से देखा है। उसी गाँव के बगल से होती हुयी एक पगडन्डी जंगल के भीतर को जाती है, जिसकी सहायता से हम शिकार गाह की दिशा निर्धारित कर सकते हैं। अभी समय उचित है, गाँव में ज्यादा हलचल नहीं होगी। इसलिए तेजी से हम

यहाँ से चलेंगे तो कुछ ही समय में गाँव पार कर पगडन्डी पर पहुँच जायेंगे।

ठीक है, यही उचित रहेगा, सबने राजा विशाल सिंह की बात का समर्थन किया। और सब अपने.अपने कन्धों में अपने झोले आदि लटकाये, विशाल सिंह के पीछे चल दिये। सबसे पहले विशाल सिंह नदी के अन्दर बढ़ा और उसके पीछे.पीछे सभी एक दूसरे का हाथ पकड़ कर नदी पार करने लगे। ग्रीष्म ऋतु थी, इसलिए नदी में पानी कम था और नदी का बहाव भी कम वेग से था। नदी के मध्य में पहुँचकर पानी उनकी कमर तक ही पहुँच पाया था। नदी पार करने के बाद भीगे वस्त्रों में ही सभी लोग विशाल सिंह के पीछे चलने लगे। घना जंगल था, पर मैदान था, आगे एक छोटी पहाड़ी उनके सामने आ गयी, और सभी उस पर चढ़ाई चढ़ने लगे। पहाड़ी की चोटी पर पहुँचने के बाद सबके चेहरे प्रसन्नता से भर उठे। सामने आधे कोस की दूरी पर उन्हें वो गाँव दिख रहा था, जिसके बगल से होती हुयी पगदन्डी शिकार गाह की ओर जाती थी।

राजा विशाल सिंह ने काफी देर निरीक्षण कर कहा कि सामने एक छोटी पहाड़ी दिख रही है यदि हम यहाँ से बिल्कुल सीधे चलें तो गाँव भी छूट जायेगा और हम लोग उस पगदन्डी के पास भी पहुँच जायेंगे। उस छोटी पहाड़ी से उतर कर हम पगदन्डी की दिशा की ओर बढ़ें तो हमें पगदन्डी मिल जायेगी।

सबने कहा यही ठीक रहेगा। और सब राजा विशाल सिंह के पीछे पहाड़ी ढलान पर उतरने लगे। फिर सीधे चलते चलते उन्होंने गाँव से दूरी बनाकर गाँव की सीमा भी पार कर ली। तभी वीर सिंह ने कहा, इस गाँव में एक छोटी सी दुकान है, जहाँ से मैं रात्रीकालीन भोजन के लिए कुछ आटा व दाल ले आता हूँ। मैं और मंगल सिंह

इस गाँव में पहले भी काम करने के लिए एक बार आ चुके हैं। आप सभी लोग पगदन्डी से आगे बढ़ जाइये, हम दोनों आपको शीघ्र ही मिल जायेंगे। यह कहकर वीर सिंह और मंगल सिंह तेजी से मुड़े और गाँव की ओर तेजी से चल दिए।

बाकी सब आगे बढ़ गये पगदन्डी की ओर, और कुछ ही देर में उन्हें पगदन्डी भी मिल गयी। सबके चेहरे प्रसन्नता से खिल उठे। सभी राजा विशाल के पीछे पीछे तेजी से पगडन्डि पर कदम बढ़ाने लगे। दिन काफी निकल गया था। सूरज बिल्कुल सिर के ऊपर चमक रहा था।

गर्मी से सबका बुरा हाल था। शरीर पसीने पसीने हो रहा था। तभी अचानक पगदंडी का मार्ग समाप्त हो गया, आगे एक छोटी सी नदी बह रही थी, जिसे पार करना आसान था। पर उसके आगे पगदंडी कहीं नजर आ रही थी। सामने हरी.भरी झाड़ियों से भरी, एक पहाड़ी टिला नजर आ रहा था। राजा विशाल सिंह ने कहा, कुछ देर यहाँ पर बैठकर आराम करते हैं। सामने की पानी बह रहा है। साफ और शुद्ध पानी पीकर प्यास बुझाते हैं, वीर सिंह और मंगल सिंह का यहीं पर इंतजार करते हैं। ये सुन सब उसी स्थान पर रुक गये, और नदी का निर्मल और स्वच्छ जल पीकर एक खुली जगह पर बैठकर सुस्ताने लगे और वीर सिंह और मंगल सिंह का इंतजार करने लगे। काफी देर के इंतजार के बाद वे दोनों भी आ गये, उनके कन्धों में एक. एक झोला टंगा था। सभी समझ गये कि वे लोग इसमें खाद्य सामग्री लेकर आये हैं क्योंकि दोनों झोले ऊपर तक भरे हुये थे। उन दोनों के चेहरे पर अपने साथियों को देखकर मुस्कान आ गयी। उन्हें देखकर राजा विशाल सिंह ने कहा, आप लोग थोड़ा विश्राम कर लीजीए। पर वीर सिंह ने मना कर दिया। राजा विशाल सिंह ने विष्णुदत्त और चन्दनदास को

देखकर कहा तुम दोनों इनसे झोले ले लो। इन्हें उठा कर ये लोग थक गये होंगे। इसपर विष्णुदत्त और चन्दनदास ने दोनों से झोले लेकर अपने कन्धे में टाँग लिए। सब आगे बढ़ने के लिए जमीन से उठकर खड़े हो गये। पर आगे तो पगदण्डी का मार्ग दिखाई ही नहीं पड़ रहा था। राजकुमारी चन्द्रप्रभा ने विशाल सिंह से पूछा, आगे तो कोई मार्ग दिखाई नहीं पड़ रहा है, आगे कैसे जायेंगे।

इस पर राजा विशाल सिंह ने कहा, मुझे सब याद आ गया है। इस नदी को पार कर हमने करीब 2 कोस तक इसके किनारे किनारे चलना है, उसके बाद एक बहुत बड़ा घास का मैदान आयेगा, बस समझ लो कि हम अपनी मंजिल तक करीब करीब पहुँच ही गये हैं।

राजा विशाल सिंह के पीछे पीछे सभी ने नदी पार करी। छोटी सी नदी थी, घुटनो घुटनो उसमें पानी था। इसे पार कर राजा विशाल सिंह बहते पानी की दिशा में नदी के किनारे किनारे तेजी से चलने लगा। सभी उसका अनुसरण करने लगे। काफी देर चलने के बाद घने वृक्षों के जंगल समाप्त हो गये और एक बहुत बड़ा घास का मैदान सामने आ गया। सबके चेहरे प्रसन्नता से खिल उठे।

अजनबियों की आहट से घास के मैदान में चर रहे हिरणों के झुन्ड के झुन्ड उनसे दूर भागने लगे। सभी इस दृश्य को देख कर अभिभूत हो गये। इस दृश्य देखकर राजा विशाल सिंह ने कहा, जब मैं अपने पिताजी के साथ यहाँ आया था तो इसी स्थान पर मैंने एक हिरण का शिकार किया था। कुछ देर निरीक्षण करने के बाद राजा विशाल सिंह ने कहा, सामने जो छोटी सी पहाड़ी दिख रही है, जहाँ पर कुछ चट्टानें और वृक्ष दिख रहे हैं हमें वहाँ पर पहुँचना है, उसके नीचे उतरते ही, एक छोटा सा घास का मैदान है और एक तालाब है, वहाँ पर पिताजी ने शिकारगाह का निर्माण करवाया था।

चलो अब घास के मैदान के किनारे किनारे उस स्थान तक पहुँचते हैं। वहाँ से शिकारगाह बहुत नजदीक है, और साफ दिखायी पड़ती है। सभी राजकुमार विशाल सिंह के पीछे पीछे चल पड़े। कुछ चढ़ाई चढ़कर सब उस स्थान पर पहुँच गये जहाँ पर पहाड़ी में चट्टानें और वृक्ष उन्होंने देखे थे।

वहाँ कुछ नीचे ही दो मंजिला एक भवन दिखाई पड़ रहा था। जिसकी कुछ दूरी पर ही एक मध्यम आकार का पानी से लबालब भरा तालाब दिखाई दे रहा था। प्रसन्नता से भर कर सबने एक दूसरे को देखा। मंजिल सामने ही थी। उनका उत्साह दुगना हो चला था। सबसे आगे राजा विशाल सिंह चल रहा था, जैसे ही वे पहाड़ी ढलान से उतरने लगे, अचानक राजा विशाल सिंह रुका और धीरे से सबको जमीन पर दुबक जाने को कहा, फिर विशाल सिंह ने तालाब की ओर इशारा कर सबको देखने को कहा।

सबने तालाब की ओर देखा, जहाँ तालाब के जल में किनारे पर दो व्यक्ति डुबकी लगा कर स्नान कर रहे थे।

काफी देर सभी लोग चुपचाप उन्हीं को देखते रहे। वे दोनों स्नान आदि से निवृत होकर शिकारगाह के भवन में भीतर चले गये। सभी दम साधे उनकी गतिविधियों को देख रहे थे। कुछ देर बाद दोनों बाहर आए, अब उन्होंने वस्त्र पहन लिए थे। उनमें से एक के हाथ में पीतल का एक बड़ा सा बर्तन था, और दूसरे के हाथ में एक कुल्हाड़ी, जिसके हाथ में बर्तन था, वह तालाब के पास जाकर तालाब से बर्तन में पानी भरने लगा, और दूसरा पास में सूखी झाड़ियों और एक छोटे वृक्ष से टहनियाँ काटने लगा। पानी के बर्तन को हाथ में उठाये व्यक्ति भवन के भीतर चला गया, और कुछ ही क्षणों बाद वह खाली हाथ बाहर आया जहाँ दूसरे व्यक्ति ने लकड़ियाँ काटी थीं, उन्हें इकट्ठा करने लगा। अब दोनों

ही व्यक्ति काटी हुई झाड़ियाँ और लकड़ियाँ इकट्ठा करने लगे और कुछ ही देर में उन्होंने उठाने लायक दो ढेर लकड़ियों के बना दिए और फिर एक एक ढेर को उठाये दोनों व्यक्ति भवन के भीतर चले गये।

दम साधे राजा विशाल सिंह और उनके साथी ये सब देख रहे थे। इतने में उमाशंकर बोला, कैसे पता चलेगा कि ये दो ही व्यक्ति हैं या भवन में और लोग भी भीतर हैं।

इस पर मंगल सिंह बोला, अच्छा तो यही रहेगा कि हम इनकी गतिविधियों पर यहीं से नजर रखें, यदि कोई इनके साथ होगा तो अवश्य ही कभी तो बाहर आयेगा।

इस पर राजा विशाल सिंह ने कहा, मंगल सिंह ठीक कह रहे हैं, हमें सूर्यास्त के पहले तक यहीं बैठकर इनकी निगरानी करनी चाहिए। ये लोग कौन हैं, ये तो बाद में ही पता चलेगा। हो सकता है शिकारी हों, हो सकता है चोर हों, डाकू हों, किसी कारण से इस घनघोर जंगल में यहाँ छिपे हों। ये सब तो बाद में पता चलेगा, पहले इनकी निगरानी जरूरी है। संभव है, इनके साथ अन्य लोग भी हों। बहुत देर तक वे लोग उनकी निगरानी करते रहे, वे दोनों एक दो बार लघुशंका हेतु बारी बारी से बाहर आये फिर भीतर चले गये। पर उन दोनों के अलावा भवन से बाहर कोई अन्य व्यक्ति नहीं आया।

इस पर सभी को विश्वास हो गया कि इनके साथ अन्य कोई व्यक्ति भवन के भीतर नहीं है। फिर भी उन्होंने कुछ देर और रुकना उचित समझा, कि हो सकता है कि इनके अन्य साथी बाहर गये हों, और अब लौटने ही वाले हों। बहुत देर वे सभी इन दो व्यक्तियों की निगरानी में बैठे रहे।

काफी देर बाद राजा विशाल सिंह ने आसमान की ओर देखकर कहा, ऐसा प्रतीत होता है कि कुछ ही देर में सूर्यास्त हो जायेगा, इसलिए अब हमें शिकारगाह के भवन में जाना चाहिए। और देखो भवन के उस किनारे से धुआं बाहर आ रहा है, वहाँ पर रसोई है, शायद वे दोनों रात्री के भोजन की तैयारी कर रहे हैं।

सभी लोग राजा विशाल सिंह के पीछे पीछे भवन के मुख्य द्वार तक पहुँच गये। द्वार खुला ही था, राजा विशाल सिंह ने उमा शंकर से कहा कि वह भीतर आवाज दे। इस पर उमाशंकर ने जोरों से आवाज देकर पूछा, भीतर कौन है, बाहर आओ। इन शब्दों को उसने तीन चार बार दोहराया।

कुछ क्षण सन्नाटा रहा, फिर दोनों व्यक्ति बाहर, नंगी तलवारें लेकर भीतर से दरवाजे के पास आये। बाहर दस लोगों को देख कर कुछ सकपका गए फिर साहस कर एक ने पूछा, तुम लोग कौन हो और यहाँ क्यों आये हो।

इस पर राजा विशाल सिंह ने कहा, पहले ये बताओ तुम लोग कौन हो, और यहाँ क्या कर रहे हो। कुछ देर सन्नाटा छाया रहा, दोनों ही पक्ष एक दूसरे को अच्छी तरह से देख रहे थे। दोनों ही पक्ष शक से भरे थे, और उनके मन में कौतूहल था कि ये लोग कौन हैं। फिर उन दोनों की निगाहें राजकुमारी चन्द्रप्रभा पर टिक गयीं। फिर उन दोनों व्यक्तियों ने एक दूसरे को देखा, आँखों ही आँखों में बात हुई, फिर उनमें से एक ने राजकुमारी चन्द्रप्रभा से पूछा, क्या आप राजकुमारी चन्द्रप्रभा हैं।

इस पर सभी आश्चर्य में भर गए, उसने फिर राजकुमारी चन्द्रप्रभा की ओर देखकर पूछा, क्या आप राजकुमारी चन्द्रप्रभा हैं, इस पर राजकुमारी चन्द्रप्रभा अपने को रोक नहीं पायीं और बोलीं, हाँ मैं

ही चन्द्रप्रभा हूँ। इतना सुनते ही उन दोनों के चेहरे के भाव बदल गए। उनके चेहरे पर खुशी झलकने लगी, उन्होंने बहुत नम्रता से झुक कर राजकुमारी चन्द्रप्रभा को प्रणाम किया।

फिर प्रश्न किया, राजकुमार विशाल कहाँ हैं, इस पर राजकुमारी ने विशाल सिंह की ओर इशारा कर कहा, ये हैं राजकुमार विशाल।, इतना सुनते ही वे दोनों विशाल को झुक झुक कर प्रणाम करने लगे। उन्हें देखकर ऐसा लग रहा था कि वे अपनी आंतरिक खुशी छिपा नहीं पा रहे हैं।

उन्होंने आदर से राजकुमार विशाल और राजकुमारी चन्द्रप्रभा को भीतर आने को कहा, और तुरन्त ही ज़मीन पर चटाई और चादरें बिछा कर उन सबको आदरपूर्वक बैठने को कहा।

पिछले एक वर्ष से अपनी पहचान छुपाने की वजह से राजकुमार विशाल व उनके तीनों साथियों ने अपने दाढ़ी व सिर के बाल बढ़ा लिए थे, इसलिए वे दोनों उनको पहचान नहीं पाये थे। परन्तु राजकुमारी चन्द्रप्रभा अपनी पहचान छिपा नहीं सकी थीं, इसलिए उन्होंने तुरन्त ही राजकुमारी को पहचान लिया।

वे दोनों भी उन सबके सामने आकर खड़े हो गए। राजा विशाल सिंह ने उन्हें सामने बैठने को कहा। थोड़ा हिचकिचाकर वे दोनों विशाल सिंह के सामने बैठ गए। विशाल सिंह ने उनसे परिचय पूछा तो उन्होंने अपना नाम देवी सिंह और अमर सिंह बताया। दोनों अच्छे कद काठी के हट्टे.कट्टे व्यक्ति थे, उम्र उनकी चालीस के आसपास लग रही थी। अब देवी सिंह ने बोलना शुरू किया कि वे दोनों राजगढ़ की सेना में सैनिक हैं। आपके पिता स्वर्गीय राजा सूर्य सेन जी ने ही हमें इस भवन की सुरक्षा और देखभाल के लिए नियुक्त किया था। तब से हम यहाँ की साफ़.सफाई,

देखभाल और यहाँ की सुरक्षा का कार्य करते हैं। पास ही लखीमपुर कस्बा है, जहाँ राजगढ़ के सैनिकों की एक चौकी है, जहाँ बीस सैनिक रहते हैं, लखीमपुर कस्बे के पास से ही हमारे राज्य की सीमा दूसरे राज्य से मिलती है। इसलिए स्वर्गीय राजा सूर्य सेन जी ने लखीमपुर में एक सैनिक चौकी बनवाई थी। दो वर्ष पूर्व राजा जी ने इस शिकारगाह की सुरक्षा के लिए हमें यहाँ भेजा था। तब से हम यहीं पर हैं। लखीमपुर की सैनिक चौकी से हमें वेतन मिलता है।

आप दोनों दो वर्षों से यहीं पर हैं, राजकुमारी चन्द्रप्रभा ने पूछा।

नहीं, जब भी हम बीस पच्चीस दिनों के लिए अवकाश पर अपने गाँव अपने घर जाते हैं तो दो सैनिक लखीमपुर सैनिक चौकी से आकर यहाँ की सुरक्षा व्यवस्था देखते हैं। जब हम वापस आते हैं तो वो लोग चले जाते हैं और हम यहाँ की सुरक्षा व्यवस्था देखते हैं। बीच.बीच में हफ्ता दस दिन में हम दोनों ही लखीमपुर कस्बे को चले जाते हैं, रात्रि सैनिक चौकी में बिताकर दूसरे दिन वापस आ जाते हैं। इससे हम आवश्यक सामान, औषधियाँ अपने लिए ले आते हैं, इससे हम एक रात्रि वहाँ रहकर लोगों से बातचीत कर लेते हैं, जिससे हमारा दिमागी संतुलन बना रहता है।

पहले हम राजमहल की सुरक्षा करते थे हमारी नियुक्ति वहीं पर थी। इसीलिए हमने राजकुमारी को पहचान लिया, परन्तु आप चारों की दाढ़ी और सिर के बाल बड़े होने के बाद भी हम आपको पहचान गये हैं। आप पांचों हमारे सामने ही तो बड़े हुए हैं। एक युवक की ओर इशारा कर देवी सिंह ने कहा, आप प्रधान मंत्री के पुत्र विष्णुदत्त हैं। बगल में बैठे युवक की ओर, आप स्व0 रूद्र सिंह जी के पुत्र दयाशंकर हैं, और आप स्व० भगवान दास जी के पुत्र चन्दनदास हैं।

सभी ने हामी में सिर हिलाया। इस पर प्रसन्न होकर देवी सिंह ने कहा, यहाँ से पहले हमारी नियुक्ति राजमहल में होने के कारण हमने बहुत बार आप सबको एक साथ देखा है। आज आपको सुरक्षित अपने बीच पाकर हम दोनों की खुशी का कोई ठिकाना नहीं है।

फिर अचानक से देवी सिंह का चेहरा विषाद और दुःख से भर गया। और गला भर आया। फिर देवी सिंह बोला, राजा सूर्यसेन के साथ. साथ इन तीनों युवकों के पिताओं की हत्या कर इस दुष्ट और नीच जोरावर सिंह ने बहुत बड़ा जघन्य अपराध किया है।

स्व० राजा सूर्यसेन ने ही जोरावर सिंह को राजगढ़ की सेना का सेनापति बनाया था। पर उसने विश्वास घात कर इतना बड़ा षडयंत्र रचा, और राजा सूर्यसेन की तथा उनके वफादारों की हत्या कर स्वयं राजगढ़ के सिंहासन पर बैठ गया है। हम उन सभी व्यक्तियों को जानते हैं, जिन्होंने इस घृणित कार्य में उनका साथ दिया था। आज वे सभी राज्य के प्रमुख पदों पर आसीन हैं। स्वयं जोरावर सिंह और उसके साथी राजकोष में जमा धन का अपनी अय्याशियों में उड़ा रहे हैं।

जोरावर सिंह का नाम सुनते ही हृदय में उसके प्रति घृणा उत्पन्न होती है। पर क्या कर सकते हैं, हम ठहरे अदने से सिपाही। उसने और उसके साथियों ने राज्य में अपना इतना भय उत्पन्न कर दिया है, कि कोई भी उन लोगों के बारे में खुलकर नहीं बोलता है, पता नहीं क्या दंड किसी को दे दे। उसके गुप्तचर पूरे राज्य में घूमते रहते हैं, इसलिए सभी में उसका भय समाया हुआ है। उसने शासन और प्रशासन में अपनी पकड़ इतनी मजबूत कर ली है, कि उसके खिलाफ जाने की कोई हिम्मत ही नहीं कर सकता है। उसने आपके पिता के

शासन और प्रशासन के अधिकांश लोगों को उनके पद से हटा दिया है और उनकी जगह अपने वफादारों को वह स्थान, पदवी दे दी है।

देवी सिंह गहरी साँस लेकर बोला, कहाँ आपके पिता का शासन था और कहाँ इस दुष्ट पापी अय्याश का शासन है। राजगढ़ की पूरी जनता इससे पीड़ित है, पर डर से कुछ नहीं कर सकती। पिछले एक वर्ष से आप लोगों की कोई खबर भी नहीं किसी को मिली है। तरह.तरह की अफवाहें आप लोगों के बारे में पूरे राज्य में फैली हुई हैं। पर अच्छा है इन अफवाहों की वजह से जोरावर सिंह और उसके जासूस आप लोगों की वजह से निश्चिन्त हैं। और आज आप लोगों को अपने सामने पाकर हमारा हृदय कितना प्रसन्न है, उस प्रसन्नता को हम बता नहीं सकते।

हमें भी आप दोनों से मिलकर कितनी प्रसन्नता हुई है, इसका वर्णन हम भी नहीं कर पायेंगे, विशाल सिंह ने कहा।

फिर विशाल सिंह ने अपने बाकी साथियों का परिचय देवी सिंह और अमर सिंह से करवाया। ये रतनलाल जी हैं, और साथ में इनके पुत्र श्यामलाल जी हैं, आप दोनों भाई वीर सिंह और मंगल सिंह हैं, साथ में इनके मित्र उमाशंकर जी हैं। ये सभी पाँचों पड़ोसी राज्य के निवासी हैं। परिचय जानकर सभी ने मुस्कुराकर एक दूसरे का अभिवादन किया।

काफी देर इधर उधर की बातें होती रहीं। फिर सहसा देवी सिंह ने विशाल सिंह से पूछा, राजकुमार जी आप लोगों का यहाँ शिकारगाह आने का क्या उद्देश्य है।

इस पर विशाल सिंह मुस्कुराया। उसने पूरा घटनाक्रम संक्षेप में देवी सिंह को बताया, पर खजाने वाली बात वह छिपा गया। उसने

देवी सिंह को कहा, यहाँ आने का मुख्य उद्देश्य क्या है, ये मैं कल सुबह बताऊंगा।

ठीक जैसी आपकी मर्जी कहकर देवी सिंह उठा और अपने साथी अमर सिंह को देख कर कहा, सूर्यास्त हो चुका है, रात्री का पहला प्रहर शुरू होने वाला है। दीपक जला देते हैं, और अब बाकी सबों के लिए भी भोजन का इन्तजाम करते हैं। दोनों रसोई की ओर चल दिए।

इतने में विशाल सिंह ने वीर सिंह से कहा, भाई वीर सिंह आप जो भोजन के लिए खाद्‌य सामग्री लाये हैं, आप उन्हें दे दीजिये और साथ ही भोजन बनाने में उनकी मदद करिये।

जी कहकर वीर सिंह अपने पास के दोनों झोलों को उठाकर रसोई की ओर चला गया।

लगता था विशाल सिंह अभी तक उन दोनों देवी सिंह और अमर सिंह की ओर से सन्तुष्ट नहीं हुआ है।

भवन के जिस कमरे में सभी बैठे हुये थे, ये वही कमरा था जिसकी मोटी दीवारों में खजाना छिपाया हुआ था।

विशाल सिंह ने जब इस कमरे में प्रवेश किया था, उसने उस जगह की दीवारों का बैठे बैठे भली.भांति निरीक्षण कर लिया। दीवार अपनी जगह सही सलामत थी, और उसके बगल की जमीन भी सुरक्षित थी। कहीं से भी कोई खुदाई का चिन्ह उसे नहीं दिखाई दिया। इस बात से उसे काफी शान्ति मिली थी। इतने में अमर सिंह एक जलता हुआ दीपक लेकर आया और उसने दीवार में बने एक आले में उसे रख दिया। दीपक के प्रकाश से पूरा कमरा प्रकाशित हो गया था।

सभी लोग आपस में हल्की फुल्की बातचीत करने लगे और समय व्यतीत करने लगे। कुछ देर बाद अमर सिंह आया और उसने भोजन तैयार होने की सूचना दी। और विशाल सिंह से आदरपूर्वक आग्रह किया कि भोजन से पहले हाथ पैर धोने के लिए साथ आ जायें। सभी विशाल सिंह के पीछे चल दिए। विशाल सिंह सीधे रसोई के बगल में बने एक छोटे से कमरे के भीतर चले गये जो गुसलखाना था। जहाँ अमर सिंह ने पानी से सभी के हाथ पैर धुलवाये।

उसके बाद सभी बड़े कमरे में आकर बैठ गये। अमर सिंह ने सभी के आगे बड़ी.बड़ी थालियाँ और कटोरियाँ रख दीं, देवी सिंह ने उनकी थालियों में भोजन परोस दिया। विशाल सिंह ने देवी सिंह, अमर सिंह और वीर सिंह से आग्रह किया कि वे भी साथ बैठकर भोजन करें। भोजन उपरान्त देवी सिंह ने अपने और अमर सिंह ने वीर सिंह और मंगल सिंह को अपने साथ बुला लिया, फिर चारों साथ लगे एक बड़े कमरे में चले गये, और कुछ ही देर में अपने साथ कुछ चटाईयाँ, कुछ मोटी दरियाँ और कुछ सूती चादरें लेकर आ गये। बाहर वाले कमरे के भीतर से ही एक पत्थर की सीढ़ी दुमंजिले को जाती थी। जिससे होकर चारों ऊपर चले गये। कुछ ही क्षणों में अमर सिंह सीढ़ियों से उतरकर नीचे आया और रसोई से एक बड़ा सा जलता हुआ दीपक लेकर सीढ़ियों से चलकर दुमंजिले में चला गया। कुछ देर में चारों सीढ़ियों से उतरकर नीचे आ गये। और उन्हें सूचना दी कि उन्होंने उन सभी के लिए ऊपर रात्री विश्राम के लिए कमरा तैयार कर दिया है। वे लोग जाकर विश्राम कर सकते हैं। सभी उठ खड़े हुये और वीर सिंह के पीछे. पीछे सीढ़ियाँ चढ़ने लगे। कमरे के भीतर प्रवेश कर उन्होंने देखा कि दीपक दीवार के एक आले में रखा है, जिसके प्रकाश से पूरा कमरा प्रकाशित हो रहा है। गोलाकार बड़े कमरे में चटाईयों के

ऊपर मोटी.मोटी दरियाँ बिछाई गयी थीं, जिनके ऊपर साफ़ चादरें बिछी थीं।

उस कक्ष में दो शीशम की लकड़ी के बने मजबूत दरवाजे लगे हुये थे। एक जिससे होकर वे सभी कक्ष के भीतर आये थे दूसरा उनके सामने ही था, जो भीतर से बन्द था और जिसमें साकल लगी थी। वीर सिंह ने पहला वाला दरवाजा भीतर से बन्द कर दिया और उसमें साकल लगा दी। उस बड़े कक्ष में सभी ने अपना अपना स्थान चुन लिया और सभी लेट गये, दिन भर के थके थे तो सभी कुछ ही देर में गहरी नींद सो गये।

प्रातः सभी समय पर उठ गये, खिड़की से बाहर हल्का उजाला दिखना शुरू हो गया था। सभी सीढ़ियों से उतर कर नीचे आने लगे तो अमर सिंह और देवी सिंह भी उनकी आहट से उठ गये। और सभी उनके साथ दैनिक कार्य से निवृत होने के लिए चल दिए। स्नान आदि से निवृत होकर सब भवन के बाहर एक साफ स्थान पर बैठ गये।

वीर सिंह के निर्देश पर पहले सभी ने योगासन किए फिर प्राणायाम और अन्त में सभी ध्यान की मुद्रा में बैठ कर ध्यान करने लगे। काफी देर ध्यान में बैठने के बाद वीर सिंह की आवाज पर सभी खड़े हो गये और सबने बहुत मधुर स्वर में देवी का स्तवन किया।

या देवी सर्वभूतेषु शक्तिरूपेण संस्थिता। नमस्तस्यै नमस्तस्यै नमस्तस्यै नमो नमः॥

देवी सिंह और अमर सिंह ने पूरे कार्यक्रम में सभी नियमों को अपनी ओर से जैसा संभव हो सकता था, वैसा करने का प्रयास किया। क्योकि वे दोनों पहली बार इस तरह कार्यक्रम में सम्मिलित हुये थे। उसके बाद सभी विशाल सिंह के साथ भवन के भीतर

चले गये। भवन के पहले ही कक्ष में विशाल सिंह ने एक स्थान की ओर इशारा कर वीर सिंह से कहा, जहाँ तक मुझे याद है इसी स्थान पर काफी नीचे दीवार के बीच में गुप्त खजाना दबाया गया था। मुख्य दीवार के साथ लगे इस स्थान पर खुदाई की जाये तो बेहतर होगा।

वीर सिंह अपना झोला उठाया और उसने एक बड़ी सी छैनी और हथौड़े को निकाला और उसे दीवार से लगी जमीन को खोदने लगा।

देवी सिंह और अमर सिंह बहुत कौतूहल से ये सब देख रहे थे। फिर उन्होंने बहुत आदर से विशाल सिंह से पूछा, आप लोगों का इस स्थान पर खुदाई करने का क्या प्रयोजन है। इस पर विशाल सिंह ने कहा, कुछ वर्ष पूर्व मेरे पिताजी ने मेरे सामने ही इस स्थान पर थोड़े स्वर्ण आभूषण व स्वर्ण के सिक्के छुपाए थे ताकि आपातकाल में ये स्वर्ण आभूषण व सिक्के काम आ सके। आज मुझे इसकी आवश्यकता आ पड़ी है। इसीलिए हम छिपते छिपाते यहाँ आये हैं।

यह सुन देवी सिंह के चेहरे पर मुस्कुराहट आ गयी। उसने वीर सिंह को देखते हुये कहा, आप रुक जाइए, छैनी से जमीन खोदने में बहुत समय लग जायेगा। यहाँ भंडारगृह में कुदाल रखी है, मैं उसे लेकर आता हूँ। और देवी सिंह कुछ ही क्षणों में कुदाल लेकर आ गया। उसने वह कुदाल वीर सिंह को दे दी, और उस कुदाल की सहायता से वीर सिंह तेजी से जमीन खोदने लगा। बारी.बारी से सभी ने गड्ढा खोदने में हाथ बटाया, काफी देर की मेहनत के बाद एक बड़ा सा गड्ढा तैयार हो गया जिसके अन्दर दो व्यक्ति आसानी से समा सकते थे। जब गहराई एक व्यक्ति के कद से भी ज्यादा हो गयी तो विशाल सिंह बोला, अब पत्थरों से बनी दीवार आती ही होगी। बस थोड़ी सी खुदाई की और आवश्यकता है। तभी

कुदाल किसी पत्थर से टकराई, सभी के चेहरे खुशी से चमक उठे। गड्ढे के भीतर अब मंगल सिंह और अमर सिंह थे। अमर सिंह ने एक बड़ा सा तराशा हुआ पत्थर ऊपर उठा कर दिया। गड्ढे में अन्धकार था, इसलिए एक बड़ा सा दीपक जलाकर गड्ढे के भीतर एक किनारे पर रख दिया गया।

अमर सिंह और मंगल सिंह छैनी और हथौड़ी की सहायता से दीवार के पत्थर उखाड़ने लगे। ये मोटी सी दीवार मकान की नींव की दीवार से सटाकर बनाई गयी थी। धीरे.धीरे दीवार के पत्थर उखड़ने लगे, और नीचे दीवार के भीतर एक मध्यम आकार का पीतल का घड़ा निकला। सभी खुशी के मारे चीख पड़े। घड़े को ऊपर निकाल कर कक्ष में साफ़ जगह पर रख दिया गया। अमर सिंह और मंगल सिंह गड्ढे से बाहर आ गये। वीर सिंह और देवी सिंह ने फावड़े की सहायता से गड्ढे को फिर से मिट्टी व पत्थरों से भर कर जमीन को समतल कर दिया। कक्ष पहले जैसा दिखने लगा। घड़े को बाहर से साफ़ कर उन्हें ऊपर मंजिल स्थित कक्ष में ले जाया गया। जहाँ उन्होंने रात्री विश्राम किया था। सभी घड़े को चारों ओर से घेरकर बैठ गये। तभी राजकुमारी चन्द्रप्रभा ने विशाल सिंह से कहा, इतनी आसानी से सब कार्य हो जायेगा, मैंने सोचा न था। और इस जंगल के बीच में सभी व्यवस्था किसने करी है, यहाँ दरियाँ भी हैं, चादरें हैं, बर्तन भी हैं और खुदाई के औजार भी हैं।

इस पर विशाल सिंह ने बताया, नीचे वाली मंजिल के कमरे में रसोई के सामने पीछे की तरफ लगा एक बड़ा कक्ष भी है, जिसे भंडारगृह कहते हैं, जिसमें लकड़ी के बड़े.बड़े संदूक रखे हैं, जिनमें यहाँ के लिए सभी आवश्यक सामग्री रखी हुयी है। पिताजी जब यहाँ विश्राम हेतु और शिकार के लिए आते थे तो इसी कक्ष में अपने खास मित्रों के साथ विश्राम करते थे। इसके बगल में ही

इतना ही बड़ा एक कक्ष और है, जहाँ पिताजी के अंगरक्षक विश्राम करते थे। नीचे वाले कक्ष में जहाँ गड्ढा खोदा गया वहाँ पिताजी के साथ आये सेवक रहा करते थे और उसके बगल का कक्ष भंडारगृह है, जहाँ यहाँ के लिए आवश्यक सभी सामग्री रखी हुयी है बड़े. बड़े लकड़ी के संदूकों में रखी हुयी है। इस कक्ष में आने.जाने के लिए सीढ़ियाँ भवन के भीतर से ही हैं परन्तु इसके लगे कक्ष में आने.जाने के लिए सीढ़ियाँ भवन के बाहर से हैं। शायद पिताजी ने सुरक्षा को ध्यान में रखते हुये इस तरह से भवन का निर्माण कराया गया है।

आज सभी बहुत प्रसन्न थे, जिस कार्य को करने के लिए उन्होंने इतनी कठिनाई उठायी थी वो कार्य सफल हो गया है।

विशाल सिंह ने विष्णुदत्त से कहा, भाई विष्णु तुम इस घड़े के ढक्कन को हटाओ और इसे खाली करो विष्णु ने घडे का ढक्कन हटाकर घड़े को उलट दिया, घड़े में से ढेर सारी सोने की मोहरें, चाँदी के सिक्के, कुछ ताबें के सिक्के व थोडे स्वर्ण आभूषण निकले। जिसे देखकर सभी की आँखे चैधियाॅ गयी।

इन सबके बीच देवी सिंह ने विशाल सिंह से कहा, राजकुमार जी, ये सब आपके पिता स्व० श्री सूर्यसेन जी की दूरदर्शिता थी, जो आपको इस मुसीबत और कठिन समय में सहायता बनकर आयी है।

तभी श्यामलाल ने वीर सिंह को टोक दिया, भाई वीर सिंह अब राजकुमार कहना छोड़ो, इन्हें राजा जी कह कर संबोधित करो। हम सब इन्हें राजा विशाल सिंह जी कह कर ही संबोधित करते हैं। हम सबने इन्हें अभी से अपना राजा स्वीकार कर लिया है। हमारा एकमात्र ध्येय दुष्ट जोरावर सिंह को दण्डित करना, और

राजगढ की राजगद्दी पर राजा विशाल सिंह को बैठाना है। इसके लिए हम सब अपनी अन्तिम साँस तक संघर्ष करेंगे और अपने ध्येय को पाकर रहेंगे।

यह सुन सभी ने राजा विशाल सिंह की जय के नारे लगाये।

देवी सिंह और अमर सिंह ने भी पूरी शक्ति के साथ राजा विशाल सिंह की जय के नारे लगाये। कुछ देर बाद जब सब शान्त हो गये, तो देवी सिंह और अमर सिंह ने भी कहा कि हम शपथ लेते हैं कि हम दोनों अपने जीवन की अन्तिम साँस तक आपके साथ संघर्ष करेंगे। और दुष्ट जोरावर सिंह का नाश और आपको आपके पिता की राजगद्दी पर बैठाना ही हमारे जीवन का ध्येय होगा।

राजा विशाल सिंह ने उनकी बात का समर्थन अपना सिर हिलाकर किया, और कहा अब पलायन नहीं रण होगा, और इस विचार को धरातल में उतारने के लिए आपका स्वागत है।

राजा विशाल सिंह ने फिर से कहना शुरू किया, लगता है, माँ आदिशक्ति भगवती दुर्गा मार्गदर्शक बनकर हम लोगों के सामने वही परिस्थितियाँ ला रही हैं, और उन्हीं लोगों से मिलवा रही हैं, जो हमारे ध्येय की सफलता के लिए आवश्यक हैं। उन्होंने ही हमें साहस प्रदान किया है, संघर्ष की प्रेरणा दी है। माँ आदिशक्ति भगवती दुर्गा को हृदय से नमन है। यह कह कर राजा विशाल सिंह ने अपनी आंखें बन्द कर श्रद्धा से सिर झुका लिया।

अब वे बारह लोग हो चुके थे, आज उन्हें दो नये साथी जो मिल गये थे। वास्तव में ये सब भगवती दुर्गा की योजना थी जो धीरे. धीरे धरातल पर अपना आकार ले रही थी। कहाँ पलायन कर नेपाल देश में बसने की तैयारी थी, और कहाँ अब रण की तैयारी हो रही थी।

कुछ देर की शान्ति के बाद वीर सिंह ने आदरपूर्वक पूछा, राजा जी, आगे के लिए आपकी क्या योजना है।

सबसे पहले इस धन को सुरक्षित स्थान पर पहुँचाने और इसकी सहायता से अपनी योजना को धरातल पर उतारने के उपाय के विषय में विचार करना ही अभी इस वक्त की प्राथमिकता है, विशाल सिंह ने कहा।

इस पर वीर सिंह ने कहा, अब राजगढ़ को छोड़ देना ही उचित है, यहाँ आपके पहचाने जाने का भय है, इसलिए हम जिस मार्ग से यहाँ आये थे, उसी मार्ग से वापस इस राज्य की सीमा पार कर, अपने राज्य में चले जायें।

विशाल सिंह ने कहा, यही उचित रहेगा।

और सीमा पार कर हम उस स्थान जहाँ नदी से वह रास्ता आकर मिलता है जहाँ से हमने यहाँ आने के लिए सीमा पार की थी, वह स्थान हमारे राज्य और इस राजगढ़ राज्य की सीमा को जोड़ने वाले सेतु के पास है, वहाँ से सेतु मुश्किल से चार कोस दूर पड़ता है। वहाँ रास्ते के पास ही किसी सुरक्षित स्थान पर तीन.चार झोपड़ियों का निर्माण कर आश्रम का रूप दिया जा सकता है। आप चारों के दाढ़ी व बाल काफी बड़े व लम्बे हो चुके हैं, साधु वेष धारण कर आप लोग वहाँ अपने को छिपा कर रह सकते हैं, और हम लोग आपके भक्त व शिष्य बनकर आपके साथ रह सकते हैं। साधु वेष धारण करने के लिए आवश्यक वस्त्र, आदि जिसकी भी आवश्यकता हो वो लखीमपुर कस्बे से वीर सिंह और मंगल सिंह द्वारा लाये जा सकते हैं, वीर सिंह और मंगल सिंह कई बार कस्बे में रहकर कार्य कर चुके हैं। इसलिए इनके ऊपर किसी को शक भी नहीं होगा। अपनी योजना को क्रियान्वयन करने के लिए

हमारे पास आवश्यक धन भी है। ये कहने वाले रतनलाल जी थे, जो उन सबमें उम्र में बड़े व सयाने थे।

सबने उनके बातों का समर्थन किया और कहा यही उचित रहेगा।

इस पर विशाल सिंह ने कहा, मैं रतनलाल जी की योजना से शत प्रतिशत सहमत हूँ, वो स्थान घने जंगलों के बीच में है जहाँ यकायक किसी भी मनुष्य की आने की संभावना ना के बराबर है। कल सुबह ही हम वहाँ के लिए प्रस्थान करेंगे।

इस पर अमर सिंह और देवी सिंह ने विशाल सिंह से पूछा, राजा जी हम दोनों के लिए क्या आज्ञा है।

इस पर विशाल सिंह ने कहा, आप लोग जिस तरह से कार्य कर रहे हैं, वैसे ही कार्य करते रहें। जो भी हमें या आप लोगों को कोई सूचना देनी होगी, तो लखीमपुर कस्बे में मंगल सिंह या वीर सिंह के माध्यम से सूचना का आदान.प्रदान किया जा सकता है।

बिल्कुल सही कहा आपने, हम दोनों हफ्ते दस दिन में लखीमपुर कस्बे में जाते ही रहते हैं, रात्री विश्राम वहां पर स्थित सैनिक चौकी पर करते हैं, आवश्यकता की चीजें खरीद कर दूसरे दिन यहाँ आ जाते हैं। तो अब हम प्रत्येक रविवार का दिन नियत कर लेते हैं, जब भी आपने हमें कोई सूचना देनी हो, तो मंगल सिंह या वीर सिंह हमें रविवार की शाम को वहां मिल सकते हैं। कस्बे के मध्य में एक विधवा स्त्री की एक सराय है, वे करीब साठ वर्ष की होंगी। सराय में वे भोजन और रात्री विश्राम की व्यवस्था कर देती हैं। हम आपस में रविवार की शाम को वहां पर मिल सकते हैं, देवी सिंह ने कहा।

हाँ हम उन्हें भली भांति जानते हैं और कई बार तो हम वहां रुके भी हैं, वीर सिंह ने कहा।

यही उचित रहेगा, विशाल सिंह ने कहा।

शाम हो चुकी थी, इसलिए वीर सिंह और देवी सिंह रात्रीकालीन भोजन की व्यवस्था करने रसोई में चले गये। बाकी सब आपस में बतियाने लगे। सभी प्रसन्न थे क्योंकि योजना का पहला चरण पूरा हो चुका था और आदिशक्ति की कृपा से उन्हें प्रचुर मात्रा में धन मिल चुका था।

कुछ समय बाद भोजन बनकर तैयार हो गया, सभी ने भोजन किया और प्रसन्न मन से अपने स्थान पर आकर लेट गये और कुछ ही देर में सब गहरी निद्रा में सो गये।

प्रातः सभी तड़के ही उठ गये थे, पास के सरोवर में स्नान आदि से निवृत होकर सब उसी शिकारगाह के पास साफ.सुथरी खुली जगह पर वीर सिंह के निर्देश में योग के आसन करने लगे, फिर प्राणायाम और अंत में ध्यान की साधना। उसके बाद आदिशक्ति माँ भगवती दुर्गा का स्तवन दुर्गा सप्तशती के स्रोत या देवी सर्वभूतेषु को श्रद्धा पूर्वक मधुर स्वर में गाकर माँ को याद किया। और जगत जननी माँ दुर्गा से भविष्य के लिए मार्गदर्शन के लिए प्रार्थना की।

इसके बाद विशाल सिंह के कहने पर वीर सिंह और मंगल सिंह ने अपने साथ लाये एक बोरे में प्राप्त खजाने को भर लिया और उसे अपनी पीठ में उठा लिया। देवी सिंह और अमर से गले लग कर सब ने विदा ली और विशाल सिंह के पीछे धीरे.धीरे खूब तेजी से अपने गंतव्य की ओर बढ़ चले। आज उनकी चाल में गजब का

उत्साह दिख रहा था। दोपहर होते.होते उन्होंने चन्द्रभागा नदी को पार कर, रोहड़ के पास पहुँच गये।

कुछ देर विश्राम करने के बाद विशाल सिंह ने कहा, यहाँ पास में ही कोई अच्छा सा स्थान ढूँढते हैं, जो नदी के पास ही हो पर किसी ऊँची जगह पर हो, जहाँ से हम चारों ओर निगरानी भी रख सकें, और हाथी जैसे आक्रमण रुख रखने वाले जानवरों से बचाव भी हो सके।

इस पर सभी उचित स्थान की खोज में सभी लोग नदी के किनारे. किनारे नदी के बहाव की दिशा में आगे बढ़ने लगे। आगे आधा कोस बढ़ने पर विशाल को एक स्थान पसन्द आया जो एक छोटी पहाड़ी का हिस्सा ही था, जिसे टीला कहना ही उचित होगा। जो ऊपर से गोल आकार का था, और चारों ओर वृक्षों से घिरा हुआ था। और इसके सामने थोड़ी ही दूरी पर चन्द्रभागा नदी बह रही थी। विशाल सिंह ने उस टीले की ओर इशारा कर कहा, यही स्थान मुझे उचित लग रहा है, इस टीले के ऊपर कुटिया बनाना मेरे ख्याल में हमारी सभी आवश्यकताओं की पूर्ति करेगा। यह टीला पहाड़ी से लगा हुआ है, जो घने वृक्षों से भरी हुई है, आवश्यकता पड़ने पर उस पहाड़ी में जाकर छिपा भी जा सकता है, और थोड़ा सा ऊपर चढ़कर पहाड़ी से पूरे क्षेत्र पर निगरानी भी की जा सकती है। साथ ही, टीले से लगा घने वृक्षों का जंगल हमें जलाने के लिए लकड़ी की आपूर्ति भी करेगा, और इस टीले से थोड़ा उतर कर सामने ही चन्द्रभागा नदी बहती है, हमें पानी के लिए इधर.उधर भटकना नहीं पड़ेगा।

सभी को वह टीला बहुत पसन्द आया, और सभी धीरे.धीरे सब विशाल सिंह के पीछे.पीछे टीले पर चढ़ने लगे। चढ़ाई ज्यादा नहीं थी, कुछ ही देर में सब टीले के ऊपर पहुँच गये। टीले के ऊपर

के वातावरण ने सबका मन मोह लिया। टीले के ऊपर का हिस्सा काफी हिस्सा समतल था और छोटी.छोटी मुलायम घास से युक्त था। बड़े.बड़े वृक्ष थे पर वो टीले के किनारे.किनारे पर ही थे। पीछे से एक पहाड़ी से ये टीला जुड़ा हुआ था या कहिये उसी पहाड़ी का एक हिस्सा था। पीछे की पहाड़ी पूरी तरह वृक्षों से आच्छादित थी। टीले से चारों ओर का दृश्य साफ नजर आता था। सामने ही चन्द्रभागा नदी के पार राजगढ़ राज्य की सीमा और राजगढ़ राज्य की छोटी.छोटी पहाड़ियाँ और उन पर उगे हरे.भरे वृक्षों के जंगल साफ दूर.दूर तक साफ नजर आते थे।

सभी ने अपने पीठ में लादे हुए बोरो और सामान को एक स्थान पर रख दिया। सुबह चलते समय देवी सिंह और अमर सिंह इस नये स्थान के लिए जरुरी सामग्री का थोड़ा थोड़ा करके छोटे छोटे बोरो में बाँध दिया था। शिकारगाह में तो ये सामग्री प्रचुर मात्रा में भण्डार गृह में रखी हुई थी। जिन्हें इन छोटे छोटे बोरो को सब अपने कन्धे व पीठ पर लाद कर आसानी से यहाँ तक ले आये थे।

जिसमें खुदाई के लिए आवश्यक कुदाल, कुल्हाड़ी, दराती, हथौडा, कुछ दरियाँ, चादरे सभी लोगों के लिए खाने व बनाने के लिए आवश्यक बरतन्, पानी के लिए के लिए पीतल का एक घड़ा, कुछ रस्सियाँ और दो चार दिन के लिए आवश्यक खाद्य सामग्री और रात में प्रकाश के लिए दो बड़े दीपक और तेल आदि थे।

विशाल सिंह ने सभी लोगों को इकट्ठा कर कहा अभी दिन ढलने में काफी समय है। क्यों न हम लोग अपने लिए बड़ी सी झोपडी का निर्माण कर लें।

बिल्कुल यही उचित रहेगा। सभी बोल उठे।

वीर सिंह के साथ सभी लोगों ने पास से ही पतले पेड़ों और टहनियों को काट.काटकर उनसे एक बड़े आकार की झोपड़ी का निर्माण कर लिया। परन्तु यह झोपडी अधूरी सी थी इसके लिए उन्हें लम्बी घास की आवश्यकता थी। यह सब करते करते शाम होने को हो आयी थी। कुछ लोग पास में बह रही चन्द्रभागा नदी से घड़े में जल लेकर आ गये थे। मंगल सिंह और चन्द प्रभा ने सबने मिलकर रात्री का भोजन बना दिया थी। जिसे खाकर सभी लोग रात्री विश्राम हेतु झोपड़ी के भीतर जाकर सो गये।

प्रातः तड़के ही सब उठ गये थे, टीले से उतर कर, दैनिक कार्यों से निवृत होकर, चन्द्रभागा नदी में स्नान कर सभी लोग नदी के किनारे एक साफ़ स्थान में बैठ कर, वीर सिंह के निर्देशन में योगासन करने लगे, फिर प्राणायाम के बाद, सभी ध्यान की साधना में, ध्यान की मुद्रा में बैठ गये, आज वे सभी ध्यान की गहराइयों में बहुत देर तक खोये रहे, उसके बाद माँ आदी शक्ति भगवती दुर्गा का स्तवन, या देवी सर्वभूतेषु से शक्ति के स्तोत्र से किया। आज नदी के तट पर योगासन, प्राणायाम, ध्यान और स्तवन का जो आध्यात्मिक आनन्द उन्हें प्राप्त हुआ, उसका वर्णन करना संभव नहीं है, नदी तट पर शान्त वातावरण में, ध्यान और स्तवन के बाद उन्हें महसूस होने लगा था, कि इस ब्रम्हांण की शक्ति आदिशक्ति भगवती माँ दुर्गा के प्रकाश से उनका अंतकरण प्रकाशित हो गया है।

इसके बाद सभी टीले पर वापस आ गये। राजकुमारी चन्द्रप्रभा और मंगल सिंह ने बचे हुए आटे व दाल से सभी के नाश्ता बना दिया, जिसे खाकर सभी झोपड़ी के आगे की योजना पर विचार करने के लिए बैठ गये।

विशाल सिंह ने बोलना शुरू किया भाई वीर सिंह अब हमारे पास धन की कोई कमी नहीं है, इसलिए आप तीन.चार लोग अभी कुछ धन लेकर लखीमपुर कस्बे की ओर रवाना हो जाइये, और हम लोगों के लिए आवश्यक खाद्य सामग्री ले आइये।

भगवा अंगरखे, भगवा धोतियाँ, भगवा साफे, मिल जाये तो ठीक है, अन्यथा सूती वस्त्र के थान खरीद कर, दो.दो जोड़ी बनने के लिए, किसी दर्जी से सम्पर्क करियेगा। बाकी सभी के लिए तुलसी मालाएं, रुद्राक्ष की मालाएं आदि भी ले लीजियेगा। सभी के लिए जूते भी खरीद लीजियेगा। यहाँ के लिए जो भी आवश्यक हो, उसे खरीद लीजियेगा। और यदि आज ही सब न खरीदा जा सके तो धीरे धीरे आगे वाले दिनों में खरीदा जा सकता है, ऐसी कोई जल्दी भी नहीं है।

इसके बाद विशाल सिंह ने एक बोरे में से निकाल कर चांदी के और कुछ ताबें के सिक्के वीर सिंह के हाथों में रखा और सिक्के लेकर वीर सिंह, मंगल सिंह, श्याम लाल और उमाशंकर चारों लखीमपुर कस्बे की ओर चल दिए।

आज कोई कार्य करने को था नहीं इसलिए सब आपस में बातचीत कर समय व्यतीत करने लगे।

तभी रतनलाल जी बोले, खाली बैठकर बातचीत करने से क्या लाभ, मैंने नदी किनारे उगी हुई लम्बी.लम्बी नरकुल घास कल देखी थी। क्यों न हम वहाँ जाकर उन्हें काटकर यहाँ ले आयें और झोपड़ी की छत के ऊपर उन्हें डाल देते हैं, जिससे धूप, हवा, पानी से हमारा बचाव भी हो जायेगा और कुछ नरकुल घास को झोपड़ी के चारों ओर बाँध देते हैं। जिसके कारण झोपड़ी रहने लायक बन जायेगी और धूप पानी आँधी से बचाव भी होगा, साथ ही इसका

द्वार बनाकर हम जंगली जानवरों, सर्प आदि से निश्चिंत होकर भीतर सो भी सकेंगे।

विशाल सिंह को यह योजना बहुत पसन्द आयी, और सभी ही विशाल सिंह के पीछे, टीले से नीचे उतरने लगे। नदी के पास लम्बी लम्बी नरकुल घास उगी हुई थी। उन्होंने दराँती की सहायता से उसे काट कर घास का ढेर बना लिया और पास ही जंगल में पेड़ों के सहारे उगी पतली लताओं को काटकर उनसे उठाने लायक बोझ बाँध दिए फिर सभी टीले की ओर चल पड़े। ऐसा उन्होंने दो बार और किया, जिस वजह से उनके पास घास का ढेर टीले में बन गया। सभी ने मिल कर लताओं के सहारे से नरकुल घास को झोपड़ी के ढाँचे की छत में और झोपड़ी के चारों ओर से मजबूती से बाँध दिया। दरवाजे की जगह छोड़ दी गयी थी, उसे अगले दिन बनाने के लिए छोड़ दिया गया था। क्योंकि ये सब करते.करते शाम होने को आ गयी थी। तभी वीर सिंह व उसके तीनों साथी बोरो को पीठ में उठाये वहाँ पहुँच गये। और उन्होंने अपने पीठ में लदे बोरो को जमीन पर रख दिया। और उन्होंने विशाल सिंह को बताया कि खाद्य सामग्री के साथ साथ, घी तेल गुड़ भी वे लेते आये हैं। उन्होंने बताया कि अंगरखा, कुर्ते आदि के लिए उन्होंने सूती वस्त्र के थान खरीद कर दर्जी को दे दिए हैं, जिन्हें एक दो दिन में सीने का वादा दर्जी ने किया है।

साथ ही हमने दर्जी को बताया है कि सभी कपड़ों को गेरुआ रंग में रंग दें। साथ ही सभी के लिए सफेद सूती धोतियां, साफे के लिए कपड़ा व सूती जूते, तुलसी की माला, आदि सभी आवश्यक चीजें वे साथ लेते आये हैं, सूती धोती और साफ़ों को रंगने के लिए आवश्यक भगवा सूखा रंग भी साथ लाये हैं, और जल के

संग्रह के लिए पीतल का एक बड़ा घड़ा भी खरीद कर वे अपने साथ ले आये हैं।

विशाल सिंह व अन्य सभी वीर सिंह के इस कार्य से बहुत प्रसन्न हुए। वीर सिंह व अन्य तीनों साथियों ने भी झोपड़ी के निर्माण की भूरी भूरी प्रशंसा करी।

धीरे.धीरे उन्होंने रहने के लिए एक व रसोई के लिए भी एक झोपड़ी का निर्माण कर लिया। खाली समय में वे जंगल से लकड़ियाँ काट कर लाते, जिससे झोपड़ियों के चारों ओर बाढ़ बनाते।

ज़मीन को समतल करते, टीले से नीचे नदी ओर उतरने के लिए सीढियाँ बनाते, यानि कुछ.न.कुछ करके अपने को व्यस्त रखते थे। ऐसे में आठ.दस दिन व्यतीत हो गये। एक दिन मंगल सिंह बाज़र जाकर सिले हुए वस्त्र दर्जी से ले आया। जिसे दर्जी ने उन्हें भगवा रंग में रंग दिया था।

एक रविवार के दिन विशाल सिंह ने वीर सिंह से कहा, भाई वीर सिंह, आज रविवार है। मैं सोचता हूँ अमर सिंह व देवी सिंह से मिलने लखीमपुर चला जाऊं। इस पर वीर सिंह ने उत्तर दिया, जैसा आप उचित समझें, वैसे भी हम कई दिनों से उनसे नहीं मिले हैं।

तो ठीक है, मैं तैयार होता हूँ, और अभी काफी समय है। शाम तक हम लखीमपुर पहुँच जायेंगे।

पर क्या आपका जाना उचित होगा, कहीं पहचाने गये तो, चन्द्रप्रभा बोली।

इस पर विशाल सिंह हँस कर बोले, अभी देखो, शायद तुम भी न पहचान पाओ।

विशाल सिंह झोपड़ी के अन्दर गया, जहाँ उसने साधु.वेश धारण किया, भगवा धोती, भगवा अंगरखा, भगवा साफ़े को पगड़ीनुमा बना कर सिर पे बाँध लिया। गले तुलसी और रूद्राक्ष की मालाएँ, माथे पर लाल चन्दन का बड़ा.सा टीका।

विशाल सिंह झोपड़ी से बाहर आया तो सब उसे देखते रह गये। भव्य तपोनिष्ठ साधु.संत के दर्शन विशाल सिंह में हो रहे थे। लम्बा कद, बड़ी.बड़ी लम्बी और काली दाढ़ी, लम्बे.लम्बे केश और सिर के ऊपर साफे से बनी पगड़ी, और भगवा वस्त्रों में विशाल सिंह में एक भव्य तपस्वी साधू के दर्शन हो रहे थे। जिन्होंने विशाल सिंह को देखा भी हो, उनकी आँखें धोखा खा जाएँ, ऐसा विशाल सिंह साधू वेश में प्रतीत हो रहा था।

झोपड़ी से बाहर आकर उसने चन्द्रप्रभा से कहा, अब पहचानो। हंसते हुए चन्द्रप्रभा बोली, इस वेश में तो मैं ही धोखा खा जाऊँगी, अन्य की बात तो बहुत दूर की बात होगी।

इस पर अन्य साथियों ने भी प्रसन्नता से कहा, आप तो साक्षात योगी बन रहे हैं, यदि आप हमारे साथ नहीं रहते और अचानक इस वेष में यहाँ आ जाते तो शायद हम भी आपको नहीं पहचान पाते। इन पर सब मुस्कुराने लगे। हल्के हास्य के साथ विशाल सिंह ने वीर सिंह से कहा, भाई वीर सिंह अब चलें। मुस्कुराते हुए देवी सिंह ने कहा, हाँ चलिए। फिर दोनों धीरे.धीरे टीले से नीचे उतरने लगे।

शाम को वे दोनों लखीमपुर में उस सराय के पास पहुँच गये, जहाँ मिलना तय हुआ था। काफी देर के बाद देवी सिंह और अमर सिंह उनकी ओर आते दिखे। पास आने पर उन्होंने और साधु वेशधारी विशाल सिंह को कुछ देर गौर से देखा, फिर विशाल सिंह को

पहचान कर प्रणाम किया। विशाल ने भी हंसते हुए संतों की तरह उन्हें आशीर्वाद दिया। इसके बाद चारों सराय की मालकिन के पास गये और दो लोगों के रात रुकने के लिए सराय में एक कक्ष की माँग की। सराय मालकिन जो करीब.करीब साठ वर्ष की प्रतीत होती थी, उसने उन्हें अपने पीछे.पीछे आने को कहा। सराय के पिछले हिस्से में ले गयी जहाँ एक कक्ष में दो लकड़ी के तख्त रखे थे, जिन पर गद्दे व चादरें बिछी थीं। उसने देवी सिंह और अमर सिंह की ओर देखकर पूछा, क्या आप दोनों यहाँ नहीं रुकोगे, इस पर अमर सिंह ने कहा, ना हम दोनों पास की सैनिक चौकी में ही रात्री विश्राम करेंगे। साथ ही उसने सराय मालकिन को बताया कि वे दोनों सैनिक हैं, परन्तु उनके साथ के ये दो व्यक्ति हमारे मिलने वाले हैं, इनकी देखरेख अच्छी तरह से करना और रात्री में सादा भोजन भी दोनों के लिए व्यवस्था कर देना। कल सुबह ये दोनों अपने गन्तव्य को चले जायेंगे। साथ ही जाने से पहले कक्ष का किराया और भोजन का पैसा दोनों देकर जायेंगे। इस पर सराय मालकिन मुस्कुरा पड़ी और बोली, आप लोग सब कक्ष में बैठिये, मैं दो व्यक्तियों के लिए रात्रीकालीन भोजन की व्यवस्था करती हूँ। यह कह कर सराय मालकिन चली गयी।

चारों तख्त पे आकर बैठ गये। कुछ देर एक दूसरे की कुशल क्षेम के बाद, देवी सिंह ने पूछा, राजाजी आगे की योजना क्या है, इस पर विशाल सिंह ने कहा, मैं भी आपस में पूछना चाहता था कि आगे हमने किस प्रकार से कार्य करना है।

इस पर अमर सिंह बोला, कार्य कठिन है पर असम्भव नहीं है। जिस प्रकार जोरावर सिंह ने आपके पिता राजा सूर्यसेन को हटा कर राजगद्दी पाई है, उसी तरह हमें भी जोरावर सिंह को राजगद्दी से हटाना है।

इस पर विशाल सिंह ने कहा, आप दोनों सैनिक हैं और ज्यादा अनुभवी हैं, आप बताइये कि हम कैसे अपनी योजना को फलीभूत कर सकते हैं।

इस पर देवी सिंह ने कहा, सबसे पहले हमें सहयोगियों की आवश्यकता है, कम से कम चालीस से पचास जाँबाज सहयोगियों का साथ हमें चाहिए। जो हमारे साथ अपनी जान भी लड़ा सकें। अभी हम कुल बारह लोग ही हैं, एक बार क्रान्ति सफल हो गयी तो यकीन मानिये पूरा राज्य आपके पक्ष में आ जायेगा। जिस प्रकार से जोरावर सिंह और उसके सहयोगियों ने आपके पिता से राजगद्दी छीनी है, उससे पूरा राज्य आहत है, यहाँ तक कि सेना के अधिकांश सिपाही भी आहत हैं। प्रजावत्सल, चरित्रवान, सरल स्वभाव के अपने राजा को खोने का अधिकांश राजगढ की प्रजा को दुख है।

सैनिकों में छह.सात लोग हमारे रिश्तेदारों के पुत्र और हमारी बिरादरी के लोग कार्यरत हैं, वे लोग तुरन्त ही हमें सहयोग करने के लिए राजी हो जायेंगे। इस प्रकार हम सब सत्रह अठारह संख्या में क्रान्तिकारी हो जायेंगे। शेष तीस के करीब क्रान्तिकारियों को आप लोगों ने अपने साथ जोड़ना होगा। दूसरी हमारी सबसे बड़ी आवश्यकता है वह है हथियार। हमें अपनी योजना को फलीभूत करने के लिए कम से कम दस बन्दूकों की आवश्यकता होगी और शेष के लिए उम्दा किस्म की मजबूत तलवारें भी।

इन सब की हमें पहले तैयारी करनी होगी, फिर आगे की योजना पर काम करेंगे। परन्तु बन्दूकें आयेंगी कहाँ से विशाल सिंह ने कहा।

इस पर देवी सिंह ने कहा, जहाँ तक मैं जानता हूँ और मैंने सुना है, आगरा में बन्दूकें बनाने का कारखाना है जो मुगल सेना के लिए बन्दूकें बनाता है, पर वो कारखाना मुगल सल्तनत के अधीन कार्य करता है और मुगल बादशाह की अनुमति पर ही बन्दूक किसी को मिल सकती है। मुगल बादशाह अच्छी कीमत लेकर भी बन्दूकें हमें देगा या नहीं, ये कहना बहुत कठिन है।

इस पर विशाल सिंह बोला, उसके पास जाना ही मूर्खता होगी।

इस पर अमर सिंह बोला, बिल्कुल उचित कहा आपने। अब रहे बन्दूकें बनाने वाले कारीगर, यदि उनसे बात करी जाय और अच्छे दाम दिए जायें तो शायद हमारा काम बन जाये। लेकिन पहले उनसे मिलना जरूरी है कि क्या वे लोग हमारे इस कार्य के लिए राजी होंगे। इन कारखानों में इतनी ज्यादा सख्त निगरानी होगी कि शायद ही कोई बन्दूक तो दूर रहे, उसका एक पुर्जा भी बाहर छिपा कर ला पाता होगा। इसलिए मेरी राय में बन्दूकों का विचार त्याग देना ही उत्तम है।

तलवारें बनाने वाले उत्तम कारीगर हमारे राज्य में भी हैं और वीर सिंह के राज्य में भी हैं। उनसे उम्दा किस्म की तलवारें बनवायी जा सकती हैं और इन्हें बनाने व बेचने से कोई प्रतिबन्ध भी नहीं है। अधिकांश लोग तलवारें बना कर सुरक्षा हेतु अपने घरों में रखते हैं। हमें भी अपने सहयोगियों के लिए अच्छी, उम्दा और मजबूत तलवारों की आवश्यकता होगी।

तो ठीक है, पहले हम इन तलवारों पर अपना ध्यान केन्द्रित करते हैं।

पहले हमारे पास चालीस से पचास जाँबाज समर्पित सहयोगी होने चाहिए, व दूसरा हमें चालीस.पचास तलवारों का इन्तजाम करना होगा।

बिलकुल ठीक कहा आपने, देवी सिंह बोला,हम इसी तरह हर रविवार मिलते रहेंगे और सूचना का आदान प्रदान करते रहेंगे। धीरे धीरे आगे कि योजना भी बन जायेगी।

लेकिन ये सब एक माह के भीतर ही हमने कर लेना है, इससे ज्यादा देरी हमारे लिए ही मुसीबत न बन जाय, बात खुल जाने पर बहुत बड़ा खतरा हम सभी के ऊपर आ जायेगा। इसलिए जो करना है वो शीघ्र ही बहुत तरीके से करना है। इसके बाद काफी देर तक विशाल सिंह और देवी सिंह बात करते रहे, फिर देवी सिह और अमर सिंह ने उनसे विदा ली और वहाँ से चले गये, विशाल सिंह और वीर सिंह भी चुपचाप अपने तख्त पर लेट गये। उनके भीतर विचारों का तूफान चल रहा था। काफी देर इसी प्रकार वे लेटे रहे, अचानक सराय मालकिन की आवाज से उनकी तन्द्रा भंग हुयी, जो कमरे के बाहर से उन्हें भोजन तैयार होने की सूचना दे रही थी। दोनों बाहर आकर सराय के आँगन में ही जो कुआं था, जहाँ से पानी लेकर दोनों ने अपने हाथ.पांव धोये और सराय की रसोई में चले गये। जहाँ जमीन पर सराय मालकिन ने आसन बिछा रखे थे और उनके सामने दो लोटे में जल भर कर रखा हुआ था। दोनों आसनों में बैठ गये और सराय मालकिन ने उन्हें थाली में रखकर भोजन परोस दिया। भोजन सादा था पर स्वादिष्ट थाए दोनों ने भरपेट भोजन किया और अपनी थाली बाहर आंगन में रख दी, जहाँ सराय का नौकर उन थालियों को धोने लगा। कुये से जल लेकर दोनों ने अपने हाथ.मुँह साफ़ किये और चुपचाप अपने कमरे में चले गये। दोनों अपने.अपने तख्त पर लेट गये। दोनों के दिमाग अनेक प्रकार के विचारों से भरे हुए थे इसलिए आपस में उन्होंने कोई बात नहीं की। ऐसे में कब उन्हें नींद आ गयी, पता ही नहीं चला।

प्रातः तड़के अपनी आदत के अनुसार उनकी नींद खुल गयी। कक्ष से बाहर आकर दोनों ने नित्य क्रिया से निवृत्त हुए। उसके बाद कुए के जल से उन्होंने स्नान किया। स्नान करने के बाद वीर सिंह तख्त में विछी दोनों दरियों को बाहर ले आया। सराय का आँगन काफी बड़ा था, सो एक साफ़ स्थान पर उसने दोनों दरियों को बिछा दिया। दोनों अपने दैनिक कार्यक्रम के अनुसार योग के आसन, फिर प्राणायाम करने लगे। प्राणायाम के बाद दोनों पूर्व दिशा की ओर मुँह करके ध्यान की मुद्रा में बैठ गये और कुछ ही क्षणो बाद वे ध्यान की गहराइयों में खो गये। काफी देर ध्यान में रहने के बाद जब वापस ध्यान की गहराइयों से बाहर आए तो उनके सामने सराय की मालकिन हाथ जोड़े प्रणाम की मुद्रा में बैठी है। उसे देखकर मुस्कुराकर साधुवेशधारी विशाल सिंह ने आशीर्वाद दिया।

सराय मालकिन के हाथों में पुष्प थे, जो उसने विशाल सिंह के चरणों में ऊपर चढ़ा दिए। उस पर प्रसन्न होकर विशाल सिंह ने मधुर स्वर में सराय मालकिन की कल्याण की कामना करते हुए आशीर्वाद दिया।

इस प्रकार अपने नित्य के दैनिक कार्यों को पूरा करने के बाद वीर सिंह ने रात्रि विश्राम के किराये और भोजन के सेवा हेतु अपनी कमर में बधी थैली में से कुछ ताबे के सिक्के सराय मालकिन के हाथों में रख दिये।

पर सराय मालकिन उन्हें लेने से मना करने लगी, और विशाल सिंह को देखकर बोली, आप सरीखे सिद्ध महात्मा के कदम मेरी कुटिया में पड़ गये यही मेरी सेवा का मूल्य मुझे मिल गया है,मैं ये धन आपसे नहीं लूंगी।

इस पर विशाल सिंह मुस्कुराते हुए बोले, माता सेवा का मूल्य तो आपको लेना ही पड़ेगा, नहीं तो हमारे ऊपर आपका अहसान रह जायेगा। और न जाने कब हम आपका अहसान का बदला चुका पायेंगे। विशाल सिंह और वीर सिंह के काफी समझाने पर इस वादे के साथ सराय मालकिन धन लेने को तैयार हुयी कि जब भी वे लखिमपुर आयेंगे तो, उनकी सराय में अवश्य आयेंगे।

इस पर विशाल सिंह ने कहा, माता शायद कुछ दिनों में फिर से आपकी सराय में आऊंगा। इस पर सराय मालकिन प्रसन्न हो गयी। सराय मालकिन से विदा लेकर दोनों टीले पर बने अपने आश्रम की ओर चल पड़े। वे दोनों तेजी से चलने लगे क्योंकि वे दोनों जानते थे कि अनेक साथी बेसब्री से उनका इंतज़ार कर रहे होंगे और किसी अनहोनी की आशंका से भी ग्रसित होंगे।

दोपहर तक वे दोनों टीले के पास समीप पहुँच गए, उन्हें दूर से ही अपने साथी टीले के किनारे पर बैठे हुए मिल गये, जो उन्हीं के इंतज़ार में टकटकी लगाये बैठे हुए थे। पास आने पर वे लोग इन दोनों का स्वागत हाथ हिला हिला कर करने लगे। आश्रम में पहुँचते ही सबके चेहरे प्रसन्नता से भर गये। वे सब विशाल सिंह और वीर सिंह को घेरकर खड़े हो गये।

विशाल सिंह ने कहा, चलो सब झोपड़ी के भीतर चलते हैं, वहां बैठकर बात करेंगे सब। विशाल सिंह के पीछे पीछे झोपड़ी के भीतर आकर बैठ गये।

तभी चन्द्रप्रभा बोली, हम लोग पूरी रात सो नहीं पाये हैं, अनहोनी की आशंका से पूरी रात हम लोग जगे ही रहे, तरह तरह के विचारों ने हमें परेशान कर रखा था। पर अब आप दोनों को सुरक्षित देख कर हमें अत्यंत प्रसन्नता हो रही है। अब हम यह जानने के लिए

उत्सुक हैं, कि आपकी मुलाकात देवी सिंह और अमर सिंह से हुई है, और आगे की क्या रणनीति बनी है, कृपया हमें बताएं। इस पर विशाल सिंह ने पूरी वार्तालाप बता दिया जो देवी सिंह और अमर सिंह के साथ उनका हुआ था।

विशाल सिंह की बात खत्म होने पर रतनलाल जी ने विशाल सिंह से पूछा, अब आगे आपकी क्या योजना है।

लखीमपुर से यहाँ आते समय मेरे मस्तिष्क में एक योजना ने जन्म लिया है, मुझे ऐसा महसूस हो रहा है कि आदिशक्ति माँ भगवती दुर्गा ने ही मेरे अन्दर इस विचार को उत्पन्न किया है। इसका पहला कदम यह है, कि हम तलवारों की जगह गुप्तियों का प्रयोग करेंगे, कहीं भी लकड़ी के कारीगर और लोहार इसे आसानी से बना सकते हैं। कमर तक की बॉस की या उससे कुछ लम्बी बॉस की लाठियां बनवाकर उनके भीतर दो हाथ लम्बी मजबूत, धारधार व आगे अत्यंत तीक्ष्ण लोहे के फाल की गुप्तियां लोहार से बनवाकर छुपायी जा सकती हैं, जो एक मूँठ से जुड़ी होगी। मूँठ को घुमाकर इन गुप्तियों को बाहर निकाला जा सकता है और मूँठ को घुमाकर इसे बॉस की लाठी के भीतर डाला जा सकता है। देखने में ये बाहर से लाठियां ही प्रतीत होंगी, जो आम लोगों द्वारा सहारे के लिए प्रयोग की जाती हैं। यह कार्य लोहार और लकड़ी के कुशल कारीगरों से करवाया जा सकता है।

योजना का दूसरा कदम यह है, कि मैं जितना शीघ्र हो सके, मैं अपने ननिहाल जाऊं और अपने मामा लोगों से मदद माँगू। मेरा ननिहाल राजगढ़ राज्य के ही कौशलपुर कस्बे में है, जहाँ पाँच गाँवों की ज़मींदारी मेरे नानाजी की है, जिसकी व्यवस्था मेरे दो मामा, श्री भैरव सिंह जी, और श्री राज सिंह जी अपने पुत्रों, कर्मचारियों

और सेवकों के साथ करते हैं। एक बार उनसे मिलना आवश्यक है, फिर जो योजना आगे की बनेगी, उस पर अमल करेंगे।

तीसरा कदम जो बहुत महत्वपूर्ण है, वो है, सेना और आंतरिक सुरक्षा के जो अधिकारी हैं, उनसे मिलना।

राजगढ़ एक छोटा राज्य है, इसके आसपास के राज्य भी छोटे ही हैं, पर अपनी क्षमतानुसार सभी ने सेना और आंतरिक सुरक्षा दल रखे हैं। आंतरिक सुरक्षा दल का कार्य राज्य में राजस्व वसूली व राज्य की कानून व्यवस्था को बनाये रखना है।

पर राजगढ़ की सेना तलवारों, भालों, धनुष बाण आदि से सजी हुई है, जिनकी संख्या पॉच सौ के करीब है, जिनमें से दो सौ सैनिक सीमा पर स्थित विभिन्न चौकियों पर तैनात हैं, शेष राजधानी में ही छावनी में रहते हैं। ऐसे ही, आंतरिक सुरक्षा दल का मुख्यालय राजगढ़ की राजधानी में ही है, परन्तु इसके कार्यरत कर्मचारी राज्य के विभिन्न भागों में अपने अधिकारी के आधीन रहकर कार्य करते हैं, जिनकी कुल संख्या दो सौ के आसपास है, जिनमें से सबसे ज्यादा पचास तीस कर्मचारी व अधिकारी राजधानी में अपने मुख्यालय में कार्यरत हैं, जो राजधानी की कानून व्यवस्था, तथा पूरे राज्य से मिलने वाले राजस्व वसूली का कार्य देखते हैं।

यदि हम सेना और आंतरिक सुरक्षा दल को इस संघर्ष में उदासीन रखने में सफल हो जायें, तो सत्ता परिवर्तन और जोरावर सिंह और उसके साथियों को दण्ड देना कुछ ही देर का कार्य है। सैन्य अधिकारी, सैनिक, कर्मचारी सब मेरे पिता के समय के ही हैं, और उन्हीं के आधीन रहकर कार्य करते थे, पर बदले हैं, तो उनके मुखिया, जो जोरावर सिंह के बिरादरी और रिश्तेदारी

से आते हैं। जिनमें सेनापति, आंतरिक सुरक्षा दल का मुखिया, प्रधान मंत्री, राजस्व विभाग का मुख्य मुखिया, गुप्तचर विभाग का मुखिया, स्वयं जोरावर सिंह और राजगढ़ किले के भीतर की सुरक्षा व्यवस्था देखने वाला अधिकारी और इसके अधीन तीस की संख्या में राजा के निजी अंगरक्षक। यही लोग हमारे निशाने पर हैं, इन्हीं के ऊपर हमें काबू पाना है। ये सब जानकारियां कुछ तो मुझे पहले से ही थीं, और कुछ कल देवी सिंह से बात करके हुई हैं।

विशाल ने सभी को एक दृष्टि से देखा फिर कहा, सर्वप्रथम हमें इस योजना के दोनों चरणों को पूरा करना है, जिसके लिए मैं और श्याम लाल कल प्रातः कौशलपुर कस्बे की दिशा में निकल जायेंगे। प्रातः यात्रा में निकलने वजह से कल ही हम दोनों लक्ष्मीपुर को पार कर जब सूर्यास्त होने लगेगा, वहाँ पर किसी गाँव में रहने की ठौर ढूँढ लेंगे। जहाँ तक मैं अनुमान लगाता हूँ यदि हम दोनों सूर्योदय से सूर्यास्त तक पैदल चलेंगे तो छः से सात दिन लग जायेंगे। और यदि मार्ग में ताँगा मिल जाये तो फिर जल्दी ही चार दिनों के भीतर पहुँच जायेंगे। इसलिए हम दोनों श्यामलाल और मैं कल सुबह ही यात्रा के लिए प्रस्थान करेंगे।

और भाई वीर सिंह और भाई उमाशंकर भी कल ही हमारे साथ साथ प्रस्थान करेंगे। दोनों राज्यों की सीमा को जोड़ने वाले सेतु से हम राजगढ़ राज्य में प्रवेश कर जायेंगे, और वीर सिंह और उमाशंकर गुप्तियां बनवाने के लिए अपने राज्य के कुशल कारीगरों की तलाश में निकल जायेंगे।

सभा में कुछ देर शान्ति रही, फिर चन्द्रप्रभा ने विशाल सिंह को देखते हुए कहा, आपके इस स्वतंत्र विचरण से, आपकी जान को खतरा तो नहीं उत्पन्न हो जायेगा, आपके पहचाने जाने का भय है।

इस पर विशाल सिंह ने कहा, जिस कार्य के लिए मैं जा रहा हूँ, वह दूत भेजकर या मेरी जगह किसी अन्य को भेज कर नहीं हो पायेगा। मेरा जाना आवश्यक है, फिर हंस कर कहा जब क्रान्ति का जन्म हो चुका है, फिर भय कैसा।

बिल्कुल उचित कहा है, आपको कल ही से अपनी योजना पर अमल शुरू करना चाहिए। ये कहने वाले रतनलाल जी थे, जिनके पास साठ वर्ष की उम्र में भी क्रान्ति का उत्साह था।

आपस में बातचीत करते हुए काफी समय व्यतीत हो चला था। सूर्यास्त हो चुका था। झोपड़ी के भीतर दीपक जला दिया गया। और मंगल सिंह के साथ दो, एक लोग भोजन बनाने की तैयारी करने लगे। रात्रि कालीन भोजन के उपरान्त झोपड़ी के बाहर कुछ लकड़ियों को रख कर उनमें अग्नि प्रज्वलित कर दी गयी जिससे जंगली जानवर पास न आ सकें। फिर सभी बातें करते करते निद्रा के आगोश में चले गये।

प्रातः सभी ने दैनिक नियमानुसार स्नान आदि से निवृत्त होकर, नदी तट पर रोज की तरह योग के आसन, प्राणायाम व माँ आदिशक्ति भगवती का स्तवन किया। फिर सभी टीले पर लौट आये। जहॉ विशाल सिंह ने साधु की वेशभूषा धारण कर लिया, रतनलाल ने भी श्वेत धोती और श्वेत अंगरखा धारण कर लिया, और एक जोड़ा कपड़ा अपने झोलों में रख लिया। विशाल सिंह ने बोरे में रखे खजाने से कुछ चाँदी व ताँबे के सिक्के निकाल कर एक छोटी पोटली में रख लिए जिसे उसने अपनी कमर में दबा लिया। उसने कुछ आवश्यक धन गुप्तियां बनवाने के लिए, यात्रा व्यय के लिए, तथा एक बैलगाड़ी खरीदने के लिए वीर सिंह को दिया। तथा साथ ही हिदायत दी कि गुप्तियां अच्छी मजबूत और धारधार होनी चाहिए। बाँस की लाठियां बिल्कुल सामान्य लाठियों

की तरह दिखनी चाहिए, उनमें कोई भी सजावट नहीं होनी चाहिए। लाठियां कमर तक या उससे कुछ ऊपर कंधे के आसपास तक होनी चाहिए। ये सब निर्णय उसने वीर सिंह के ऊपर छोड़ दिया, गुप्तियों को लाने के लिए एक बैलगाड़ी क्रय कर ले तो ज्यादा उत्तम रहेगा। जिसमें छिपाकर गुप्तियां यहाँ लाई जा सकें।

विशाल सिंह और श्यामलाल ने वस्त्र धारण कर अपने माथे में चन्दन का लेप लगा लिया, और गले में ढेर सारी रुद्राक्ष व तुलसी की मालाएं धारण कर लीं। शेष वीर सिंह व उमाशंकर अपने रोजमर्रा के वस्त्रों को पहन कर तैयार हो गये।

सबसे गले लगकर उन्होंने भावपूर्ण विदाई ली। जाते जाते विशाल सिंह ने मंगल सिंह को हिदायत दी कि जब तक हम वापस नहीं आ जाते हैं, हर रविवार को उस वृद्ध महिला की सराय में जाकर देवी सिंह और अमर सिंह से अवश्य मिलना। फिर चारों टीले से नीचे उतरने लगे। सीमा पर बने सेतु के पास पहुँचने पर, विशाल सिंह और श्यामलाल ने राजगढ़ की राह पकड़ ली, और वीर सिंह और उमाशंकर वहीं पर रुक कर विचार करने लगे। आखिरकार उन्हें अपने राज्य के एक नगर शिवगढ़ की याद आयी। जहाँ बड़े पैमाने में लोहे के कृषि उपकरण व लोहे के बर्तन आदि बनाए व बेचें जाते थे। राज्य के विभिन्न भागों से व्यापारी उन्हें क्रय करने के लिए आते थे। दोनों ने वहीं जाने का निर्णय लिया।

चार दिन की यात्रा कभी पैदल, कभी बैलगाड़ी और कभी ताँगे में करते हुए विशाल सिंह और रतनलाल कौशलपुर कस्बे से कुछ आगे अपने ननिहाल के गाँव में पहुँचे। विशाल सिंह यहाँ कई बार बचपन में अपनी माँ के साथ आ चुका था। इसलिए वह अपने बड़े मामा श्री भैरव सिंह की हवेली के पास रतनलाल को लेकर पहुँचा। हवेली के बाहर मुख्य द्वार पर खड़े द्वारपाल ने साधुवेशधारी

विशाल को, स्वामीजी प्रणाम कह कर संबोधित किया। विशाल सिंह मुस्कुरा पड़ा, ये द्वारपाल वर्षों से यहीं पर सेवा करता आया था, परन्तु आज साधुवेश में विशाल सिंह को पहचान नहीं पाया था। उसने नम्रतापूर्वक विशाल सिंह से पूछा, आपको किससे मिलना है, इस पर विशाल सिंह ने कहा, हम लोग तीर्थयात्रा पर जा रहे हैं, और चाहते हैं कि यहाँ के ज़मींदार श्री भैरव सिंह से मिलते हुए जायें। आप उन्हें की इत्तला दे दीजिए।

इस पर द्वारपाल ने कहा, आप यहीं पर रुकिए मैं ज़मींदार साहब को बता कर आता हूँ। कुछ ही क्षणों में द्वारपाल बाहर आया, और उसने कहा आप लोग भीतर चलिए बाहर आँगन में ही ज़मींदार साहब बैठे हैं। विशाल सिंह और श्यामलाल दोनों हवेली के भीतर चले गये। भीतर हवेली से लगा विशाल आँगन था, जिस पर एक स्थान पर आरामदायक कुर्सियों में विशाल सिंह के मामा और मामी विश्राम मुद्रा में बैठे हुए थे।

अपने सामने तेजस्वी युवा साधु को देखकर दोनों अपनी जगह से उठ खड़े हुए और दोनों ने अपने दोनों हाथ जोड़ कर स्वामीजी प्रणाम कह कर विशाल सिंह को संबोधित किया। और अपने सेवक को आवाज़ देकर दो आरामदायक कुर्सियाँ लाने को कहा। तुरन्त ही सेवक ने उनके सामने दो आरामदायक कुर्सियाँ लाकर रख दीं।

पधारिये महाराज, भैरव सिंह ने कहा। विशाल सिंह और रतनलाल दोनों कुर्सियों पर बैठ गये। विशाल सिंह चकित था कि साधुवेश में उसके मामा मामी ही उसे पहचान नहीं पा रहे हैं। फिर उसने सोचा मेरे केश लम्बे हो गये हैं दाढ़ी मूँछें बड़ी हो गयी हैं, माथे पर चन्दन का त्रिपुण्ड लगा है, गले में रुद्राक्ष और तुलसी की मालाएं लटकी हैं, और वस्त्र भगवा है, इसी वजह से मेरे मामा मामी मुझे वास्तविक साधु ही समझ रहे हैं।

वो कुछ बोलना ही चाहते थे, तभी उनके मामा भैरव सिंह बोल पड़े। धन्य भाग हमारे जो आज आपने हमारे घर पधार कर हमें कृतार्थ किया। फिर नम्र स्वर में पूछा, महाराज कहाँ से आ रहे हैं, द्वारपाल कह रहा था कि आप दोनों तीर्थयात्रा पर निकले हैं। मैं आपकी क्या सेवा कर सकता हूँ?

इस पर विशाल सिंह ज़ोर से हँसने लगा, फिर बोला मामाजी आपने मुझे पहचाना नहीं, मैं विशाल हूँ। विशाल सिंह की आवाज़ सुन उसके मामा और मामी दोनों चौंक पड़े। फिर भैरव सिंह ने पास आकर साधुवेशधारी विशाल को गौर से देखा, अचानक वो बोल उठे अरे तुम तो विशाल हो, उन्होंने आगे बढ़ कर विशाल को गले लगा लिया, उनकी आँखों से आँसुओं की धारा फूट पड़ी। उन्होंने रोते हुए अपनी पत्नी से कहा, अरे देखो ये विशाल है, और विशाल की मामी ने आगे बढ़ कर विशाल को गले लगा लिया, उनकी आँखों से भी आँसुओं की धारा बहने लगी। इधर विशाल भी रोने लगा। जब कुछ देर बाद भावनाएं संयत हुईं तो सभी अपनी कुर्सियों में बैठ गये।

कुछ क्षण शान्त रहने के बाद भैरव सिंह बोले, राजकुमारी चन्द्रप्रभा कहाँ हैं, और कैसी हैं। विशाल ने बताया वे पूर्ण रूप से स्वस्थ और सुरक्षित हैं।

भैरव सिंह बोले समाज में भिन्न.भिन्न अफवाहों के चलने के कारण हम लोग तुम्हारी ओर से निराश हो गये थे, अब तुम्हें अपने सामने पाकर हमें कितनी खुशी हो रही है, हम उसका वर्णन नहीं कर सकते हैं।

फिर कुछ याद करके विशाल सिंह के मामा मामी दोनों बुरी तरह से रोने लगे, कुछ देर बाद संयत होकर बोले, हमारी बहन पता

नहीं किस हाल में होगी, तुम्हारे पिता की हत्या कर जोरावर सिंह खुद राजा बन गया, और तुम्हारी माँ और तुम्हारे भाई को उसने कालकोठरी में डाल दिया है। हम लोग असहाय होकर देखते रहे, कुछ कर भी नहीं कर सके।

फिर अचानक भैरव सिंह ने विशाल सिंह से पूछा, इतना बड़ा हत्याकांड हुआ पर तुम और तुम्हारी बहन उसमें से कैसे बच गये।

विशाल सिंह ने बताया कि उस दिन हम पाँच लोग थे, चन्द्रप्रभा और हमारे तीन मित्र, हम पाँचों शिकार खेलने गये थे, वहीं इस हत्याकांड की सूचना हमें प्राप्त हुई, मेरे तीनों मित्रों के पिताओं को भी, जोरावर सिंह व उसके साथियों ने मार डाला था।

फिर तुमने क्या किया, भैरव सिंह ने पूछा। इस पर विशाल सिंह तब से अब तक का पूरा घटनाक्रम सिलसिलेवार तरीके से अपने मामाजी और मामीजी को बताया। बहुत ध्यान से वे दोनों विशाल सिंह और उसकी आपबीती सुनते रहे।

फि भैरव सिंह ने कहा ये सत्य है कि आदिशक्ति माँ भगवती दुर्गाजी की कृपा और आशीर्वाद से तुम सभी स्वस्थ हो, और सुरक्षित हो, तुम्हारी आपबीती सुनकर रोमांच हो आया है। आपके गुरु स्वामीजी को प्रणाम है। फिर भैरव सिंह बोले तुम्हें ध्यान की गहराइयों में जो मार्गदर्शन मिला और जो उद्घोष तुम्हें सुनाई पड़ा, अब पलायन नहीं रण होगा। यह सर्वथा सत्य होगा। हम तुम्हारे साथ हैं कब से हम आत्मग्लानि में जी रहे हैं, तुम्हारे पिता की हत्या कर उनका राज्य हड़प लिया गया, हमारी बहन को कालकोठरी में डाल दिया गया, और हम दोनों भाई असमर्थता में हाथों पर हाथ धर कर बैठे रहे।

अब पलायन नहीं रण होगा, करीब चीखते हुए स्वर में भैरव सिंह जी ने उद्‌घोष किया, उन्हीं के साथ उनकी धर्मपत्नी, विशाल की मामी ने भी इसे दोहराया। फिर विशाल सिंह और वीर सिंह की ओर देखते हुए भैरव सिंह जी बोले, तुम्हारे छोटे मामाजी भी बहुत चिंतित रहते हैं, एक बार जाकर उनसे मिल लो, हाँ रात्रि का भोजन और विश्राम तुम दोनों का यहीं होगा, इसलिए समय पर आ जाना। इस पर विशाल सिंह और रतनलाल दोनों उठकर विशाल सिंह के छोटे मामा राज सिंह की हवेली की ओर चल दिये।

रात्रि का प्रथम प्रहर शुरू हो चुका था विशाल सिंह और रतनलाल भैरव सिंह जी की हवेली में वापस आ गये, जहाँ भैरव सिंह जी, उनकी पत्नी और उनके जवान तीन पुत्र उनका इंतज़ार कर रहे थे। विशाल सिंह को देखते ही तीनों प्रसन्नता से उसके गले लग गये।

फिर भैरव सिंह जी ने विशाल सिंह से पूछा तुम्हारे छोटे मामा ने क्या कहा है। विशाल सिंह ने बताया कि वे भी बहुत दुखी हैं, और चाहते हैं कि जोरावर सिंह और उसके साथियों को दण्डित किया जाये, इसके लिए वे पूरी तरह से हमारे साथ हैं।

अब तुम लोग भोजन करके विश्राम करो शेष बातें हम सब आपस में मिल कर कल करेंगे। विशाल सिंह और रतनलाल थक हुए तो थे ही सो भोजन करके शीघ्र ही सोने चले गये।

दूसरे दिन प्रातः ही विशाल सिंह और रतनलाल स्नान आदि से निवृत्त होकर अपने दैनिक व आवश्यक कार्यक्रम को करने के लिए हवेली के बाहर एक बड़े आँगन में, जहाँ हरी घास और फूलों की क्यारियां थीं, जिन पर तरह तरह के फूलों के पौधों में रंग

बिरंगे फूल लगे हुए थे, हवा स्वच्छ और मन्द.मन्द बह रही थी, ऐसे में योगासन, प्राणायाम और ध्यान करना बहुत ही आनंददायक अहसास था। विशाल सिंह और श्यामलाल ने अपना यह आवश्यक दैनिक कार्यक्रम किया, फिर वहीं पर बैठकर आदिशक्ति का स्तवन किया। इसके बाद दोनों हवेली के अन्दर आ गये। जहाँ पहले से ही भैरव सिंह जी, अपनी पत्नी व पुत्रों के साथ उनका इंतज़ार कर रहे थे।

विशाल सिंह और रतनलाल को देखकर सभी प्रसन्न हो गये, भैरव सिंह जी व उनकी धर्मपत्नी ने उन्हें बैठने को कहा और बताया कि उनके छोटे भाई, यानी विशाल सिंह के छोटे मामाजी भी बस अब आते ही होंगे। कुछ देर इधर.उधर की बातें होती रहीं तभी विशाल सिंह के छोटे मामा, अपने दोनों पुत्रों के साथ वहाँ पर पहुँच गये।

फिर सभी आगे की रणनीति पर विचार करने लगे। आखिर में सभी इस निर्णय पर पहुँचे कि आने वाली अमावस्या के दिन इस योजना को कार्य रूप में परिणित किया जायेगा।

विशाल सिंह व उसके तीनों मित्र साधु वेश में रहेंगे, चन्द्रप्रभा सहित शेष लोग इनके शिष्यों के रूप को धारण करके इनके साथ रहेंगे।

भैरव सिंह बोले हम लोग, मैं मेरे तीनों पुत्र, मेरे भाई सहित उनके दोनों पुत्र और हमारे साथ हमारे दस वफादार पहलवान जो हमारी सुरक्षा के साथ साथ हमारी जमींदारी की व्यवस्था को संभालने में हमारी मदद करते हैं। साथ ही आठ.दस हमारे घरेलु वफादार कर्मचारी। इस तरह से आप लोगों की संख्या और हम लोगों की संख्या मिलकर चालीस लोगों से ऊपर ही पहुँच जायेगी, और हम

इतने ही लोग जोरावर सिंह और उसके साथियों को सबक सिखाने के लिए पर्याप्त हैं। आपके पास आपके पिताजी का छिपाया खजाना है, जो हमारी बहुत मदद करेगा।

हमारे निशाने पर मुख्यतः जोरावर सिंह, सेनापति, प्रधान मंत्री, किले की सुरक्षा का अधिकारी, जोरावर सिंह के तीस अंगरक्षक, आंतरिक सुरक्षा दल का मुखिया होगा। इन्हीं को सबसे पहले हमने काबू पाना है।

एक तो वह स्वयं सेनापति था तो उसने सेना के कुछ अधिकारियों को अपने साथ धन देकर मिला लिया था। इसलिए सेना उस वक्त भी निष्क्रिय रही थी।

हम भी यही नीति अपनायेंगे। इसलिए हम लोग यहाँ से तीर्थयात्रा के बहाने पैदल ही निकलेंगे। सभी ओर हम यह प्रचारित करेंगे कि हम लोग गंगासागर धाम की यात्रा पर जा रहे हैं। इसलिए सभी निहथ्थे ही यहाँ से प्रस्थान करेंगे। अपने साथ एक.दो बैलगाड़ियों में आवश्यक खाद्य सामग्री व बर्तन, दरियां, चादरें आदि लेकर चलेंगे। आप लोग भी गंगासागर तीर्थयात्रा के बहाने राजगढ़ में प्रवेश करेंगे।

हम सबका गन्तव्य राजधानी से दो कोस पूर्व दिशा में स्थित शिव मन्दिर होगा। वहां हम लोग अमावस्या से ठीक तीन.चार दिन पूर्व ही पहुँच जायेंगे। वो शिव मन्दिर निर्जन स्थान पर है तथा बहुत कम लोग ही, सिर्फ आसपास के ग्रामीण दर्शन को आते हैं। वहीं पर हम अपना डेरा डालेंगे। भैरव सिंह जी ने अपनी बात समाप्त करी।

इसके बाद विशाल सिंह के मामाजी राज सिंह जी बोले, याद रखना विशाल तुम्हें अमावस्या से तीन.चार दिन पूर्व ही शिव मन्दिर

पहुँच जाना है। हमें अपनी योजना को कार्य रूप में परिणित करने के लिए तीन.चार दिन का समय तो आवश्यक रूप से चाहिए। पूरा दिन योजना पर मंथन हुआ और अंतिम निर्णय ले लिया गया। दूसरे दिन विदाई का था। भारी मन से सभी ने गले लगकर विशाल सिंह और रतनलाल को विदा किया।

अध्याय - 8

साधुओं के एक छोटे जत्थे ने सेतू पार कर राजगढ़ की सीमा में प्रवेश किया। जिसमें चार गेरुवा वस्त्रधारी, लम्बे केश और लम्बी काली घनी दाढ़ी वाले साधू गले में बड़ी बड़ी रुद्राक्ष की माला और तुलसी की माला धारण किए हुए थे, जिनके माथों में चन्दन का लेप लगा था। जिनके पीछे सफेद धोती व सफेद अंगरखे में, गले में रुद्राक्ष की माला व तुलसी की माला लटकाए, माथे पर चन्दन का लेप लगाये, चार पुरुष व एक स्त्री श्वेत परिधान पहने चल रही थी। स्त्री सहित सभी पुरुष केश विहीन थे, उनके सिर घुटे हुए थे। लगता था ये पाँचों शिष्य मंडली के सदस्य हैं। गेरुवा वस्त्रधारी चारों साधू कम आयु के प्रतीत होते थे। इनके मध्य में जो युवा तपस्वी चल रहा था, बहुत तेजस्वी प्रतीत होता था। उसका डील डौल, लम्बा व बलिष्ठ था। यह साधू मण्डली में सभी से अलग प्रतीत होता था। उसकी चाल में राजाओं जैसी खनक थी। नेतृत्व करने वाले भाव उसके शरीर की गतिविधि से प्रकट हो रहे थे। यह विशाल सिंह था, बाकी उनके साथी और युवा साध्वी के रूप में राजकुमारी चन्द्रप्रभा थी।

जत्थे के पीछे पीछे एक बैलगाड़ी चल रही थी। जिसमें कुछ सामान रखा था। जिसे शिष्यों के वेष में मंगल सिंह हाँक रहा था जत्था, सीमा पर स्थित सैनिक चौकी के पास पहुँचा, चौकी के बाहर खड़े पहरेदार ने उन्हें रुकने का इशारा किया। पास आकर उसने सभी को एक गहरी नजर से देखा फिर बैलगाड़ी में रखे सामान को

सरसरी निगाह से देखने लगा। बैलगाड़ी में, ओढ़ने बिछाने के लिए दरियाँ, चादरें, थोड़ी खाद्य सामग्री और खाना बनाने व खाने के बर्तन, कुछ पीतल के घड़े आदि ही रखे थे। सामान का एक निगाह से देखने के बाद वह मुड़ा और विशाल सिंह को देखकर प्रणाम किया फिर पूछा स्वामीजी कहाँ जा रहे हैं।

अभी तो राजधानी की ओर जा रहे हैं, वहाँ से आगे गंगासागर तीर्थ को निकल जायेंगे, विशाल सिंह ने जवाब दिया। अच्छा जाइये आपकी यात्रा मंगलमय हो। पहरेदार ने कहा। विशाल सिंह ने मुस्कुराते हुए उसे आशीर्वाद दिया, और जत्था आगे के सफर के लिए बढ़ गया।

लखीमपुर कस्बे को पार करने के बाद एक दो कोस आगे, एकान्त स्थान पर, पूर्व योजना के अनुसार देवी सिंह और अमर सिंह भी उन्हें मार्ग के किनारे उन्हें खड़े दिखाई दिये। पास पहुँचते ही सबने एक दूसरे का प्रसन्न मुख से अभिवादन किया। स्थान सुनसान व निर्जन था। वीर सिंह ने तुरन्त ही एक स्थान पर बैठकर उन दोनों के सिर के केश उतार दिए। अब दोनों घुटे हुए सिर के हो गये। बैलगाड़ी से श्वेत धोती व श्वेत अंगरखा निकाल कर इन्हें दे दिया, जिन्हें उन्होंने तुरन्त ही पहन लिया। गले में रुद्राक्ष व तुलसी की मालाएं डाल ली व माथे पर चन्दन का लेप लगा लिया। उन्होंने अपने पुराने वस्त्र एक झाड़ी के भीतर छुपा दिए। और प्रसन्न मुख से जत्थे में शामिल हो गये।

इस तरह पैदल चलते हुए साधुओं का यह जत्था चौथे दिन राजधानी को पार कर उसके आगे शिव मंदिर में पहुँचा जहाँ उन्हें यह देखकर सुखद आश्चर्य हुआ कि विशाल सिंह के दोनों मामा अपने साथ पच्चीस लोगों के साथ वहाँ पहले ही पहुँच चुके थे।

विशाल सिंह ने आगे बढ़ कर दोनों मामाओं के चरण स्पर्श किए। उन्होंने विशाल को गले लगा लिया। फिर विशाल सिंह ने अपने साथ आये सभी लोगों का परिचय उनसे करवाया। सभी लोग बैठकर आपस में बातें करने लगे।

सभी लोग थके हुए तो थे ही, और अब सूर्य भगवान भी पश्चिम दिशा की ओर बढ़ रहे थे। भैरव सिंह के साथ आये, तीन चार सेवक रात्रि भोजन की तैयारी में जुट गये थे। रात्री कालीन भोजन करके सभी लोग मंदिर परिसर में दरियाँ और चादर बिछाकर लेट गये और कुछ ही देर में सभी को निद्रा ने आ घेरा।

भोर का उजाला फैलते ही सभी लोग उठ गये थे। विशाल सिंह और उनके साथी स्नान आदि से निवृत्त होकर आ चुके थे। बाकी दल के शेष सदस्य स्नान आदि से निवृत्त होने पास में बह रहे एक सोते के जल के पास चले गये थे।

इधर विशाल सिंह व उनके अन्य साथियों ने मंदिर परिसर में जाकर अपने नित्य के कार्यक्रम योगासन को करना शुरू कर दिया। उन्हें देखते हुए भैरव सिंह जी, जय सिंह जी के साथ साथ उनके साथ आये लोग भी योगासन का अभ्यास करने लगे। ऐसे में वीर सिंह उठे और उन सभी लोगों को योगासन करने की विधि सिखाने लगे, जो अभी नए थे। उसके बाद प्राणायाम, फिर सभी वीर सिंह के निर्देशन में ध्यान करने लगे। ध्यान की साधना के बाद विशाल सिंह के साथियों ने मधुर स्वर में माता का स्तवन करना शुरू किया। शेष हाथ जोड़ कर खड़े रहे। मंदिर परिसर में गूँज उठा।

या देवी सर्वभूतेषु, शक्तिरूपेण संस्थिता, नमस्तस्यै, नमस्तस्यै, नमस्तस्यै नमो नमः।

माँ आदिशक्ति का स्तवन करने के बाद विशाल सिंह राजकुमारी चन्द्रप्रभा व उनके साथियों के साथ भैरव सिंह व जयसिंह जी, मंदिर परिसर में ही मन्त्रणा करने लगे। अंत में निर्णय हुआ कि देवी सिंह व अमर सिंह, सैनिक छावनी जायेंगे, जहाँ उनके रिश्तेदार तीन सिपाही सेना में कार्यरत हैं, वहाँ उनसे आगे के लिए मदद माँगेंगे। उनसे बात करके ही, आगे की योजना पर कार्य किया जायेगा।

इस पर दोनों किले के पास ही स्थित सैनिक छावनी जाने को तैयार हो गये। कुछ ही देर में वे दोनों शिष्यों के वेष में, नगर की ओर चल दिए।

आज कुछ करने को था नहीं, इसलिए सभी शिव मंदिर के आसपास ही रहे। देवी सिंह और अमर सिंह के आने पर ही आगे की योजना पर विचार किया जा सकता था।

दोपहर के बाद देवी सिंह और अमर सिंह आते दिखे, आते ही वे भैरव सिंह जी और विशाल सिंह के पास आये, उनके चेहरों में प्रसन्नता साफ़ दिखाई पड़ती थी। उन्होंने बताया कि वे सैनिक छावनी में नियुक्त अपने तीनों रिश्तेदार सैनिकों से मिले थे। जब हमने उन्हें राजा विशाल सिंह जी के बारे में बताया तो वे बहुत प्रसन्न हुये। और उन्होंने आप लोगों के सकुशल सुरक्षित होने पर बहुत प्रसन्नता व्यक्त करी है। वे हमारा साथ देने को तैयार हैं।

विस्तार से बताया कि नयी व्यवस्था के तहत राजमहल की सुरक्षा तीस विशेष अंगरक्षकों के द्वारा की जाती है। जिसमें दिन की पाली में पन्द्रह और रात की पाली में पन्द्रह अंगरक्षक महल की सुरक्षा करते हैं। शेष पूरे किले की सुरक्षा व्यवस्था चालीस सैनिकों द्वारा की जाती है। बीस सैनिक रात्रि की पाली में व बीस सैनिक

दिन की पाली में किले की भीतर की सुरक्षा व्यवस्था सभालते है। और सभी सैनिकों को छावनी से ही भेजा जाता है, यदि दिन की पाली मे हम तीनों व हमारे साथियों को किले के भीतर सुरक्षा व्यवस्था हेतु जानें की व्यवस्था आप कर सकें तो आपका काम काफी आसान हो जायेंगा, और यह भी उन तीनों ने कहा है, राजा विशाल सिंह का साथ वह अपने जीवन के आखिरी क्षण तक देंगे। आप आज ही राजा विशाल सिंह जी को उप सैनापति जी से मिलने भेज दे तो उत्तम है कल अमावस्या का दिन है, क्रान्ति की शुरूवात प्रातः से ही हो जायेगी।

इस पर भैरव सिंह जी बोले कल अमावस्या है। सिर्फ आज का दिन हमारे पास है, कल सुबह ही हमें अपने लक्ष्य को पूरा करना है। उन्होंने विशाल सिंह को देखकर कहा आप अपने साथ फिर से देवी सिंह को ले लीजिए इन्हें छावनी की जानकारी हैं। आप लोग तुरन्त ही उपसेनापति से मिलिए, वे आपके पिता के समय पर ही इस पद पर नियुक्त किये गये थे। वे आपको भली भाँति जानते होंगे। और उनसे मिल कर आप आगे की योजना तैयार कीजिए।

विशाल सिंह तुरन्त तैयार हो गया, उसने अपने साथ देवी सिंह, और वीर सिंह को साथ लिया, फिर अपने साथ लाए खजाने में से जो उन्हें शिकारगाह से मिला था। उनकी तीन पोटलियाँ बनायी, जिसमें काफी सारे सोने की मोहरे, चाँदी के सिक्के व स्वर्ण आभूषण रख कर, तीनों ने उन पोटलियों को अपनी कमर में बाँध लिया। और ऊपर से विशाल सिंह ने भगवा वस्त्र धारण कर लिया, शेष दोनों ने उनके शिष्यों का रूप धारण कर लिया। फिर तीनों तेज़ी से छावनी की ओर चल पड़े। छावनी कोई ज़्यादा दूर नहीं थी, कोई तीन कोस की दूरी पर होगी।

छावनी के मुख्य द्वार पर पहुँचते ही वे देवी सिंह के तीनों रिश्तेदार सिपाही मुख्य द्वार पर आ गये, वे इन लोगों का इंतज़ार कर रहे थे। इससे पहले द्वार पर खड़ा पहरेदार विशाल सिंह से कुछ पूछे उन तीनों सिपाहियों में से एक आगे बढ़ा और उसने द्वार पर खड़े पहरेदार को बताया, कि वो इन तीनों साधुओं को जानता है, इतना कह कर उसने बहुत नम्रता से विशाल सिंह को प्रणाम किया और फिर पहरेदार से कहा ये बहुत सिद्ध महात्मा हैं, और कश्मीर के अमरनाथ धाम से आ रहे हैं और उपसेनापति जी को आशीर्वाद देना चाहते हैं, इसलिये इन्हें आने दो। कुछ हिचकिचाहट के बाद जब पहरेदार ने देखा कि उन साथ के सिपाहियों ही इन साधुओं को अन्दर आने का आग्रह कर रहे हैं, तो उसने अपनी सहमति दे दी। फिर तीनों साधु निहथ्थे थे, उनके पास कोई शस्त्र ना देखकर उसे तसल्ली हो गयी थी।

देवी सिंह के रिश्तेदार सिपाही, जिनमें से एक का नाम महावीर सिंह था। उसने विशाल सिंह से छावनी के भीतर चलने का आग्रह किया। महावीर सिंह व उसके साथ के दोनों सिपाही विशाल सिंह, देवी सिंह और वीर सिंह को उपसेनापति के निवास की ओर ले गये। जहाँ पर एक दुमंजिल भवन में उपसेनापति का निवास स्थान था।

वहाँ भी चार सिपाही पहरे पर खड़े थे। महावीर सिंह ने उनसे बात की और फिर विशाल सिंह को बताया कि ये तीनों महात्मा अमरनाथ धाम की यात्रा से आ रहे हैं और उपसेनापति जी से मिलना चाहते हैं उन्हें आशीर्वाद देना चाहते हैं। पहले तो वे चारों सिपाही थोड़ा हिचकिचाये, सब से उन्होंने साथ आये तीनों युवा साधुओं को देखा, फिर सामने खड़े भगवाधारी युवा तेजस्वी साधु को देखकर वे उसने से प्रभावित हो गये, फिर उन्हें उनके

साथ के सैनिक ही लाये थे तो उन्हें तसल्ली हो गयी। उन्होंने उन सभी को रूकने को कहा और उनमें से एक पहरेदार भवन के भीतर चला गया, और कुछ क्षणों बाद आकर बोला आप तीनों महात्मा भीतर चले जायें, उपसेनापति जी आपसे मिलना चाहते है। शेष उनके साथ आये तीनों साथियों को उसने बाहर ही रोक लिया।

विशाल सिंह ने उस पहरेदार को मुस्कुराते हुए धन्यवाद दिया, फिर तीनों साधु भवन के भीतर चले गये। भवन के भीतर पहला कक्ष उपसेनापति का कार्यालय था। जिसमें एक बड़ी शानदार मेज के पीछे एक आरामदायक कुर्सी पर उपसेनापति बैठा हुआ था। जिसने तीनों साधुओं का स्वागत किया और अपने सामने रखी कुर्सियों पर बैठने को कहा।

वो भी अपने सामने बैठे युवा तेजस्वी साधु को देखकर प्रभावित हुए बिना नहीं रह सका। बहुत श्रद्धा और नम्रता उसने युवा साधु से पूछा, स्वामी जी मैं आपकी क्या सेवा कर सकता हूँ।

इस पर विशाल सिंह मुस्कुरा पड़ा। विशाल सिंह ने उपसेनापति को पहचान गया था, पर उपसेनापति उस साधु वेशधारी विशाल सिंह को नहीं पहचान पा रहा था। इसलिए विशाल सिंह ने अपना परिचय देने का निश्चय किया।

विशाल सिंह ने उपसेनापति को देखते हुए कहा, शायद आप मुझे नहीं पहचान पा रहे हैं, मैं स्वर्गीय राजा सूर्यसेन का पुत्र विशाल सिंह हूँ। यह सुनते ही उपसेनापति झटका लगा। उसका मुख खुला का खुला रह गया। काफी देर इसी तरह से एकटक विशाल सिंह को देखता रहा, फिर संयत होकर बोला राजकुमार आप जीवित हैं, मुझे विश्वास नहीं हो रहा है, यहाँ तो आपके और राजकुमारी चन्द्रप्रभा,

और आपके अन्य साथियों के लिए तरह तरह की अफवाहें सुनाई पड़ती थी। पर आपको जीवित देखकर मुझे बहुत खुशी हो रही है। फिर उसने राजकुमारी और विशाल के अन्य तीनों साथियों की कुशल पूछी।

विशाल सिंह ने बताया सभी जीवित हैं और सकुशल हैं।

फिर उपसेनापति ने कहा, मुझे आपको देखकर आश्चर्य हो रहा, आप इतना जोखिम लेकर मेरे पास आये हैं, जबकि पग पग पर आपकी जान को खतरा है। अवश्य ही कोई बहुत महत्वपूर्ण बात आप मुझसे करना चाहते हैं। बताइये आप मुझसे क्या चाहते हैं।

विशाल सिंह ने अपनी योजना उपसेनापति को समझायी। जिसे सुनकर उपसेनापति अवाक रह गया। काफी देर शान्त रहकर उसने विशाल सिंह से पूछा क्या यह संभव है।

हाँ अवश्य, विशाल ने कहा। हम लोग इसी लक्ष्य को लेकर यहाँ आये हैं। और इस लक्ष्य को हम पाकर रहेंगे।

यदि योजना असफल हो गयी तो। उपसेनापति ने कहा।

इस पर विशाल सिंह ने अपनी कमर से एक भारी भरकम थैली निकाली और वीर सिंह से भी उनकी कमर में बँधी थैली निकालने को कहा, वीर सिंह ने ऐसा ही किया। विशाल सिंह ने दोनों थैलियों को मेज पर उतार कर खाली कर दिया। मेज पर सोने की मोहरे, चाँदी के सिक्के व स्वर्ण आभूषण का ढेर लग गया।

विशाल सिंह ने कहा, योजना की असफलता की संभावना ना के बराबर है। फिर भी यदि आपको ज़रा सी भी भनक लग जाये कि हम असफल हो गये हैं तो आप सब इन सोने की मोहरों, सिक्कों और स्वर्ण आभूषण को लेकर कहीं भी निकल जाइयेगा। ये सब

आपके काम आयेंगे। और यदि हम सफल हो गये तो भी ये सब आपका ही है।

तो मुझे क्या करना होगा, उपसेनापति ने पूछा।

सिर्फ दो आश्वासन, विशाल सिंह ने कहा। वो क्या, उपसेनापति ने पूछा।

पहला आश्वासन इस पूरे प्रकरण में सेना उदासीन व निष्क्रिय रहेगी। ठीक, उपसेनापति बोला।

दूसरा आश्वासन, कि कल सुबह जब किले के सैनिकों की पाली बदलेगी, रात के पाली के सैनिक वापस आयेंगे और दिन की पाली के सैनिक किले की सुरक्षा में भेजे जायेंगे, तो वो सैनिक हमारे चुने हुए सैनिक होंगे।

आपकी दोनों बातों से मैं सहमत हूँ पर आप उन सैनिकों को चुनेंगे कैसे।

इस पर विशाल सिंह ने बताया कि हमारे साथ तीन सैनिक हैं, जो अपने साथ सहयोग करने वाले बाकी सैनिकों को दिन की पाली के लिए चुन लेंगे। आप सिर्फ अपने सामने उस अधिकारी को बुलाकर समझा दीजिये जो किले की सुरक्षा के लिए यहाँ से सैनिकों को भेजता है।

इस पर उपसेनापति ने कहा अरे वो मेरा ही आदमी है, उसका नाम जयदत्त है। उसने फिर पूछा क्या आपके साथ वे तीनों सैनिक हैं, जो आपका साथ देने को तैयार हैं।

इस पर देवी सिंह बोले, जी वो बाहर ही खड़े है, कहे तो किसी एक को यहाँ बुला लू।

हॉ यही ठीक रहेगा उपसैनापति ने कहा, देवी सिंह ने बाहर जाकर महावीर सिंह को बुला लिया।

महावीर सिंह ने आदरपूर्वक उपसेनापति को प्रणाम किया।

उसे देखकर उपसेनापति ने कहा, जाओ और अपने अधिकारी जयदत्त को यहाँ आने का मेरा संदेश दो, और उनसे कहना आवश्यक कार्य है, इसलिए संदेश सुनते ही, यहाँ आ जाये।

कुछ ही देर में एक अधेड़ व्यक्ति ने कक्ष में प्रवेश किया, जो सैनिक वेष में था। उसने कक्ष के भीतर आकर आदर से उपसेनापति को प्रणाम किया। फिर वहीं पर खड़ा हो गया।

काफ़ी देर बाद उपसेनापति ने चुप्पी तोडी और कहा जयदत्त जी, ये सामने जो साधु महाराज बैठे है, क्या आपने इन्हें पहचाना?

जयदत्त ने थोडी दूर विशाल सिंह को देखा, ऐसा लगता था वो असमंजस की स्थिति में है। तब उपसेनापति ने कहा, जयदत्त जी, ये जो सामने साधु जी बैठे है, ये हमारे स्व० राजा सूर्यसेन के पुत्र राजकुमार विशाल सिंह है।

यह सुन जयदत्त अवाक रह गये। उसने, विशाल सिंह को प्रणाम किया। और विशाल व राजकुमारी चन्द्रप्रभा तथा उनके साथियों के जीवित होने की सूचना पर उसने अत्यन्त प्रसन्नता जाहिर की। साथ ही राजा सूर्यसेन व उनके सहयोगियों की निर्मम हत्या का उसने बहुत दुख प्रकट किया।

राजमाता व विशाल सिंह के छोटे भाई को जोरावर सिंह द्‌वारा कैद में डाले जाने का उन दोनों उपसेनापति व जयदत्त को बहुत दुख था। जयदत्त ने विशाल सिंह से यहाँ आने का कारण पूछा, विशाल ने अपनी योजना बतायी। जयदत्त ने कहा,

महावीर सिंह और उनके साथ के दोनों सिपाहियों को वो भली भांति जानता है। कल सुबह पाली बदलने के लिए वो महावीर सिंह और उसके चुने हुये सिपाहियों को ही, किले की सुरक्षा के लिए भेजेगा।

फिर जयदत्त ने विशाल सिंह की ओर देखते हुये कहा, जोरावर सिंह और उसके साथियों को दण्डित करने का जो कार्य आप लोग करने जा रहे हो वह सराहनीय है, जोरावर और उसके साथी दण्डित होने के पात्र हैं, ये लोग पापी और हत्यारे हैं। पर इस कार्य में आप लोगों सहित हम दोनों व उन तीस सिपाहियों पर भी जान का खतरा है। यदि योजना असफल होती है, तो हम कहीं के नहीं रहेंगे। इसलिए आप लोगों को हर कीमत में सफल होना ही होगा। इस पर विशाल सिंह ने कहा आप दोनों निश्चित रहिये। फिर उन्होंने देवी सिंह को अपनी कमर में बँधी थैली निकालने को कहा, देवी सिंह ने अपनी कमर में बँधी थैली को विशाल सिंह को दे दिया, विशाल सिंह ने उस थैली को मेज पर उलट दिया, जिसमें से सोने की ढेर मुहरें, चाँदी के सिक्के व स्वर्ण आभूषण बाहर निकल कर मेज पर आ गिरे।

फिर विशाल सिंह जयदत्त की ओर देखते हुये कहा, यदि आपको हमारी योजना हमारी असफलता की जरा सी भी भनक लगेगी, तो आप ये सारा धन लेकर कहीं भी निकल जाईयेगा। ये इतना धन है कि आप अपने परिवार की गुजर बसर पूरे जीवन भर आराम से कर सकते है, और यदि हम लोग सफल हो गये, तो भी यह धन आपका ही है।

कुछ देर बाद विशाल सिंह ने उपसेनापति और जयदत्त से विदा ली, और अपने साथियों के साथ कक्ष से बाहर आ गया।

बाहर महावीर और उसके दोनों साथी विशाल सिंह का इन्तजार बेसब्री से कर रहे थे। विशाल सिंह देखते ही वे तीनों विशाल सिंह के पास आ गये, और बेसब्री से पूछने लगे, क्या बातचीत सफल रही।

हाँ, विशाल ने मुस्कुराते हुये कहा, फिर मुस्कुराते हुये महावीर सिंह से कहा आप लोग कल सुबह की तैयारी कीजिये, परन्तु गुप्त रूप से, किसी को कानों कान खबर न हो।

महावीर सिंह और उसके दो अन्य साथियों से विदा लेकर विशाल सिंह, देवी सिंह व वीर सिंह छावनी से बाहर आ गये और तेजी से महादेव जी के मंदिर की ओर चल पड़े। उन्हें पता था कि भैरव सिंह जी व उनके अन्य साथी उनका बेसब्री से इन्तजार कर रहे होंगे।

किले के पास से गुजरते हुये उन्हें अतिरिक्त सुरक्षा दल का एक बड़ा भवन मिला। विशाल सिंह ने कहा, सबसे पहले इसके मुखिया से निपटना है, वो जोरावर सिंह का खास आदमी है, और मेरे पिताजी वाले हत्याकांड में ये भी शामिल था। ये अपने साथ पचास सशस्त्र प्रहरियों के साथ नगर कानून व्यवस्था को बनाए रखने का कार्य करता है। इसके आधीन पूरे राज्य के प्रहरी आते हैं, जो अलग अलग छोटे बड़े कस्बों में कार्यरत हैं। फिलहाल यहाँ पचास के लगभग प्रहरी हैं। जिसमें से चार पाँच प्रहरी रात्री में भवन की सुरक्षा में तैनात रहते हैं, इसी भवन में इसके मुखिया का कार्यालय है, व इस भवन के एक हिस्से में इसका मुखिया, अपने परिवार सहित रहता है। शेष प्रहरी व इससे लगे भवनों में रहते हैं, तथा इसी के साथ एक चार दिवारी से घिरा एक भवन दिख रहा है, जो बन्दिगृह कहलाता है, जहाँ कैदी रखे जाते हैं।

देवी सिंह तो ये सब जानता ही था, पर वीर सिंह ने ये कार्यालय पहली बार देखा था। देवी सिंह बोला सबसे उत्तम समय भोर का है, जब रात्री विदा हो रही हो और कुछ देर में सूर्योदय होने वाला हो, उस वक्त यहाँ चार पाँच प्रहरी ही पहरा देते हैं।

हाँ यही उचित समय होगा, विशाल सिंह ने कहा।

अब वे लोग तेजी से अपने गन्तव्य की ओर बढ़ने लगे, कुछ ही देर में वे शिव मंदिर में पहुँच चुके थे, जहाँ उनके साथी उनका इंतजार कर रहे थे। यहाँ पहुँचते पहुँचते रात्री हो चुकी थी। मंदिर परिसर में छोटी छोटी मशालों को जला कर उजाला किया गया था। विशाल सिंह, देवी सिंह व वीर सिंह के चेहरों में मुस्कान देखकर सभी लोग प्रसन्न हो गये।

भैरव सिंह जी ने विशाल सिंह से पूछा, तुम्हारी मुलाकात क्या सफल हुयी है?

हाँ, आपके आशीर्वाद व माँ आदिशक्ति की कृपा से सभी बातें हमारे पक्ष में हो रही हैं। कल प्रातः ही हमें निर्णायक युद्ध लड़ना है।

फिर विस्तार से इन तीनों ने आज हुयी सभी बातों को भैरव सिंह जी को बताया। जिसे दल के अन्य सदस्यों ने भी बहुत ध्यान से उनकी बातों को सुना। सबकी सहमति से निर्णय हुआ कि प्रातः ब्रह्ममुहूर्त में उठकर अपनी योजना को कार्यरूप में परिणत किया जायेगा।

भोजन बन चुका था, सभी ने रात्री कालीन किया और मंदिर परिसर में जाकर सो गये। दूसरे दिन ब्रह्ममुहूर्त के लगते ही सभी जाग गये स्नान आदि से निवृत होकर सभी ने वीर सिंह के निर्देशन में योगासन, प्राणायाम और ध्यान की क्रियाओं को किया,

फिर शिव मंदिर में खड़े होकर माँ आदिशक्ति भगवती दुर्गा का श्रद्धापूर्वक स्तवन किया।

उसके बाद माँ दुर्गा से सफलता का आशीर्वाद सफलता की कामना करी। कार्यक्रम की समाप्ति के बाद वीर सिंह ने और उमाशंकर ने वही पर चादर हटाकर छुपाये गये लाठियों को निकाल कर एक एक कर सभी को बाँटना शुरू किया। देखने में ये सभी सामान्य सामान्य लाठियाँ दिख रही थी जो बाँस की बनी थी, कमर तक ऊँची थी, पर जब उनके हत्थे को घुमाकर उनकी चूड़ियाँ खोलकर उस हत्थे को बाहर खींचा गया तो उसमें से एक हाथ से कुछ लम्बी मजबूत, तेजधार वाली और तीक्ष्ण नोक वाली गुप्ती निकली जो एक झटके में किसी का भी सीना छलनी कर सकती थी।

सभी ने गुप्ती को अच्छी तरह से देखा और परखा, फिर उसे खोखले बाँस की लाठी में डाल दिया, और मूठ को घुमाकर चूड़ियों को कस दिया। सभी तैयार हो गये विशाल सिंह के साथ साथ विष्णुदत्त, चन्दनदास और दयाशंकर ने भगवा वेश धारण कर लिया, चन्द्रप्रभा ने साध्वी के वस्त्र धारण कर लिए, तथा देवी सिंह वीर सिंह, अमर सिंह, रतनलाल, श्यामलाल, मंगल सिंह और उमाशंकर ने शिष्यों वाले वस्त्रों को धारण कर लिया, शेष भैरो सिंह सहित पच्चीस लोग भक्तों की तरह, सामान्य लोगों की तरह तैयार हो गये।

विशाल सिंह ने अपने दोनों मामाओं के चरण स्पर्श किए और जीत का आशीर्वाद माँगा, फिर उद्घोष कर माँ दुर्गा की जय के नारे लगाये, जिसे पूरे दल ने दोहराया, फिर सभी तेजी से नगर की ओर बढ़ चले, पूरा दल शक्ति के साथ तेजी से नगर की ओर बढ़ रहा था। अभी अन्धेरा ही था। नगर पास आ गया था, वे सब एक स्थान पर रुक गये।

विशाल सिंह ने भगवा वस्त्र धारी चन्दनदास और विष्णुदत्त को पास बुलाया, और उनके शिष्यों के रूप में श्यामलाल, वीर सिंह और मंगल सिंह को उसने अपने पास बुलाया, साथ ही भैरो सिंह जी के साथ आये दस युवकों को पास बुलाया, चन्दनदास और विष्णुदत्त की अगुवाई में एक छोटा दल तैयार किया। फिर विशाल सिंह ने अपनी कमर में बँधी कपड़े की एक पोटली निकाली, जिसमें सौ से ज्यादा चाँदी के सिक्के भरे थे।

विशाल सिंह ने उन सिक्कों की पोटली को विष्णुदत्त को देते हुये कहा, कि आप दोनों भलिभाँति आन्तरिक सुरक्षा दल के भवन, कार्यालय, बंदीगृह और प्रहरियों के निवास स्थान के बारे में जानते ही है, और कार्यालय के भीतर मुखिया का निवास स्थान आपने पूर्व में देखा ही होगा। शायद इस वक्त, मुख्यद्वार सहित बंदीगृह व कार्यालय पर चार पाँच प्रहरी ही पहरा दे रहे होंगे। शेष पास के भवन में सो रहे होंगे। आप मुख्य द्वार पर खड़े प्रहरी को बताइयेगा कि हम लोग गंगासागर तीर्थ की यात्रा पर निकले हुये हैं, और यहाँ से दो कोस दूर शिव मंदिर में हमने रात्री विश्राम किया है, कल मार्ग में हमें यह चांदी के सिक्कों से भरी पोटली मिली है, इसे हम मुखिया जी को देने आये हैं, जिसकी भी यह पोटली होगी, वह पूछता हुआ यहाँ अवश्य ही आयेगा। मुखिया जी के पास यह पोटली सुरक्षित रहेगी। और इतनी सुबह हम इसलिए आये हैं, कि हमें अपनी आगे की यात्रा पर पैदल ही निकलना है, और हम साधुओं के लिए तो धन विष के समान है, हम लोग तो भिक्षा मांग कर खाने वाले लोग हैं इसलिए इतनी सुबह हम यहाँ आये हैं। आप हमें कैसे भी मुखिया जी से मिलवा दो।

विशाल सिंह ने सबको अच्छी तरह से योजना समझा दी, साथ ही विष्णुदत्त और चन्दनदास से कहा कि ये मुखिया हम सबके

पिताओं की हत्या में सक्रिय भागीदारी रहा है, इसे आज यमराज के पास पहुँचाना ही है।

इस पर विष्णुदत्त और चन्दनदास ने सिर हिलाकर हामी भरी और अपने चुने हुये साथियों के साथ अपनी हाथों में पकड़ी लाठियों को टेकते हुये आगे बढ़ गये। जाते जाते विशाल सिंह ने उन्हें रोका और कहा काम सूर्योदय से पहले ही होना है। सूर्योदय के बाद रात के पहरेदारों की पाली बदलेगी। और दिन के पहरेदार उनकी जगह होंगे। संभव है अन्य प्रहरी भी उस समय भवन से बाहर आ जाये, यदि कार्य सूर्योदय तक न बना, तो आप कोई बहाना कर किले के मुख्य द्वार पर आ जाइयेगा। वहाँ हम सब बाहर ही खड़े मिलेंगे। अतिरिक्त सुरक्षा दल के मुखिया से बाद में निपट लेंगे।

ठीक है, विशाल सिंह ने पूछा। हाँ बिल्कुल सही है राजा जी, विष्णुदत्त ने जवाब दिया।

ये दल अपने कार्य को अंजाम देने के लिए आगे बढ़ गया।

बाकी दल के सदस्य धीरे धीरे किले की ओर बढ़ने लगे, किले के मुख्य द्वार से कुछ पहले ही सभी रुक गये, और सूर्योदय का इन्तजार करने लगे।

कुछ ही देर के इंतजार में सूर्य भगवान पूर्व दिशा की ओर से उदय होते दिखने लगे। कुछ देर बाद वे पूर्ण रूप से उदय हो गये, और उनका प्रकाश चारों ओर फैल गया।

देवी सिंह ने कहा, पाली बदलने का समय हो गया है, महावीर सिंह व अन्य सिपाहियों की पाली के लिए आते ही होंगे, अब हमें धीरे धीरे किले के मुख्य द्वार के सामने जाना चाहिये। फिर सभी अपनी अपनी लाठियाँ टेकते हुये, किले के मुख्य द्वार की ओर

बढ़ने लगे। मुख्य द्वार के सामने पहुँच कर सभी मुख्य द्वार से थोड़ा हट कर खड़े हो गये। तेजी से चन्दनदास और विष्णुदत्त के साथ अन्य साथियों को अपने समीप आते हुये सभी ने देखा, पास आने पर देखा कि चन्दनदास और विष्णुदत्त ने अंगरखा नहीं पहना हुआ है, ऊपर से नंगे बदन और नीचे भगवा धोती ही पहने हुये है, लेकिन उनके चेहरे प्रसन्नता से भरे हुये थे, और आते ही वे विशाल सिंह के गले लग गये। और बताया कि मुखिया को उन्होंने यमलोक पहुँचा दिया है, एक हत्यारे का अन्त हो गया है।

सभी लोग यह सुनकर प्रसन्न हो गये।

इस पर विशाल सिंह ने पूछा, इतनी शीघ्र ये सब हुआ कैसे।

इस पर विष्णुदत्त ने बताया कि जब हम आंतरिक सुरक्षा दल की चारदिवारी पर बने मुख्य द्वार पर पहुँचे तो दो प्रहरी वहाँ पर पहरा दे रहे थे। हमने उसे वही बात समझाई जो आपने हमें बताने को कहा था, साथ ही चाँदी के सिक्कों से भरी पोटली उसे दिखाई। लेकिन वे दोनों हमें इतनी सुबह मुखिया से मिलाने को राजी नहीं हो रहे थे। इस पर मैंने पोटली से निकाल कर पाँच चाँदी के सिक्के एक प्रहरी के हाथों पर, और गिनकर पाँच चाँदी के सिक्के दूसरे प्रहरी के हाथों में रख दिए। सिक्के मिलते ही दोनों राजी हो गये। उनमें से एक प्रहरी ने हमें कार्यालय भवन के बाहर रुकने को कह कर भवन के भीतर चला गया, और कुछ ही देर में वो आया और हमें भवन के अन्दर कार्यालय में जाने को कहा। हम चार पाँच लोग कार्यालय के भीतर चले गये, तभी भीतर से मुखिया, हमें आता दिखा और कक्ष में आकर उसने हमसे कहा, अभी अभी मुझे प्रहरी ने बताया है कि आप लोगों को रात्री में शिव मंदिर के पास मार्ग में चाँदी से भरी थैली सिक्कों से भरी एक पोटली मिली है। लाइये उसे मुझे दे दीजिये, जिसकी होगी उसे मैं ढूँढ कर दे दूँगा।

पर मैंने कहा, ये पोटली हम मुखिया जी के सिवा किसी दूसरे को नहीं देंगे। उसने हमें विश्वास दिलाया कि वो ही अतिरिक्त सुरक्षा दल का मुखिया है, और कहा कि विश्वास न हो तो बाहर जो प्रहरी खड़े है, उनसे पूछ लीजिये। फिर वो कहने लगा कि रुको, मैं ही प्रहरी को बुला कर पुष्टि करवा देता हूँ कि मैं ही मुखिया हूँ।

बस हमें विश्वास हो गया कि यही हमारा निशाना है, मैंने उसे पोटली देने के बहाने पोटली इस तरह से खोल कर दिखाई और उसे देने के लिए बढ़ा कि पोटली से आधे से ज्यादा सिक्के बाहर ज़मीन पर गिर गये, जिसे हम दोनों उठाने लगे, हमें देखकर मुखिया भी झुक कर सिक्के उठाने लगा। बस यही मौका देखकर हम दोनों ने उसके शरीर को गुप्ती से छलनी कर दिया। इस सब में हमारे अंगरखे में रक्त के धब्बे लग गये, जिसे उतार कर हमने वही फेंक दिया है। फिर बाहर आकर हमने प्रहरियों को काबू कर उन्हें कार्यालय के एक कक्ष में रस्सियों से बाँध कर हाथ और पैरों को बाँध कर डाल दिया। फिर कार्यालय के मुख्य द्वार को बन्द कर उसमें ताला लगा दिया, चाबी हमें वही पर टंगी मिल गयी थी, जिसे हमने परिसर में ही स्थित कुएं में फेंक दिया। वहाँ पर कुल चार प्रहरी पहरा दे रहे थे, दो मुख्य चारदिवारी में बने मुख्य द्वार पर और दो बंदीगृह के सामने। विशाल सिंह ने विष्णुदत्त और चन्दनदास को गले लगा लिया। फिर कहा लगता है माँ आदिशक्ति दुष्टों को दण्ड देने के लिए अदृश्य रूप से हमारा मार्गदर्शन कर रही हैं और हमारी मदद कर रही हैं।

आपने बिल्कुल सही कहा है, भैरव सिंह जी बोले।

तभी मार्ग की दूसरी ओर से महावीर सिंह व अन्य तीस सिपाही किले के मुख्य द्वार की ओर आते दिखे। अभी द्वार बन्द ही

थे। पास पहुँच कर महावीर सिंह विशाल सिंह और उनके दल के सदस्यों के पास पहुँचा, और उसे सम्मान सहित विशाल सिंह को प्रणाम किया। और कहा, पाली बदलने ही वाली है, अभी हम किले के सुरक्षा अधिकारी के पास जायेंगे, वो ही हमारी किले के भीतर नियुक्ति करेगा।

कुछ ही क्षणों के बाद किले का मुख्यद्वार खोल दिया गया। रात की पाली वाले तमाम सैनिक मुख्यद्वार से बाहर निकलने लगे, उन सबके बाहर निकल जाने के बाद महावीर सिंह सहित सभी सैनिक किले के भीतर चले गये। किले का मुख्य द्वार अब लोगों के आवागमन के कारण दिन भर खुला ही रहने वाला था। लोग किले के भीतर व बाहर आ जा रहे थे। मुख्यद्वार के बाहर खड़े युवा साधु को देखकर सभी श्रद्धा से उस साधु को प्रणाम भी कर रहे थे।

कुछ ही देर के बाद महावीर सिंह मुख्यद्वार पर आया और उसने विशाल सिंह व दल के अन्य सदस्यों को भीतर आने का इशारा किया। पास पहुँचने पर उसने विशाल सिंह से धीरे से कहा, किले का सुरक्षा अधिकारी अभी निरीक्षण करने, किले के दक्षिणी छोर की ओर गया है, आप कुछ लोग उधर को जाइये। मैं भी साथ चलूँगा।

इस पर विशाल सिंह ने दयाशंकर के साथ पाँच लोगों की एक टोली बनाई और उन्हें महावीर सिंह के साथ किले के दक्षिणी छोर की ओर भेज दिया। शेष विष्णुदत्त के साथ पाँच छ, लोगों का एक दल बनाकर प्रधानमंत्री के आवास की ओर भेजा, तथा चन्दनदास के साथ भी पाँच छ, लोगों की टोली बना कर सेनापति के आवास के की ओर भेज दिए। साथ ही हिदायत दी कि प्रधानमंत्री और सेनापति को यमराज के पास पहुँचा कर शीघ्र ही, राजमहल में

सबको पहुँच जाना है। दल के शेष सदस्यों को साथ लेकर विशाल सिंह राजमहल की ओर बढ़ गया। राजमहल के बाहर जोरावर सिंह के निजी पन्द्रह अंगरक्षक, तलवारों, भालों आदि से सजे हुये पहरा दे रहे थे। युवा सन्यासी को और उनके दल के सदस्यों को अपने सामने देखकर, अंगरक्षकों के प्रधान ने उन्हें रोका, और पूछा कि वे लोग कौन हैं और यहाँ क्यों आये हैं।

इस पर विशाल सिंह ने कहा कि वे लोग तीर्थयात्री हैं, कश्मीर के अमरधाम की यात्रा से आये हैं, और गंगा सागर धाम की यात्रा पर जा रहे हैं। हमें कल मार्ग में सोने की मोहरों से भरी पोटली मिली है, जो हम महाराज जोरावर सिंह जी को देना चाहते हैं।

इस पर अंगरक्षकों के प्रधान ने कहा, लेकिन आप यहाँ महाराज से भेंट नहीं कर सकते हैं, इसके लिए दोपहर का समय नियत है, सामान्य जनों को महाराज राजदरबार में दर्शन देते हैं, आप लोग वहाँ जाकर दोपहर में उनसे मिल सकते हैं, इसलिए आप राजदरबार के बाहर बैठकर दोपहर का इंतजार करिये।

इस पर विशाल सिंह के दोनों मामा प्रधान अंगरक्षक से बहस करने लगे कि अभी महाराज से अभी मिलना जरूरी है। यदि हम दोपहर को महाराज से मिलेंगे तो हम आज के गंतव्य स्थान में नहीं पहुँच पायेंगे। हम सभी लोग पैदल ही तीर्थयात्रा पर साधु महाराज के साथ निकले हैं। आपसे विनती है कि आप हमें महाराज से मिलवा दें। बस हम ये धन की पोटली उन्हें सौंप कर अपनी यात्रा पर चले जायेंगे।

इस पर प्रधान अंगरक्षक ने कहा, आप ये पोटली मुझे दे दीजिये, मैं महाराज को पोटली दे दूँगा, और आप अपनी यात्रा पर निकल जाइये।

लेकिन विशाल सिंह, भैरव सिंह और विजय सिंह जी मान ही नहीं रहे थे। वे कह रहे थे, ये सोने की मोहरों से भरी पोटली हम महाराज के हाथों में ही देंगे।

विशाल सिंह का मुख्य उद्देश्य समय व्यतीत करना था, ताकि उनके साथी अपना काम पूरा कर यहाँ आ जायें।

इस बहस ने प्रधान अंगरक्षक को गुस्सा दिला दिया। वो गुस्से में कहने लगा, तुम लोग यहाँ तक आये कैसे, क्या तुम्हें किसी सिपाही ने रोका नहीं, यहाँ आने की अनुमति किसी को नहीं है, पर तुम लोग यहाँ चले आये हो।

इस पर विशाल सिंह ने कहा, हमें जगह जगह सिपाहियों ने रोका पर जब हमने अपनी बात बताई तो उन्होंने आपसे मिलने को कहा।

प्रधान अंगरक्षक गुस्से में बड़बड़ाने लगा, अजीब लोग है, उन्हें जरा भी राजमहल की सुरक्षा का भान नहीं है। और तुम्हारे पास जो लाठियाँ है, उन्हें उन लोगों ने अपने पास जब्त क्यों नहीं किया, मैं उन सभी के ऊपर दण्डात्मक कार्यवाही करवाऊँगा। सुरक्षा का जरा भी ख्याल उन सिपाहियों को नहीं है। अपने प्रधान आरक्षक को गुस्से में बोलते देख, बाकी सभी अंगरक्षक उसके समीप तलवार और भालों से सजे अंगरक्षक उसके पास आ गये।

इतने में विशाल सिंह ने देखा उनके सभी साथी जो सेनापति, प्रधानमंत्री और किले के सुरक्षा अधिकारी को यमलोक पहुँचाने गये वे अपना काम करके तेजी से इन्हीं की ओर आ रहे हैं।

विशाल सिंह ने सही मौका देखा और हाथों में सोने की मोहरों से भरी थैली लेकर, अंगरक्षकों की ओर देखकर बोला. हम जा रहे

हैं, हम लोग साधु हैं, हमारा धन से क्या काम, ये सब आप लोग ही रखिये। ऐसा कहकर उसने पोटली से सोने की मोहरें मुट्ठी में भर.भर कर अंगरक्षकों की ओर हवा में उछालनी शुरू कर दी। सभी अंगरक्षकों में सिक्के बटोरने की होड़ मच गयी, सभी अपने भाले और शस्त्रों को छोड़कर जमीन पर गिरी सोने की मोहरों को बटोरने में लग गये।

प्रधान अंगरक्षक चिल्लाता रहा. बेवकूफों इसमें इन लोगों की कोई चाल है, पर उसकी सुनता कौन, आसमान से जो सोने की मोहरें बरस रही थीं।

मौका अच्छा देख विशाल सिंह चिल्लाया मारो इन हत्यारों को, यही हैं जिन्होंने एक वर्ष पूर्व जोरावर सिंह के साथ हत्याकांड में हिस्सा लिया था।

इतना सुनना था कि दल के सभी सदस्यों ने बाँस की लाठियों से गुप्तियाँ बाहर निकाल लीं और उन हत्यारों पर टूट पड़े। कुछ ही क्षणों में सभी ने उनके शरीर गुप्तियों से छलनी कर दिए। शोर सुनकर राजमहल के पास के भवन से रात के पाली के अंगरक्षक दौड़.दौड़ कर आने लगे। जब तक वे कुछ समझ पाते, दल के सदस्य उन पर टूट पड़े और कुछ ही क्षणों में उनके शरीरों को गुप्तियों से छलनी कर दिया। ऐसे में विशाल सिंह, उसके दोनों मामा और कुछ दल के सदस्य राजमहल के भीतर घुस गये। विशाल सिंह इसी महल में पैदा हुये थे और राजकुमारी चन्द्रप्रभा भी इसी महल में पैदा हुई थी, सो उन्हें चप्पे.चप्पे की जानकारी होना स्वाभाविक था। वे लोग दौड़ते हुये जोरावर सिंह के शयन कक्ष में घुस गये। जहाँ जोरावर सिंह अपने विशाल पलंग पर बैठा था। बाहर के शोरगुल से उसकी नींद अभी.अभी खुली थी। अपने शयन कक्ष में बाहरी लोगों

को ऐसे घुसते देख वो घबरा गया। घबराये स्वर में उसने पूछा कौन हो तुम लोग?

इस पर विशाल सिंह और राजकुमारी चन्द्रप्रभा ने आगे बढ़कर कहा. पहचानो हमें कौन हैं। अपने सामने भगवा वेष धारी, लम्बे. लम्बे केश और लम्बी घनी दाढ़ी वाले युवा साधु और केश विहीन युवा साध्वी को देखकर जोरावर सिंह चकरा गया। उसने गौर से देखकर पहचानने की कोशिश करी, पर असफल रहा।

इस पर मुस्कुराते हुये विशाल सिंह ने कहा, मैं स्वर्गीय राजा सूर्यसेन का पुत्र विशाल सिंह हूँ और ये मेरी बहन राजकुमारी चन्द्रप्रभा है। यह सुन जोरावर सिंह गिड़गिड़ाने लगा, अपनी जान की भीख माँगने लगा। इस पर विशाल सिंह ने जोरों का अट्टहास किया और कहा, मेरे पिताजी की हत्या करते समय तुझे ये विचार नहीं आया था। और विशाल सिंह ने अपने हाथों में पकड़ी गुप्ती जोरावर सिंह के सीने में भोंक दी, तुरन्त ही राजकुमारी चन्द्रप्रभा ने अपने हाथों में पकड़ी गुप्ती से जोरावर सिंह का सीना छलनी कर दिया। लहू का फव्वारा जोरावर सिंह के सीने से फूटकर उसके पलंग से बहने लगा। कुछ क्षण तड़पने के बाद जोरावर सिंह का शरीर शान्त हो गया।

इस प्रकार अन्यायी का अंत हुआ। फिर सभी राजमहल से बाहर आ गये। सभी लोग विशाल सिंह के गले मिलने लगे। महावीर सिंह भी अपने साथी सिपाहियों के साथ वहाँ पहुँच गया। सभी विशाल सिंह के गले मिले। फिर गगनभेदी नारों से आसमान गूँज उठा राजा विशाल सिंह की जय, राजकुमारी चन्द्रप्रभा की जय।

आग की तरह यह खबर पूरे नगर में फैल गयी कि पापी जोरावर सिंह और उसके साथियों का वध स्वर्गीय राजा सूर्यसेन के पुत्र

विशाल सिंह और राजकुमारी चन्द्रप्रभा ने अपने साथियों के संग मिलकर कर दिया है। नगर के नागरिकों के झुण्ड के झुण्ड किले की ओर बढ़ चले। क्या बूढ़े, क्या जवान, क्या बच्चे, क्या महिलाएँ, सभी में होड़ सी मची थी कि किले तक जल्द से जल्द पहुँचने की। पापी हत्यारे जोरावर सिंह व उसके साथियों के अंत की खबर ने सभी के भीतर उत्साह भर दिया था।

इसी बीच विशाल सिंह व उसके साथी किले के उत्तरी छोर में बने एक भवन में पहुँचे, जहाँ विशाल सिंह की माँ जो राजमाता थी, उसके भाई व विष्णुदत्त, दयाशंकर और चन्दनदास के परिजनों को कैद में रखा गया था। सभी एक दूसरे के गले मिलकर बुरी तरह से रो रहे थे। फिर सभी लोग और विशाल सिंह के साथ उनके दल के सभी सदस्य राजभवन के भीतर चले गये।

राजमहल के मुख्य द्वार पर महावीर सिंह और उनके साथी सिपाहियों ने मोर्चा संभाल लिया था, जिससे अति उत्साह में कोई नागरिक महल के भीतर प्रवेश न कर पाये।

विशाल सिंह के साथ साथ राजमाता, राजकुमारी चन्द्रप्रभा व उनका भाई राजमहल के दोमंजिले में बने झरोखे से, अपने राज्य के नागरिकों का हाथ हिलाकर स्वागत करने लगे। राजमहल के आगे नागरिकों का हुजूम इकट्ठा हो गया। जो राजमाता की जय, राजा विशाल सिंह की जय, राजकुमारी चन्द्रप्रभा की जय के नारे लगा रहे थे। उनके नारों से आसमान गूँज उठा था।

दूसरे दिन प्रातः राजा विशाल सिंह और राजकुमारी चन्द्रप्रभा, तथा उनके साथ रतन लाल जी उनके पुत्र श्याम लाल, वीर सिंह, मंगल सिंह, चन्दन दास, विष्णु दत्त, दया शंकर, और विशाल सिंह के दोनों मामा, भैरव सिंह जी, विजय सिंह जी और राजमाता सहित

कुछ अन्य लोग किले के दक्षिणी छोर में बने आदिशक्ति माँ भगवती दुर्गा के विशाल और भव्य मंदिर में दर्शन के लिए गये। जहाँ माता के दर्शन कर अपनी यह विजय उन्हें समर्पित कर, माता के आशीर्वाद, कृपा और मार्गदर्शन के लिए नतमस्तक होकर धन्यवाद दिया और बार बार उनका आभार प्रकट किया।

विशाल सिंह और राजकुमारी के दिमाग में एक ही विचार बार बार कौंध रहा था, स्वामीजी से भेंट करने का। इतने व्यस्तता के बीच उनका मन स्वामीजी से मिलने को उत्सुक था। वे स्वामीजी के चरणों में नतमस्तक होना चाहते थे, जिन्होंने उन्हें सही मार्गदर्शन दिया था। रात्री भोज के बाद उन्होंने अपने मन की बात राजमाता व अपने दोनों मामाओं के समक्ष रखी।

जिसे उन्होंने तुरन्त स्वीकारते हुये कहा कि आप और आपके सहयोगी, कल सुबह ही स्वामीजी के आश्रम की ओर निकल जाओ। आप लोगों के लौट तक यहाँ की व्यवस्था हम लोग और हमारे सहयोगी संभाल लेंगे।

तुरन्त ही आनन फानन में तैयारियाँ की गयीं। आवश्यक खाद्य सामग्री, बर्तन, ओढ़ने बिछाने के लिए गद्दे, चादरें व दरियाँ आदि की व्यवस्था की गयी।

प्रातः ही घुड़साल से सभी के लिए घोड़ों की व्यवस्था कर, आवश्यक सामग्री बैलगाड़ी में लाद कर, विशाल सिंह, राजकुमारी चन्द्रप्रभा सहित उनके साथियों व महावीर सिंह सहित पन्द्रह सिपाहियों का एक दल स्वामी जी के आश्रम की ओर रवाना हो गया।

उपसंहार

चार दिन की यात्रा पूरी करने के बाद विशाल सिंह और उसके दल ने लखीमपुर कस्बे से कुछ दूरी पर चन्द्रभागा नदी पर बने सेतु को पार किया। रात्री विश्राम नदी के तट पर करने के बाद प्रातः सूर्योदय के समय से ही सभी सदस्यों ने पैदल ही नदी के किनारे किनारे चल कर से रोखड़ होते हुये आश्रम पहुँचने का निर्णय लिया। बैलगाड़ी घोड़े, दो तीन सिपाहियों की देखरेख में वहीं छोड़कर सभी दल के सदस्य तेजी से आश्रम की ओर बढ़ चले। शाम होते होते वे सभी लोग आश्रम के निकट पहुँच गये, स्वामी जी से मिलने की आशा ने सभी के हृदयों की धड़कनें बढ़ा दी थी।

आश्रम पहुँचते ही उन्होंने देखा गुफा के बाहर छोटे से मैदान में जगह जगह घास उग आयी है, सभी जगह पेड़ो से टूटे पत्ते बिखरे पड़े हैं, ऐसा लगता थाए यहाँ कई दिनों से सफाई नहीं हुई है। ये सब देखकर सभी कुछ अनहोनी की आशंका में घिर गये। वे सभी गुफा के द्वार पर पहुँचे, तो उन्होंने देखा गुफा का द्वार लकड़ी को बांधकर बनाये गये दरवाजे से ढका हुआ था। विशाल सिंह और उसके साथियों ने लगभग चिल्लाते हुये, स्वामी जी स्वामी जी कह कर आवाज़े लगाई पर कोई उत्तर नहीं मिला। सभी एक गहरी आशंका में घिर गये। स्वामी जी तो नित्य ही अपने हाथों से इस छोटे से मैदान की और पानी के सोते तक जाने वाले मार्ग की साफ सफाई करते थे। पर आज यहाँ पत्तों के ढेर क्यों दिखाई पड़ रहे है, इस बात ने उन सभी के मन में गहरी शंका जगा दी

थी। एक बार फिर से उन्होंने गुफा के द्वार के पास स्वामी जी कह कर आवाज़े लगायी, पर कोई उत्तर नहीं मिला।

धड़कते ह्रदय से विशाल सिंह ने गुफा पर लगाए लकड़ी का द्वार हटाया। वीर सिंह रसोई वाली झोपड़ी से तेल से भरा दीपक उठा लाया, जिसे जलाकर सभी ने विशाल सिंह के पीछे पीछे गुफा में प्रवेश किया। गुफा के भीतर सन्नाटा छाया हुआ था। वहाँ कोई नहीं था। दीपक के प्रकाश में उन्होंने गुफा का कोना कोना छान मारा, पर उन्हें स्वामी जी नहीं मिले।

आखिर में, उनकी नजर चबूतरे पर पड़ी जहाँ माँ भगवती दुर्गा की मूर्ति स्थापित थी, वहाँ पर से मूर्ति नदारत थी। तभी विशाल सिंह की नजर मूर्ति के स्थान पर पड़ी, जहाँ पर एक पत्र रखा हुआ था। विशाल सिंह ने पत्र उठा लिया, पत्र दो तीन पन्नों में लिखा गया था। पत्र देखकर दल के सभी सदस्यों की उत्सुकता बढ़ गयी। विशाल सिंह ने सभी को जमीन पर बैठने को कहा। सभी शान्त होकर विशाल सिंह के सामने बैठ गये।

विशाल सिंह ने पत्र को खोला और दिये के प्रकाश में पढ़ना शुरू किया। पत्र इस प्रकार था। प्रिय विशाल, तुम्हें और तुम्हारे सभी साथियों को आशीर्वाद। मैं जानता था कि तुम अपने लक्ष्य को पाने में अवश्य ही सफल रहोगे। और मुझसे मिलने यहाँ अवश्य आओगे। अब तुम राजकुमार नहीं बल्कि राजा विशाल सिंह हो, इसकी तुम्हें बहुत बहुत बधाई और साधुवाद।

तुम्हें और तुम्हारे सभी साथियों को अवश्य ही यह अनुभव हो गया होगा, कि हमारे जीवन में शक्ति का क्या स्थान है, पलायन कोई मार्ग नहीं है, संघर्ष ही जीवन की ऊर्जा है, जीवन्तता की पहचान है। मैंने तुम सभी को मार्कण्डेय ऋषि की रचना श्री दुर्गासप्तशती

के तेरह अध्यायों की कथा को संक्षिप्त में बताया था। उसमें तुमने पाया होगा कि पूरी कथा में संघर्ष की प्रमुखता है। आदिशक्ति माँ भगवती दुर्गा असुरों से निरन्तर संघर्ष करती हैं, और उनका नाश कर मनुष्य व देवताओं को सुखी रहने का आशीर्वाद देती हैं। श्री दुर्गासप्तशती के दो मुख्य पात्र राजा सुरथ शक्ति की साधना कर अपने शत्रुओं का नाश कर अपना खोया राज्य प्राप्त करते है, व समाधि नामक वैश्य अपने भीतर बैठे काम क्रोध मोह रूपी असुरों का नाश कर देवी से ज्ञान व मोक्ष का वरदान पाता है।

मैंने तुम्हें पूर्व में भी बताया है, कि इस भारतवर्ष का मैंने कई बार पैदल भ्रमण किया है, और इस देश की स्थिति देखकर मेरा ह्रदय विदीर्ण हो जाता है, मुट्ठी भर मुगलों ने आकर इतने विशाल देश को अपना गुलाम बना लिया, अब मुट्ठी भर अंग्रेज आकर इस विशाल देश को गुलाम बनाकर अपनी राजनैतिक महत्वाकांक्षा को पूरी करने के लिए आगे बढ़ रहे हैं। बंगाल उन्होंने जीत लिया है, और दिल्ली की ओर उनके कदम बढ़ रहे हैं। ये देश ही सनातनी हिन्दुओं का है, और अपने ही देश में ये सनातनी मुट्ठी भर लोगों की गुलामी कर रहे हैं। कहाँ गया इनका शौर्य, कहाँ गया इनका साहस। गाँव छोड़कर भागना, नगर छोड़ कर भागना, पलायन ही इनकी नियति है, वो भी मुट्ठी भर लोगों के सामने। कितनी शोचनीय दशा है, हम सनातनीयों की, अपने ही देश में, जहाँ करीब करीब सम्पूर्ण नागरिक सनातनी है, मुट्ठी भर अत्याचारियों के गुलाम बन कर उनके अत्याचारों को सहन करने के लिए विवश है।

इसलिए इस देश के प्रत्येक सनातनी को आदिशक्ति माँ भगवती दुर्गा की साधना का महत्व पता होना चाहिए जो आत्मविश्वास, साहस और संघर्ष की शक्ति को देने वाली, बुराई और अन्याय के

विरुद्ध लड़ने की क्षमता प्रदान करने वाली है। और अन्त में विजय का आशीर्वाद देने वाली है।

मैंने तुम्हें पहले भी कहा है कि कृति के बिना श्रद्धा व्यर्थ है, मुझे प्रसन्नता है कि तुमने और तुम्हारे साथियों ने माँ आदिशक्ति भगवती दुर्गा के स्वरूप, साहस, आत्मविश्वास, संघर्ष और अन्याय के विरुद्ध लड़ने की क्षमता को अपने जीवन व कार्य रूप में उतारा है। और अपने छीन गये राज्य और राजगद्दी को फिर से प्राप्त किया है।

मैं आशा करूँगा तुम अपने साथियों का यथोचित सम्मान करोगे, इन्होंने अपने सभी सुखो को त्याग कर तुम्हारा साथ दिया है, और तुम्हारे छीने गये राज्य को फिर से पाने में, अपने अपने प्राणों तक की परवाह नहीं की है। ये तुम्हारे सभी साथी आदर के योग्य है।

मैंने इस भारतवर्ष के भ्रमण में कई मूर्तिकारों द्वारा बनायी गयी मूर्तियों को, और चित्रकारों द्वारा बनायी गयी शिव परिवार की चित्रकारी को देखा है, जिसमें भगवान शिव और भगवती पार्वती की गोद में एक ओर ज्ञान, विवेक, बुद्धि के प्रतीक श्री गणेश बैठे है, तो दूसरी ओर देवताओं के सेनापति, दण्ड व शक्ति सम्पन्न श्री कार्तिकेय बैठे है, और इन सबके सामने धर्म के स्वरूप नन्दी बैठकर इन सबको निहार रहे हैं, इन सबको देखकर ऐसा प्रतीत होता है कि विश्व के रचयिता भगवान् शिव व उनकी शक्ति आदिशक्ति माँ भगवती दुर्गा ज्ञान व विवेक के साथ, दण्ड देने की शक्ति के साथ, धर्म को सामने रखकर ही इस सम्पूर्ण जगत का पालन करते हैं, ऐसा ही मैं तुमसे उम्मीद करता हूँ कि तुम भी इन्ही भावो को दृढ़ता के साथ अपने मन व बुद्धि में रखकर अपने राज्य का पालन करोगे। मैंने अपने भारतवर्ष के भ्रमणकाल में एक बात का विशेष अनुभव किया है कि पूरा भारतवर्ष जातिवाद और

छुवाछूत की भावनाओं से ओत-प्रोत है, सनातन की हार का एक प्रमुख कारण यह भी रहा है, इसे तुम अपने शासनकाल में और अपने राज्य में पनपने न देना। यह एक कुरीती है, और आदिशक्ति माँ भगवती की सन्तानों का अपमान करती है, जातिवाद कोई धर्म नहीं वरन कुरीति व आडम्बर है। सनातन धर्म में सभी सनातनी समान है, इसमें न कोई बड़ा है और न कोई छोटा है।

यह ब्रम्हांड ही शिव है, इसका विस्तार ही शिव का विलास है, और उनकी शक्ति ही आदिशक्ति माँ भगवती दुर्गा है, शिव और शक्ति एक तत्व के दो नाम है। परन्तु शिव की शक्ति ही, इस ब्रम्हांड के कण कण में व्याप्त है, वे ही इस जगत को नियत्रित करती है, उसका पालन करती है।

इसलिए बिना प्रपंच, बिना आडम्बर के, ध्यान की गहराइयो में जाकर उनसे पिता पुत्र, या माता पुत्र के सम्बन्धों को सुधारना, उन्हीं से मार्गदर्शन लेना, उन्हीं को अपने कर्म, व जीवन, व इच्छा को समर्पण करना हर सनातनी को कर्तव्य समझकर करना चाहिए। क्योंकि वे ही हमारे रचयिता या रचनाकार हैं।

आशा करता हूँ कि हम सबने और भारत वर्ष के हर सनातनी ने क्यों आदि शक्ति भगवती माँ दुर्गा की आराधना, ध्यान, और भक्ति करनी चाहिए। इसका कारण समझ में आ गया होगा। मार्कण्डेय ऋषि अपनी रचना श्री दुर्गासप्तशती द्वारा क्या संदेश देना चाहते थे, ये श्री दुर्गासप्तशती के अध्ययन से आप सभी को समझ आ गया होगा।

और अब अन्त में मैंने तुम लोगों से पहले भी कहा है, कि मैं एक साधु हूँ, मैंने संसार त्याग कर साधु जीवन अपनाया है, मेरे सामने मेरा एक ही लक्ष्य है, इस जगत के रचयिता से साक्षात्कार करना।

परन्तु आप लोग संसारी हैं, आपने सनातन धर्म के चार लक्ष्यों को धर्म, अर्थ, काम व मोक्ष को क्रम से पाना है।

इसलिए आपका और मेरा क्या मेल, इसलिए जब तक यह पत्र आपको मिलेगा, मैं अपने भ्रमण में आपसे बहुत दूर जा चुका हूँगा। आप सभी को साधुवाद व आशीर्वाद।

आपका
स्वामी प्रतापगिरी।

पूरा पत्र पढ़ते ही धम्म से विशाल सिंह जमीन में बैठ गया, और पत्र को माथे से लगा कर जोरों से सिसकने लगा। उपस्थित दल के सदस्य भी जोरों से सिसकने लगे। जिस आशा, उत्साह और प्रसन्नता के साथ वे अपने मार्गदर्शक से मिलने आये थे, पर वे तो कब के यहाँ से जा चुके थे। अब शायद जीवन में वे कभी मिलें या ना मिलें, कुछ कहा नहीं जा सकता था। सभी अपने हृदय में स्वामी जी से न मिल पाने की पीड़ा को महसूस कर रहे थे। और वह पीड़ा उनके आंसुओं में बहकर बाहर आ रही थी। सभी गुमसुम, बिना खाये.पिये पूरी रात्री गुफा में ही पड़े रहे, दूसरे दिन प्रातः भारी मन से, भारी कदमों से वे सभी राजगढ़ की ओर वापस चल पड़े।

www.ingramcontent.com/pod-product-compliance
Lightning Source LLC
LaVergne TN
LVHW090357210926
848480LV00002B/371